東條英機

「独裁者」を演じた男

一ノ瀬俊也

文春新書

1273

はじめに

一九四二（昭和一七）年七月一一日の朝四時二〇分、一人の男が札幌の街に姿を現した。紺《こん》絣《がすり》に焦茶《こげちゃ》の袴という出で立ちのその男は、道ばたのゴミ箱から菜っ葉の切れ端をつまみ出し、傍らの男に「この葉は食えないのか」と訊ねた。

男は内閣総理大臣にして陸軍大臣の東條英機《とうじょうひでき》。このとき五七歳。傍らの男は警備の私服警官である。東條は民家の薪《たきぎ》をつみ重ねた物置をのぞき「この切口から見ると下の方は去年の残りだ、去年のが残っているのを見れば焚《た》きつけには不自由しないようだ」と、下情通ぶりを見せた。この〝視察〟の様子は同行した新聞記者によって、翌日の新聞に掲載された（「去年の薪に民を知る東條さん　札幌で〝暁の裏口視察〟」『読売新聞』七月一二日夕刊）。

東條英機は太平洋戦争開戦時の首相・陸相であり、後に参謀総長まで兼任するなど、昭和日本における代表的な戦争指導者である。A級戦犯として処刑された人物であり、今日でも厳しい批判の対象とされている。そのさい、ゴミ箱視察が人気取りの証拠として槍玉に挙がることも多い。だが、この本では、東條がなぜそんなことをしたのか、という点にこだわってみたい。

結論めいたことをいえば、それは東條なりの〝政治〟であり〝戦争指導〟だった。なぜゴミ箱のぞきが戦時下日本では一つの〝政治〟たりえたのか。この点は、東條の人生を追っていくことではっきりするはずだ。

戦争指導者としての東條については、これまでにも多くの著作が書かれてきた。戸部良一は、東條が戦争における戦略的ビジョンを完全に欠いていたなどの重要な指摘を行っているが、政治家としての東條分析の性格が強い（戸部「戦争指導者としての東條英機」）。そのため、東條が有していたもう一つの面、すなわちプロの軍人として抱いていた軍備観や総力戦観、その諸政策への反映という視点からの分析は薄いように思われる。

近代日本の総力戦体制についてはは多くの研究があるが、そこで指導者の果たした役割の検討――いわば指導者論は今後の課題となっている。吉田裕は、大衆指導者としての東條に注目し、ラジオや新聞などのメディアを利用して「果断に行動する戦時指導者」としての自己演出を図ったと指摘している（吉田裕『シリーズ日本近現代史⑥　アジア・太平洋戦争』）が、軍人としての東條があるべき軍隊・戦争像をいかに認識し、国民大衆に訴えたかについては、国民の反応とあわせ、より詳しく論じられてよいと考える。

「総力戦」指導者としての東條を論じるにあたり、手がかりとして一九四四年に東條が行った、ある有名な発言を挙げよう。

東條は一九四四年三月一一日、明野陸軍飛行学校（三重県）を視察し、同校生徒と「敵の飛行機は何によって墜《おと》すか？」「自分は気魄《きはく》によって体当りをしても墜します」という問答を繰り広げた（伊藤隆ほか編『東條内閣総理大臣機密記録』）。同年五月四日には航空士官学校（埼玉県）を視察し、学生に向かって「敵機は精神で墜とすのである。したがって機関砲でも墜ちない場合は、体当たり攻撃を敢行してでも撃墜するのである」（陸軍航空士官学校史刊行会編『陸軍航空士官学校』）と訓示した。

これらの発言は今日でも、〝竹槍でB－29を落とせという日本軍の精神論〟などと形を変えて語り継がれ、日本軍の精神主義を批判する論拠の一つになっている。飛行機を精神力で撃墜することは不可能であるからこの批判は正しいし、研究者の評価も当然低い。

だが、東條はいやしくも戦争のプロ、高級軍人でありながら、本当に飛行機よりも精神力を重視するような非合理的な精神主義のみで、総力戦たる対米戦争を指導していたのだろうか。抜き打ち視察は単なる人気取りに過ぎず、物的戦力は軽視されていたのだろうか。必ずしもそうではなく、東條は軍人、戦争指導者として一九三〇年代以降、航空戦と総力戦を相当に重視し、それを国民に語りかけてもいた。東條の行動の背後には、彼なりの戦争指導者としての自己意識や使命感があったのである。「総力戦」指導者としての東條の実像を、その発言や行動に基づき明らかにすることが、本書の目的である。

東條英機　「独裁者」を演じた男　目次

第三章　日中戦争と航空戦　

第四章　東條内閣と太平洋戦争　

凡例

資料の引用にあたっては、読みやすさを考慮し、適宜、漢字を新字体に、カタカナはひらがなに直した。また、句読点、ルビ、送り仮名を補った。

資料によって「東條」「東条」の表記が混在するが、原文に従った。

第一章　陸軍士官になる

東条英教

東条英機は一八八四（明治一七）年七月三〇日、東京に生まれた。戸籍上の生年月日は一二月三〇日である。届け出が遅れたのは、二人の男子を亡くしていた両親が、母親以外の乳を飲ませて丈夫に育つよう里子に出していたからだという（以下は高橋文彦『岩手の宰相〝秘話〟』による）。

英機の祖父・英俊《ひでとし》は盛岡藩士だった。その祖は江戸から招かれた能楽師で、宝生《ほうしょう》の姓を名乗っていたが、英俊の代から東條の姓を名乗るようになった。

一八五五（安政二）年一一月八日、父・英教《ひでのり》が誕生した。だが幕末維新の激動で盛岡藩は没落してしまう。英教は一八七一（明治四）年（または七三年）に上京し、二年後に陸軍教導団（下士官の養成機関）に合格する。卒業後、士官となった英教は一八七七年の西南戦争に少尉試補として従軍した。英教と同じころ盛岡から上京したのが、のちに首相となる原敬《はらたかし》である。

英教は一八七八年、福岡県出身の徳永ちとせと結婚した。英機が生まれたとき、英教は陸軍大学校の一期生として戦術や軍制を学んでいた。首席で卒業した英教は一八八八（明治二一）年、独国への留学を命じられる。三年後帰国した英教は少佐に昇進、参謀本部に配属され、薩摩出身の参謀次長・川上操六《かわかみそうろく》のもとで日清戦争（一八九四〜九五年）の作戦を立案する。

ところが一八九九年五月に後ろ盾の川上が死去すると、英教は冷遇されるようになる。一九〇一年五月、姫路の歩兵第八旅団長に転じて東京を離れる。

陸軍士官になるまで

英機は一八九二（明治二五）年九月一九日に学習院初等科三年に編入、四年進級後の九三年一一月一〇日に中退している。わずか一年二カ月で中退した理由は定かでないが、浅見雅男は、他の生徒たちが人力車で通学、食事を食堂でとるのに対し、東條は徒歩通学、曲げ物の弁当箱を持参していたという伊東峻一郎『至誠・鉄の人 東條英機伝』の記述から、そこに「身分」の壁があったのではないかと推測している（浅見『学習院』）。

ちなみに、のちの昭和期に東條と激しく対立する小畑敏四郎《おばたとししろう》も学習院初等科に一八九一年九月に入学、のち中退しているが、これは父の美稲《うましね》とともに京都へ転居したためである。美稲は土佐出身、維新の功績により一八九〇年に貴族院議員、一八九六年に男爵となっており、岩手出身の一介の少佐である東條の父・英教とは、明治社会における社会的地位がだいぶ違っていた（同）。

英機は一八九七（明治三〇）年四月に城北中学へ入学、九九年九月一日に東京陸軍地方幼年学校に転じている。幼年学校では喧嘩は強かったが、成績はよくなかった。図画の時間に丸を三〇ばかり横にならべた図を提出し、これは何かと聞かれて「軍帽が壁にかかっているところ」と答えて大目玉をくらったという（伊東前掲書）。

しかし東條は二年生の時に一転して勉強するようになった。七、八名の級友と喧嘩して袋だたきにされたのがきっかけだったという。だが、はるか後年、首相となった本人の言によれば「地方幼年学校では「ケツ」から二番」（伊藤隆ほか編『東條内閣総理大臣機密記録』）だった。

英機は一九〇二年九月一日、陸軍中央幼年学校へ入学、〇四年五月に卒業した。平時であれば、中央幼年学校卒業後に半年間候補生として隊付、それから士官学校生徒を一年、半年間見習士官を経て少尉任官、合計二年のコースである。しかし一九〇四年二月に日露戦争が始まっていたため、東條たちは隊付を省略して同年六月に第一七期生として陸軍士官学校に入学、翌〇五年三月に卒業した。見習士官も省略され、同年四月二一日、歩兵少尉に任官している。

東條の成績は、同期生三六三人中もっとも多い歩兵科（二六三名）の第一〇位であった（『官報』一九〇五年四月四日）から、きわめて良好であった。歩兵科の首席は後の中将・篠塚義男《しのづかよしお》である。

一七期生は戦時下で急速養成されたにもかかわらず、任官時にはすでに奉天会戦《ほうてんかいせん》も終わり、大部分の同期生は内地勤務となった。しかし東條少尉は新設の第一五師団付として満洲へ渡り、その後、近衛歩兵第三連隊付となった。

父の英教は精神教育の一助として英機に神刀流《しんとうりゅう》の剣舞を習わせた。本人も好きだったので上達し、学芸会などで演じると喝采を博したという（伊東前掲書）。東條の剣舞については陸士同期生の後宮淳《うしろくじゅん》（大将）が、中央幼年学校卒業記念の百日祭で「東條さんの剣舞のすばらしかったのは印象に残っている」と回想している（東條英機刊行会ほか編『東條英機』）。

井口省吾と英機

英教には終生の親友がいた。陸大の同期生でともに独国留学した井口省吾《いぐちしょうご》（のち大将）である。井口の遺した日記には、ときに若き日の東條英機が登場する。

一八九八（明治三一）年一二月一四日、井口は「東條大佐の息《そく》英機、地方幼年学校入校志願につき、証人として調印」している。翌年六月二四日には「東條兄の令息英機子地方幼年学校入校、余その保証人につき来り礼を叙《じょ》す」（『井口省吾日記【第Ⅱ巻】』）とある。

日記からは、駿河（現静岡県）出身の井口と英教の深い仲がうかがえる。参謀本部第四部長

（戦史編纂）だった英教は、一九〇〇年六月一日から二〇日にかけて、上司で参謀次長の寺内《てらうち》正毅《まさたけ》と激しく対立、辞職を決意するに至った。寺内は明治陸軍を牛耳った長州出身者（長州閥）の本流で、のちに陸軍大臣となる。井口は英教を救うべく仲裁に奔走した。以下、その経緯をみよう。

一九〇〇年六月一日、英教が陸大教頭の井口を訪れて「辞職の決心を語」った（『井口省吾日記【第Ⅱ巻】』）。ことの発端ははっきりしないが、戦史編纂の方針をめぐる対立のようだった。井口は英教に留任を勧告したが、同意しなかった。しかし英教は一五日、一歩譲り寺内と会談すると決心したので、井口は寺内から「和熟《わじゆく》」の約束を取り付けた。ところが翌一六日、英教は昨日の承諾を取り消すといいだした。英教の父英俊が、一旦決心したものを翻《ひるがえ》すなと諭《さと》したためであった。一七日、井口は英教に面会してよく考えるよう求めた。英教は一八日に決心を改め、二〇日までに寺内と和解した。井口の二〇日間にわたる努力がなければ、英教の軍人人生はここで終わっていたはずだ。

このやりとりからは、英教の世渡り下手な性格と、（最終的に寺内に屈したとはいえ）一度決心したことを翻すべきではないという東條家の気風がうかがえる。英機はこれらを受け継ぎ、のちに国家の最高指導者となってからも色濃く保ち続けるのである。

その後も英教と井口の交流は続いた。井口は一九〇一年七月二六日、「東條英機学資金六円五十銭を地方幼年学校へ代納」している。英教は姫路旅団に赴任している間、伊勢卯之吉なる人物に自宅を貸し、その家賃を井口が受け取り、一部を英機の授業料として払っていた。それは井口が日露戦争で満洲軍参謀として出征するまで続いたようだ。

一九〇四年、英教は歩兵第八旅団長として日露戦争に出征した。陸大首席の戦術家として待ちに待った実戦の機会だったはずだ。しかし同年七月三一日から八月一日の析木城《せつきじよう》の戦いで、英教は露軍の意図を見抜けずに取り逃がしてしまう。八月二六日、病気を理由に内地へ更迭された。英教には実兵指揮能力に問題があったとの指摘がある（長南政義『新史料による日露戦争陸戦史』）。このとき陸士生徒だった英機にとっても、父の失策は衝撃だったろう。

幼年学校の東條

幼年学校時代の東條を一年後輩として間近でみていたのが、のちに冒険小説家として有名になる山中峯太郎《やまなかみねたろう》である。山中のみた東條は「グシャ」であったという。「愚者」ではなく、頭の中がグシャグシャしている秀才、という意味である（以下、山中『落陽』による）。

中央幼年学校に、中学校出の小原正忠中尉が区隊長として赴任してきた。陸軍士官学校に入るには、幼年学校と一般の中学校という二つのルートがあった。幼年学校の生徒たちは自分を選ばれた「カデー」（Cadet 仏語の幼年学校生徒の意）と呼び、中学出を戦時に多数が徴発されてくる「駄馬」の「D《デー》」と呼んで馬鹿にしていた。小原はそんな空気を察して厳しくあたったので、生徒たちは反感を覚えた。

生徒たちはある日の昼食時、小原の飯びつの蓋《ふた》があかないようにするいたずらを仕掛けた。蓋が開かず難渋する小原の姿に、東條がクスリと笑った。激昂してなぜ笑ったのかと詰問する小原に、東條は「おかしかったから笑ったのであります」と反抗的に答え、したたかに殴られたが、そのあいだ、東條は「不動の姿勢をとったきり、にらみかえしてい」た。

注目すべきは、山中たちが教育を通じて天皇を絶対的な存在として教え込まれたことである。式典で校長が軍人勅諭《ちょくゆ》を朗読する。「朕《ちん》は汝等《なんじら》軍人の大元帥なるぞ」と言われると、山中たちは「にわかに何か重いものを、頭の上から圧《お》しつけられた気がして、息がつまり足が両方とも固く突っ立った」と感じた。

またある時は、明治天皇の乗った汽車を奉迎して、ある同期生の「「ああ、今のお方が、おれたちの命をささげるお方なんだなあ」と、感きわまって言う、ひとりごとの声」を聞き「そうだ、そのとおりだ」と、感激せずにはいられなかった。

このような教育をへて生徒たちは「天皇陛下に命をささげる」という規範を「いつのまにか、そのように信じこみ、何の疑がいもなく、それが自分の生まれてきた運命のように、腹の底から思ってい」たのである。この点も、のちの英機の性格に強く影響している。

英教、予備役へ

日露戦争終結後の一九〇六（明治三九）年一月二七日、井口省吾は英教に韓国守備旅団長（歩兵第三〇旅団長）の任に就いて「従来の屁理屈《へりくつ》家を以《もっ》て称せられたる汚辱《おじょく》」をすすぐよう勧め、承諾を得た（『井口省吾日記【第Ⅲ巻】』）。井口は軍内で評判のよくない友に、名誉挽回のチャンスを与えようとしたのである。

しかし英教はせっかくの旅団長ポストを棒に振ってしまう。日露戦後の一九一三年に増補版が刊行された鵜崎熊吉の軍人評論集『薩の海軍・長の陸軍』によれば、英教は韓国駐箚《ちゅうさつ》軍司令官の長谷川好道《はせがわよしみち》大将が「酒食に耽溺《たんでき》」するのを「面責《めんせき》」し、上官に向かって無礼だと口論になったという。長谷川もまた長州出身である。鵜崎は東條が長州閥に嫌われた原因は一つではないが、長谷川に睨《にら》まれたのもいくばくかはあったろう、とみている。

一九〇六年末、英教を陸軍の現役から予備役に編入しようとする動きがあった。予備役入りとなった将校は、戦時に召集されることはあっても軍務には携わらず、国からの恩給を頼りに暮らすことになる。つまり軍人としてのキャリアの終わり、クビである。

同年一二月一八日、陸大校長となった井口は寺内正毅陸軍大臣と面談し、「東條少将進級に就《つ》きては、名誉進級に止《とど》めず、かつ列序下なる者より超越せしめざること」につき承諾を得たと日記に書いている。これは、東條を名誉的に中将に進級させたうえで予備役編入とはせずに現役を続行させてほしい、その際には序列が下の者より不利な扱いをしないでほしい、と頼んだのである。井口は東條の身の上について「石本《いしもと》〔新六《しんろく》、陸軍〕次官にも助勢を得たき旨《むね》申込み置」いたという。井口は親友英教の首切りを阻止すべく再度奔走したのであった。

しかし井口の努力もむなしく、翌年一一月七日、英教は中将に進級すると同時に予備役編入となった。

井口は同月九日、寺内陸相を官邸に訪《と》い、英教予備役編入の理由を訊ねた。寺内は、英教をどこかの要塞司令官（少将の就くポスト）につけて現役を続行させてもよかったが、そのためには現在の要塞司令官の誰かを中将に進級させ師団長として転出させねばならない、しかしその候補の要塞司令官に特科（歩兵以外の砲兵、騎兵などの兵科）の者しかおらず師団長にはできない、よって要塞司令官のポストがあかず、行き場のない英教を中将進級のうえ予備役にするしかなかったのだ、と説明した（『井口省吾日記【第Ⅲ巻】』）。

井口は納得せず、今の第一六師団長（鮫島重雄《さめじましげお》）や第一師団長（閑院宮載仁親王《かんいんのみやことひと》）はそれぞれ工兵、騎兵ではないか、師団長は歩兵のみという陸相の言は「奇なりというべし」と不満をつづっている。まして英教本人はとうてい理屈にあわない、不当な差別を被《こうむ》ったと怒っただろう。この思いが英教と英機の長州閥憎悪につながったと思われる。

英教が首になった理由

寺内が歩兵しか師団長にできない、と説明したのは、井口、英教と陸大同期の長岡外史《ながおかがいし》が同年一二月一二日、井口に述べた「一、特科将校は専門の特科を専攻すべきものにして他の畑に侵入すべきものにあらず　二、日露戦役の実験に依《よ》り砲兵が歩兵の攻撃進路を開くという理想は実行上不可能となれり　三、歩兵は軍の主兵にして他兵は補助兵たるに過ぎず」（『井口省吾日記【第Ⅲ巻】』）という、極端な歩兵中心主義の考え方によっていたようだ。

日本陸軍はもともと火力主義であった。だが日露戦争の際、遮蔽《しゃへい》陣地にこもった露軍の歩兵を砲撃で撃破できず、歩兵の白兵突撃でこれを排除するしかなかった（小数賀良二『砲・工兵の日露戦争』）。日本陸軍はこの〝教訓〟をはるか後年の太平洋戦争まで引き継ぐことになる。

長岡はのちに日本における航空思想普及活動の第一人者となるが、この時点では歩兵科の立場から歩兵中心主義を唱えていた。井口は同じ歩兵科ではあったが、「軍の主兵」たる歩兵しか師団長にすべきでないという長岡の意見を「一の辟説我田引水論《へきせつがでんいんすい》」と批判した。

井口は一九〇八（明治四一）年一月二日に山県有朋《やまがたありとも》邸を訪れ、近ごろ特科出身将官は師団長にしないと唱える者がいる、長岡、大谷（喜久蔵か）がその主な者である、これは特科兵にとって重大問題なので、充分に利害得失を講究《こうきゅう》し、公平無私な判断にもとづいて至当《しとう》の処置をとられたい、と意見具申した。狷介《けんかい》な英教とは違い、井口と長州閥との関係は決して悪くない。山県は、重大な問題で軽々しく不当な決定はできないから、目下病気中の寺内大臣に書面でさっそく申しつかわすと答えた。山県の意向は特科出身者も師団長にして、各兵科の間に平衡をとらせるのが至当というもののようだった。

ついで井口は英教について、我が大学校の同窓で、学問においては自分たちの遥かに及ぶところではない、「志想《しそう》精神また公明正直」である、ところが過日名誉進級で予備役に入れられたのは軍国のため惜しむところである、今は悔やんでも詮《せん》ないことだが、本人に対する処置は至当とは思えない、と抗議した。

これに対し山県は、「当時の師団長」に意見を徴したところ、英教は訓示に対し「目のあたり抗論を試むる」ような不穏な挙動があるので、とうてい見込みなしとの答申であったと答えた。「当時の師団長」が日露戦時の上官だった第二師団長なのか、韓国駐屯時の第一五師団長なのかはわからないが、いずれにしても上官に従わず公然と議論を挑む態度が命取りになったとみられる。

井口は山県と「この事は〔英教に〕秘する約束」をしたという。井口が予備役入りの理由をどの程度まで英教に説明したかはわからないが、英教本人は長州閥による恣意的で公平性を欠いた人事のせいだと思い、憎悪を抱いたはずである。

英教、陸軍の存在意義を説く

予備役編入後の東條英教は著述に専念し、いくつかの兵学に関する書物を記して余生を過ごした。英教の残した著作のうち、有名なのは『戦術麓之塵《ふもとのちり》』（一九一〇年）などの戦術論だが、それだけではない。陸軍軍備の必要性を一般社会に説く、論争的な文章もある。後述するように、息子の英機も陸軍の存在意義を国民に向かってさかんに説くことになるが、そうした論争的な姿勢は父親から受け継いだものといえる。

一九一二（明治四五）年六月、陸軍騎兵大尉の西本国之輔が雑誌『新公論』第二七巻第六号に「軍政改革論」と題する論考を掲載した。その要旨は、陸軍の六、七個師団への縮小と、英国に倣《なら》った海軍拡充論である。

英教は同誌七月号に「根拠無き軍政改革論」を掲載、西本の議論に反論した。西本は、陸軍は朝鮮防御のため六、七個師団あればよいと説くが、朝鮮半島の最も狭い部分に防御線を張るだけでも二、三〇個師団はいる、そもそも軍備の要不要は水掛け論であり、陸軍縮小などと姑《こ》息《そく》なことを言うくらいならいっそ朝鮮は放棄して陸海軍とも不要とすべきだ、そのほうが国家の財政も豊かになろう、という批判であった。

英教は西本の「吾輩は、満洲の利権を放棄すべしというのではない、武力の後援《こうえん》に反対するものである、即《すなわ》ち満洲には、平和的に、商業、工業的に、発展すべきだと思う」という主張に「そう行けば旨《うま》いものだが〔中略〕先方で、武力を用《もち》うる以上、我れにおいても、また、武力の後援に、依《よ》らざれば、何事《なにごと》も発展のできぬ世の中」だとも反論を加えている。

西本は『新公論』八月号に「軍政改革論は毫《すこし》も破られず」を掲載し、英教にさらに反論した。自分は朝鮮や満洲の利権を放棄しろなどとは言っていない、しかしながら「二十世紀殖《しょくみん》民思想」は領土侵略ではなく経済主義である、自分はこの点から（大陸の）植民地防備に要する兵力をできるだけ節約したいと思う、財政上の都合で姑息な海軍充実に満足するようなことがあれば、日本の開拓を待っている南洋方面の利源は（欧米から）勝手に切り取り強盗されるだろう、と述べ、英教（と陸軍）の大陸重視論を批判している。西本は陸軍軍人だが、その主張は海軍への利益誘導そのものである。

興味深いのは、西本が米国の対支那《しな》貿易は近時益々《ますます》発展の勢を示している、そして我が国の重要な輸出品である綿紙〔糸〕、綿織物などは米国の主要な物産であることを思えば、日本と米国は将来利害の大衝突を起こすと思わざるをえない、日本が米国との競争に平和的手段で勝てるとは我輩には到底信じられない、と述べている点である。つまり西本が海軍拡張（その財源確保策としての陸軍縮小）を唱えているのは、「少なくとも米国を打のめすだけの海軍力を建設」し、中国本土における対米経済競争に勝つためであった。

英教の息子・英機の戦った日米戦争も、巨視的に見れば中国の資源、そして〝市場〟をめぐる戦いであった。昭和史に詳しい方であれば、陸軍の大陸権益への固執が一九三七年の日中戦争、そして四一年の日米戦争につながっていくことをご存じだろう。この流れは、父英教の時代からすでに運命づけられていたわけである。

「戦後デモクラシー」

英教と西本の論争は、中将対大尉という、厳格な階級社会である軍隊の中ではおよそあり得ないはずのものだった。なぜこのような論争が起こりえたのであろうか。直接的には英教と（おそらく）西本がともに予備役軍人で一定の言論の自由を得ていたからだが、もう一つ、三谷太一郎のいう「戦後デモクラシー」を背景としてあげたい。

三谷は、「日露戦争においては、銃後の国民の納税負担や内外にわたる国家債務負担の増大によって、国民の軍事的役割が大幅に拡大されたのであり、それがそのまま戦後における国民の政治的役割の拡大につらなった」と述べている（『近代日本の戦争と政治』）。

日露戦争中の大増税により、一定額以上の税金を払って選挙権を与えられた者は戦争の前後で二倍以上に増えた。三谷太一郎はこうした状況を「戦後デモクラシー」と呼ぶ。東條中将と西本大尉が雑誌で対等に批判し合ったのは、まさに「戦後デモクラシー」の縮図である。

論争の舞台となった『新公論』七月号には、「赤坂の一兵卒」と名乗る人物の「西本国之輔君の文を読む」という投書が、小さくではあるが載っている。「一兵卒」は「身陸軍に在《あり》て陸軍の縮少を説く、僕は三斗《さんと》の溜飲《りゆういん》が一時に下《さが》った心地がした」、「陸海軍のことといえば、局外者が何もいえぬような、国民一般の考量とは没交渉《ぼつこうしよう》なような今の悪風を、これを動機に一掃したい」、「僕は西本氏の説そのものに賛成していうのじゃない、先《ま》ず氏の思い切ったる言論に感じ序手《ついで》にこれを機会として軍事に対する国民一般の考えを一変したいと、思うからいうのである」と、西本の意見の当否よりも、軽輩《けいはい》の西本が軍事について勇敢に発言した事実を我がことのように喜んでいる。われわれ国民にも何か言わせろ、我々にはその権利があるというこの考え方は、まことに「戦後デモクラシー」の産物である。

のちの昭和期の陸軍では、部下が上司の命令を軽んじる、いわゆる下克上《げこくじよう》が横行するが、それは案外このころの風潮に由来するのかもしれない。

ところで英教は新時代ならではの言論活動を行う一方、かつての主家との繋がりも保ち続けた。日露戦争で旧藩主家の南部利祥《なんぶとしなが》中尉が戦死すると、南部家は教育係をしていた英教にある相談をもちかけた。すでに衆議院議員となっていた原敬に、南部家の家政《かせい》の顧問になるよう頼んでくれというのである。原は英教の依頼を受け入れた。その後英教は利祥の銅像建設委員長にもなった。銅像は一九〇八（明治四一）年九月、盛岡城跡に建立されたが、太平洋戦争中の金属回収により現在は台座しか残っていない（高橋文彦『岩手の宰相〝秘話〟』）。

高橋によれば英機は父から「東條家と南部家とのかかわりを言い聞かされていた」というが、どこまで旧藩主家とのつながりを意識していたかはわからない。新たな「デモクラシー」の時代を生きる英機には、原や英教とは別の新しい〝お家〟があった。それは陸軍であり、主君は天皇である。英機にとって、陸軍こそが命がけで盛り立てるべき存在だった。

東條の家庭生活

英機は一九〇九（明治四二）年四月一一日、福岡県出身の伊藤勝子と結婚した。勝子は当時日本女子大学の学生で、大久保の婚家に同居し、結婚後も学業を続ける約束だった。だが、義母ちとせが女性の学問を嫌ったため、結婚後二ヵ月で中退せざるを得なくなった。ちとせと勝子の折り合いはその後も悪く、勝子は離縁も覚悟するほどであった。

東條は陸軍士官として出世し、東條家の家名を上げるためにも、陸軍大学校に合格しなくてはならなかった。陸大を出ていないと、将官への昇進はきわめて難しくなるからである。しかし翌一九一〇年、初めて挑戦した陸大入試は不合格であった。そのため東條は勉強に専念すべく、家を借りて英教夫妻と別居した。

東條の孫・由布子が祖父母の育児日記や手紙などを編んだ『家族愛』によると、勝子の一九一一年三月一六日の日記に「四《よ》ッ谷《や》坂町百十三番地に移転」とあるので、この日四谷へ転居したのだろうか。四谷の地名はその後も日記に「祖父様〔英教〕わざわざ四ッ谷来り給《たま》う」(翌一二年二月二六日)と出てくる。

『家族愛』の末尾に、東條が父英教に宛てた一〇月一四日付の長い手紙が収められている。東條はこの手紙で、英教が東條夫妻に「合併」(再同居)を求めたのを断っている(同書はこの手紙を明治四三〈一九一〇〉年のものと推定するが、明治四四年すなわち一九一一年かもしれない)。

東條は断りの理由を次のように述べる。自宅に帰って再考してみたが、母上と妻は女同士、細かいところで折り合えない、自分は別居して勉学に取り組めるのを喜んでいるが、今再同居すれば「前の不幸」を繰り返す、自分は嫡男《ちゃくなん》である責任は自覚しているが、家庭の細事に力を割かねばならないのでは「不結果」になるのは当然である、来年は大学を受験せず再来年の受験が最後になるので、その後は喜んで再同居する、それが自分の当然の義務というものです、と。

興味深いのは、東條が手紙で別居は(東條家の)体面に関わるという英教の指摘に反論している点である。東條は、今の家は同じ連隊の大尉が住んでいた家で、家賃は一四円だが、私は二人のみで薪を使わないという条件で一〇円にした、普通の暮らしをしていて近所や大隊長宅とは「自分より以上に」（自分から必要以上に？）交際をしているほどだが、下女を使わなければ体面が保てないというのであれば使う、自分が親に頼らず独力で生活している点については連隊付中佐および大隊長から大いに褒められている、と書き綴った。

そして、同居して互いに面白くない思いをするよりは別居して（合格の）好結果を得た方が得策であり、勝子は同居を希望しているが、自分は再来年までは別居を望む、と述べた。

この手紙は、若き日の東條が置かれていた三つの苦しい立場をうかがわせて興味深い。一つめは、母と妻の不和に苦しめられていた点。二つめは、父英教の手前、陸大合格がプレッシャーとなっていた点。もっとも東條はそれを口実に妻をかばい（彼女が同居を望んでいると書いたのは、東條なりの心遣いである）、父に別居を納得させようとしていた。三つめは、若き日の東條夫妻が近所や部隊に帝国陸軍将校としての体面を保つため、家賃を値切るなどのつつましい工夫を強いられていた点である。

一九一一年五月八日、東條夫妻に長男が誕生した。お七夜にあたる一五日、英教により「英隆」と命名された。勝子は育児日記に「家運の隆盛、子にや望みをかけ給《たま》える」と書き、「この心うち入れて身心をつくして英隆が養育に委《ゆだ》ねん」と喜びと決意の念を記している。

東條は五月三〇日から英隆をみずからの手で湯に入れ（六月八日の日記）、六月一六日には英隆の腹巻きの作り方が悪い、本気で作らず不親切といって自分の襦袢《じゆばん》を裂いて下手な腹巻きを作った。そして勝子の世話にはならぬと牛乳を飲ませておしめを替え、自分で抱いて寝たという（六月一六日）。

七月五日、勝子は英隆を祖父母の家に連れていった。英教は「小さくても五代目の東條家当主なり」、きかぬ顔つきをしている、重くなったといって喜んでいた。

東條夫妻はささやかな節約生活を営んでいたが、陸軍将校に対する国家の待遇は悪くなかった。一九一〇年改正の陸軍将校の俸給《ほうきゅう》は少尉で年額四八〇円、これは「帝大卒業生の初任給と比べて優るとも劣らないもの」で、将校は「二〇歳そこそこで奏任官《そうにんかん》の列に加わり、しかも帝大卒にひけをとらない高給を受け取ることができた」のだった（広田照幸『陸軍将校の教育社会史』）。東條一家はときに繁華街へ出て洋食を楽しむこともあった。

一家は、日露戦後から大正期にかけての日本に出現した、新中間層と呼ばれる人々の群れのなかにいた。彼らは、決して上流ではないが、高い教育を受けたことにより、それなりの暮らしを国家や会社によって保障された人々である。

陸大受験に失敗

一九一一（明治四四）年、東條は陸大受験に再挑戦したが、結果は不合格だった。同年八月二日、陸大校長である井口は、父の英教に「その息英機の初審《しょしん》落第の景況《けいきょう》」を教えた（『井口省吾日記【第Ⅲ巻】』)。陸大の入学試験は初審(筆記)と再審(面接)からなるが、英機は第一段階の筆記にすら合格できなかったのである。親馬鹿ともいえるが、英教としては、息子の何がいけなかったのかを知ることで、本人を鞭撻《べんたつ》しようと考えたのではなかろうか。

子息が入試に失敗して井口に理由を尋ねた将官は英教だけではない。井口は一九一二(大正元)年八月五日、奥保鞏《おくやすかた》元帥の私邸を訪い「その息歩中尉の初審試験の落第及成績を通報」している(『井口省吾日記【第Ⅳ巻】』)。

陸大の入試は、たとえ元帥――奥は長州出身ではないが、元帥は終身現役なので陸軍部内への影響力はあったはず――の子息であっても、筆記で点が取れなければ不合格であった。明治陸軍の採用した完全な能力主義、つまり努力すれば報われるという考え方が受験勉強に対する東條のモチベーションとなり、やがて努力への信仰にまで発展したのである。本人は「努力即権威」という座右《ざゆう》の銘《めい》を発明し、よく口にしていた(甥の山田玉哉の回想、東條英機刊行会ほか編『東條英機』)。

東條と幼年学校で一緒だった山中峯太郎は、一九一〇年に陸大へ入っていた。ある日東條の家を訪ねて便所を借りていると、東條夫妻の「〔山中は〕拍車をつけているから、大学に、はいったんですね」「ウム、……」「どうしたんですの、あなたは」「運がよくないんだ」「運でしょうか。山中さんが先《さ》きにはいって、あなたは先輩のくせに、面目《めんぼく》まるつぶれじゃありませんか」「なあに、あいつは運がよかったんだ。そう言うな、来年は、はいるさ」「いいえ、言います。来年だって、わからないじゃありませんか」というやりとりが聞こえ、気まずい思いをしたという（山中『落陽』）。東條の恐妻家という一面である。

一九一〇年一一月に陸大を卒業していた先輩の小畑敏四郎と永田鉄山《ながたてつざん》は、落胆した東條をみかね、小畑の家の二階で勉強会を開いてやった。二人と同期の岡村寧次《おかむらやすじ》も来たという（須山幸雄『作戦の鬼 小畑敏四郎』）。のちの昭和期、永田・東條と小畑は陸軍の向かうべき方向性をめぐって深刻な対立に陥るが、このころはきわめて仲がよかった。

明治天皇と乃木希典の死去

一九一一（明治四四）年一〇月二六日、東條夫妻はお金を出し合い「十年据《す》え置きの英隆の貯金」をはじめた（以下、東條由布子『家族愛』による）。勝子は「毎月女中を節約して得たる金の中より五十銭ずつ母は出すつもり」であった。「隆さんよく世に名を上げ家を起すべき子なり」と、自身の質素倹約による英隆の立身出世、東條家の繁栄を願ったのである。

同年一二月二七日、勝子は神奈川県小田原に転居する英教夫妻を品川まで見送った。英教の心臓脚気《かっけ》療養のため、小田原海岸に貸別荘を借りたのである。これで再同居はなくなった。

翌一九一二年七月二七日、東條夫妻は明治天皇重態の報に接し、英隆に「礼服」を着せて二重橋へ向かった。「心なしとても愛国心つよき国民となるべき身なればと父母の心づくし」であった。二重橋前には熱気甚《はなは》だしい玉砂利のうえに座し、汗とともに涙をもって経文を誦《じゆ》する人々や、若き奥様、紳士、学生、田爺、労働者など、大勢の人びとが一心に祈っていた。勝子はそれを心強く頼もしく感じ、天皇の全快を確信した。

二八日、東條は「いよいよお大切」の号外に、通常礼装で参内した。三〇日四時半ごろ「学校」より崩御《ほうぎょ》の通知があると一家はただちに起きだし、東條は食事もせず宮殿下（皇太子）および両陛下の御機嫌奉伺《ごきげんほうし》に向かった。翌三一日、勝子は新しい「陛下に御忠義《ごちゆうぎ》申せかし」と英隆に教えた。九月一三日、御大葬《ごたいそう》が執行され、乃木希典《のぎまれすけ》大将の殉死《じゆんし》が報じられた。東條夫妻は「目下の世界にて唯一の崇拝者」であった乃木のことを、ともにいろいろと惜《お》しみ語りあった。勝子は「大人物の志にはまた別なる所あり、死して死せぬ魂は幾百年も人を教化す。恭《うやま》うべき哉《かな》」と、天皇に忠義を尽くした乃木への追慕の念を記した。

「平民派」の東條家

一九一二（大正元）年一一月二七日、西園寺公望《さいおんじきんもち》内閣は勝子の日記によれば「官僚派の陰謀の下に遂《つい》に瓦解《がかい》」した（以下、東條『家族愛』による）。西園寺内閣瓦解の原因は、陸軍が二個師団増設を却下されたことに反発し、陸相上原勇作《うえはらゆうさく》が辞任して後任の推薦を拒否したことによるが、勝子は「候西園寺の雄々《おお》しき態度と、陰険《いんけん》なる官僚の態度を見て」、「女ながらも分からぬながら残念にて憲政の乱《みだ》りて、個人政閥《せいばつ》・族政《ぞくせい》をなさんとする人等の事を思えば、人格ある政治家を思う事なり。母の愛児、幼きものよ、幸いに母が望む如《ごと》き立派なる人となりて国家のため、人類のために尽《つく》せかしと切《せつ》に思」った。藩閥政治打破を叫ぶ民衆の昂揚《こうよう》した空気を勝子も共有していた。

勝子は一一月三〇日、「未来の政治家、この朝、父の枕辺にうず高く〝黄金色のもの〟をなしたり」と書いているので、英隆を軍人よりも政治家にしたかったようだ。

そして一二月一日、東條の陸大受験（再審）が始まった。勝子は鬼王様に参詣《さんけい》して終日出来がよいようにと心を痛め、英隆は平気で悪戯《いたずら》をしていた。

一一日、ある人よりの電報におめでとうとあり、「父上（東條）」の成績はよいようだった。翌一二日、東條合格の報が入ってきた。勝子は「優等第五席にて御入学。父上のお手柄甚《はなは》だし」と喜びを綴っている。

一三日、東條は陸軍大学校に入学（第二七期）した。この日東條はほうぼうへ挨拶に回り、一五日には小田原の英教夫妻が祝いに二〇円をくれた。ちとせは東條に着物一重（二枚）と襦《じゅ》袢《ばん》を与え、英教は「鰻飯《うなぎめし》を皆にとりて茶碗蒸しと二重の御馳走」をした。よほど嬉しかったのだろう。

一九一三年一月一日、勝子は平素の疲れが出たのか、三九度の高熱を発して床に伏した。東條は半日の子守に音を上げ、「今までは女は家の中にありて気楽なりと思いしが、もうもう半日でこりごりした。またの世は女に生まれんと思いしが、取消しなり」と冗談を言って二人で笑った。東條を知る人々がそろって回想するとおり、夫婦仲はよかった。

同年八月一〇日、勝子は近所に越してきた竹本という知人宅を訪れた。家主は老母、夫婦、娘一人の四人暮らしで「小娘一人、女中二人」が同居していた。隣家は加藤氏という騎兵中尉で華族の人だった。夫婦に男児（上の二人は祖父母に預けていた）、「下女、下男二人」がいた。これに対し勝子は「母は下女なき平民派のバンカラを発揮す」と書いている。女中を複数使う上流家庭への対抗として「平民派のバンカラ」なる価値観を持ち出しているのだ。もっとも勝子の日記には一九一二年九月二日、きよという女性を女中に雇ったとあるが、この時はいなかった模様である。

勝子のこうした日記の書き方は、大正デモクラシーという時代を背景とした、平等主義への賛歌といえる。夫の東條もまた、日常生活の実感の中から〝平等〟を是《ぜ》とする「平民派」の価値観になじんでいたと私には思える。このことがのちに首相として繰り広げた、さまざまな「平民派」的言動の前提となる。

英教の死

井口省吾は、その後も親友英教のためになにかと便宜をはかった。陸大から愛知県豊橋の第一五師団長に転じた一九一三（大正二）年一一月二四日、小田原に住む英教の妻ちとせより手紙を受け取った。夫が重態のため、朝鮮にいる女婿の山田静吾大尉（東條の義弟）を井口の配下として、小田原に近い所へ転属させてほしいとの依頼であった。井口は同じ日にその旨を陸軍次官の本郷《ほんごう》（房太郎《ふさたろう》）中将に依頼している。

一九一三年一二月九日、井口は死去する直前の英教を見舞っている。英教は心臓病に加え腎臓炎にかかり、「時に尿毒症の気味あり発作的に精神的奇論を発《はっ》し」た。井口に対して遺言と称し、「頻《しき》りに人間の正道を踏み安慰の中に大往生を遂《と》ぐべくこの世に釈迦も孔子もあるものにあらず、かつ大自然、最も尊く運命は予《あらかじ》め知るべからず」と語り、井口に要旨を社会に公表するよう求めた。井口が快復してから自分で公表するのがよいと説くと、英教は慰問を心から喜んだ（『井口省吾日記【第Ⅳ巻】』）。

井口はこのとき「東條中尉」すなわち英機にも面会している。父の危篤《きとく》に際して駆けつけたようだ。

歴史学者・坪井九馬三《つぼいくめぞう》の一九一三年一二月二六日の日記に、英教の死去について書いてある。

「予備陸軍中将東條英教逝《い》く（一六日）と後で聞く。〔中略〕頃日《けいじつ》心臓を病んで激務に捷《かて》ず、遂に歿《ぼっ》す。悼《いた》むべし。嗣子《しし》英機、遺言を公表し、親族以外会葬《かいそう》を謝絶すという、希有《けう》の事也《ことなり》。蓋《けだ》し思う所在《ところあ》って然《しか》るか」（服部敏良『事典 有名人の死亡診断 近代編』）。会葬謝絶には何か思うところがあるのだろうか、といぶかっている。

英教が一二月一六日に死去したというのは新聞の虚報であり、正しくは一二月二六日である（一八日、英機がその旨を井口に葉書で知らせている）。だが、英機の名前で一二月二七、二八日の『朝日新聞』朝刊に出された死亡広告には確かに「遺言に依《よ》り親戚の外《ほか》御会葬御辞退申《もうし》上候《あげそうろう》」とある。

今では遺族が密葬を営むのはごく普通のことだが、当時はそれを聞く者に異様な感じを与えた。英教は自分の葬式に長州の人間が来るかもしれぬと考え、強く忌避したのではないだろうか。のちに東條は長州閥への激しい敵意をあらわにするが、それはこうした父親の死に様が影響していたかもしれない。

井口省吾は一二月二六日、小田原の東條から「チチイマシス」との電報を受け取った（『井口省吾日記【第Ⅳ巻】』）。そして二八日の井口日記に「故東條中将の訃音《ふいん》至る、本日午後一時、葬儀執行との事なり」とある。

大正政変と陸軍の苦境

話を英教の死去前、一九一三（大正二）年一二月九日の小田原に戻す。井口は死の床に就いた英教を見舞ったその足で近くにある山県有朋の別荘・古稀庵《こきあん》を訪れ、山県と「摂生《せっせい》、現今社会の思潮、国民及軍隊精神教育、増師、時事に就《つ》き九時より十一時まで、二時間談論して退去」した。

「増師」とは、先に勝子の日記に出てきた西園寺内閣倒壊の引き金となった二個師団増設問題を指す。後継の桂太郎《かつらたろう》（陸軍大将）内閣は、のちに第一次護憲運動と呼ばれる世論の猛攻撃を浴びてわずか二カ月で倒壊、桂は病死した。これら一連の動きを大正政変と呼ぶ。

大正政変は、陸軍にとって政治的大敗北であった。陸海軍は軍部大臣現役武官制の廃止に追い込まれた。大正政変は、世論の高まりが内閣を倒した最初の事例といわれる。政変は、前出の「戦後デモクラシー」の帰結といえる。井口が山県と「現今社会の思潮」について語り合ったのは、こうした時勢に陸軍としてどう立ち向かうかをめぐってであったとみられる。

重要なのは、東條英機が軍人としての歩みをはじめたのが、民衆の力や動向を無視した政治が困難となっていた時期に当たることである。陸軍（海軍もだが）が、軍備を維持するためには、自らの存在意義を社会に向けて訴えていくことが必要となった時代である。

第一五師団長となった井口は、一九一四年一月三一日、陸軍次官に対して、新聞記者を冷遇しないこと、「非陸軍的新聞」を少壮将校にながく読ませると害があること、師団長や師団高級武官は機会あるごとに管内の各団体、学校で精神教育や国防の本義を講演し人民を指導することを、師団長会議のさいに陸軍中央の意向として内示するよう意見具申《いけんぐしん》している（『井口省吾日記【第Ⅳ巻】』）。

この時期の陸軍にとって、新聞の世論誘導力は無視できないものになっていた。井口は新聞記者を敵に回すのは得策でない（むしろうまく利用すべきだ）、「国防の本義」すなわち軍の存在意義は、軍みずから「人民」に向かって積極的に訴えねばならない、というのである。東條英機はこのような社会状況のもとで、軍人としての歩みをはじめたのであった。

第一次大戦による戦争認識の変化

一九一四（大正三）年一一月二四日、井口は豊橋の偕行社《かいこうしゃ》で大正天皇が在郷軍人に下した勅《ちょく》語《ご》の奉読伝達式《ほうどくでんたつしき》に出席し、以下の注目すべき訓示を行った（表現は現代風に改めた）。

一、勅語に聖慮《せいりょ》が示されている。特に陸海一致は今回新しく宣《せん》せられたことである。

一、今回の戦役における列国在郷軍人の価値。軍隊は国民学校という実を顕《あらわ》した。非在郷軍人、非軍国主義は不利。

一、独国の軍国主義は我が国の範となすべきで、これをカイゼル〔皇帝〕の侵略主義と混同すべきではない。

一、今日の戦争は軍隊同士の戦争ではなく国民対抗の戦争である。そして武装的戦争と平和的（経済的）戦争に分けられる。平戦両時を通じて挙国一致を要する。すなわち在郷軍人は、平時においては忠良なる臣民として平和的戦争に寄与し、少なくともその後援となり、戦時においては国家の干城《かんじょう》として国防第一線の衝《しょう》にあたり、平戦ともに国に殉《じゅん》じる犠牲的精神がなくてはならない。軍国主義の神髄はここにある。

一、要するに在郷軍人は国家の枢軸《すうじく》、国民の中堅である。その消長は国家の安危《あんき》に関わる。各人は努力奮励《どりょくふんれい》せよ。

この訓示は、その後の東條の運命を予測させる点をいくつか含んでいる。一つめは、井口が第一次大戦という総力戦の初期段階で陸海軍一致の重要性を説いている点である。東條は、のちの総力戦の指導者、首相として陸海軍の一致に腐心させられることになる。

二つめは、井口が敵国（日本の対独宣戦布告は八月二三日）独国について、独国という国家とその皇帝（カイゼル）を明確に区別し、後者を「侵略」者として厳しく批判している点である。このように敵の国家（国民）と指導者を明確に区別し、後者に対してのみ「侵略」の責任を問うという発想は、第一次大戦終結時の連合国側によるドイツ皇帝訴追の動き（実現せず）や、その後のパリ不戦条約における「侵略」戦争の禁止などを通じて精緻化され、第二次大戦終結後のニュルンベルク、東京裁判の原型となる、きわめて新しい発想だった。東條はその東京裁判で「侵略」戦争の指導者として責任を追及されることになる。

この変化の大きさは、たとえば日露戦争の時にロシア皇帝を侵略者として批判する論調がみられなかったこと、そもそも侵略戦争は悪だという考え方じたいがなかったことを思えばよく理解できる。戦争で勝った国が負けた国から領土や金を奪うのは当然のことだった。そのような一九世紀的な古い戦争観とは大きく異なる新しい戦争観が、第一次大戦を通じて国際社会に生まれた。侵略戦争は悪であり、その責任者は裁かれねばならない。井口の訓示は鋭敏にも、大戦初頭の段階でこれらの変化を予見していたのである。

三つめは、井口が今日の戦争は「軍隊同士の戦争ではなく国民対抗の戦争」と述べ、戦争を「武装的戦争と平和的（経済的）戦争」に区別している点である。このとき戦争は軍隊だけではなく、国民の総力を結集しないと行えなくなっていた。のちに東條が国民戦意の維持に苦心したゆえんである。

戦争は経済力が物をいうので平和な時からこれに備えねばならないという考え方は、のちに東條ら陸軍軍人が唱える国家総動員の思想そのものである。さらにいえば、「平和的（経済的）戦争」という言葉は、軍事力に訴えることなく経済力で相手にいうことを聞かせるという新しい戦争の手法の登場を意味している。のちに米国はこの手法を用いて日本に経済制裁を行い、反発した東條らは一か八かの対米戦争に打って出るのである。

同じく第一次大戦中の一九一五年一一月三〇日、大尉に昇進（同年六月八日）していた東條は陸軍内での後見人たる井口のもとを訪れている（用件は不明）。その日の夜、井口は一品会と称する陸軍将官の会合で長岡外史中将の「飛行機論」を聞いている。井口は「これに賛成せず合同論を主張」した（『井口省吾日記【第Ⅳ巻】』）。

このとき長岡はかつての極端な歩兵中心主義を一擲《いってき》し、飛行機論者に転換していた。井口が彼の意見に賛成せず「合同論」を唱えたというのは、長岡が航空戦力のみで戦争を決着させる空軍独立論的な主張を行ったのに対し、井口は歩兵と飛行機の「合同」、歩兵に対する飛行機の協力を唱えた、ということか。この航空戦力と歩兵との関係はどうあるべきかをめぐる論争は、そのまま東條が戦争指導者となる時代にも続くことになる。

欧州駐在

東條は一九一五（大正四）年一二月に陸大を五六名中一一番の成績で卒業、出世への糸口をつかんだ。近衛歩兵第三連隊中隊長を経た一九一九（大正八）年九月にドイツ駐在を命じられる。このヨーロッパ体験が東條の軍人人生に決定的な影響を与える。東條は海外から妻子に数多くの手紙や絵葉書を送った。息子英隆に送った一九二〇年七月三一日の絵葉書には、「お父さんは丈夫でいる。大きくなったら大将にしてくれるとの事だが、大将にはお父さんがなるのではない。自分が勉強して自分がなるのだ。それには何にしても人に負けぬようにせねばなりませぬ」とあった（東條『家族愛』）。

父親としての東條は「人に負けぬよう」に「勉強」して「大将」になるという「努力即《すなわち》権威」の価値観を絶対化して、幼い息子にも語りかけていた。

日本陸軍は巨大な総力戦と化した第一次大戦から学ぶべく、一九一四〜二四年にかけて多数の視察者を欧州へ派遣した。その数は三〇六名（実質二二〇名）にのぼった。東條は独国への派遣である。独国への派遣は三〇六名中五五名であり、仏国六五名、「欧州列国」六四名についで多かった。独国へは歩兵科、仏国へは砲兵科の将校が多く派遣された。全体的にみると、日本は独国から戦術、編制、教育などもっとも多くのものを学んだといわれる（葛原和三「帝国陸軍の第一次世界大戦史研究」）。

一九二一（大正一〇）年、南ドイツのバーデン・バーデンで、同じく欧州に駐在していた永田鉄山、小畑敏四郎、岡村寧次の三少佐（陸士一六期）が会合し、陸軍の改革を話し合った。

その内容は、長州閥が専断の人事を行っていること、軍が統帥権《とうすい》によって国民と離れていることを変えようというのだった。「ヨーロッパに行ってその軍事状況を見た」のがきっかけだった（中村菊男『昭和陸軍秘史』）。彼らは今後の戦争が軍隊だけではなく、国民の参加・協力がなければ行えない総力戦であることを学んだのである。永田たちはそのときちょうどドイツのライプチッヒにいた後輩の東條にも声をかけた。

明治、大正と続いた陸軍の長州閥支配も、親分格の山県有朋の死去や、その後継者である田《た》中義一《なかぎいち》の政党政治家への転身などによって衰えをみせていった。そうした中で、永田や東條たち陸軍の中堅将校が長州閥打倒と陸軍の改革をめざし、団結を強めていった。この四人の集まりがのちの昭和陸軍を大きく揺るがす派閥抗争の発端となる。

陸大教官

欧州から帰国した東條は一九二二（大正一一）年一一月二八日、陸軍大学校の兵学教官に就任した。東條の教官ぶりについては、二二年に陸大入学、二五年に優等で卒業した稲田正純《いなだまさずみ》の回想がある（東條英機刊行会ほか編『東條英機』）。

稲田が初めて東條の講義を聴いたのは一九二五年、三年学生で、第一次世界大戦の初頭西方戦線、独仏両軍主力の戦略展開からマルヌ会戦に至る戦史を教わった時であった。陸士で独語を専攻した東條は、独軍側の仏軍包囲殲滅《せんめつ》戦略について「いい気持で指導を進められていた」という。東條はマルヌ戦史を講ずる間、「まるでこの作戦の花形役者、第一軍司令官フォン・クルックその人ででもあるかの如《ごと》き気の入れ方であり、フランス側はさんざんの指導振りであった」という。

学生稲田が「どうも種本があるな」と文庫をあさると、独軍のフォン・クルックとその参謀長フォン・クール両将軍の回想録の仏訳本が見つかり、読んでみると、東條の出す問題の原案（正解）は大抵見当がついた。稲田が教室で「文庫から捜し出してきた某仏将軍の書いたマルヌ会戦の評論の要約、独軍は敗るべくして敗れた所以《ゆえん》が明決に論断されていた代物」を読み上げると、東條はしだいに顰《しか》めっ面《つら》になっていった。

稲田は東條の教官振りを「ぎこちなく、凡《およ》そ学問的とは言えなかった。戦史の教育なら語学の能力上両軍に平等にとはいかないまでも、少なくとも相手の立場にもっと関心を持ち、参考資料を捜すべきで、種本一点張りでは真相は解《わか》らないことになるだろう」と述べ、必ずしも高く評価していない。

のちに陸軍省軍務局長となって太平洋戦争中の東條を支える佐藤賢了《さとうけんりょう》も、このころ陸大の学生であった。佐藤と東條は独仏両軍の戦略の巧拙をめぐって教室で激論となった。東條は臨席していた和田《わだ》亀治《かめじ》校長から「国家の興亡に関する超重大な問題を即席問題として取り扱ったことは遺憾《いかん》である」と指導を注意されたため、佐藤との仲は悪くなった（佐藤『軍務局長の賭け　佐藤賢了の証言』）。

もっとも、東條教官に肯定的な学生もいた。一九二二年に陸軍大学校に入校した堀毛一麿《ほりけかずまろ》（陸士二八期、少将）は、戦後のインタビューで「第一次大戦にヨーロッパで従軍した」教官たちから、「第一次世界大戦の戦史を陸大で系統的に教えられ、それまでオーソドックスと考えてきたところの戦略とか戦術とかが、ヨーロッパ大戦を研究するにつれて、根本的に変えなければいけないんだ」と理解するようになったと述べている。堀毛は記憶にある教官の名前を聞かれて「西方戦場の東条英機」を真っ先に挙げた（中村菊男『昭和陸軍秘史』）。

梅津美治郎と東條の比較

梅津美治郎《うめづよしじろう》（陸士一五期）は一九三六（昭和一一）年の二・二六事件後の陸軍次官、太平洋戦争後期の参謀総長として、東條とともに昭和陸軍を主導した人物である。その梅津も東條と同じころ、陸大の兵学教官をしていた。

当時の学生・松村知勝《まつむらともかつ》（陸士三三期、少将）の回想によると、一九二八年のはじめごろ、教官梅津は学生たちに「軍部大臣現役武官制の廃止をどう思うか」と聞いた。もちろん陸軍としては絶対反対である。政党出身の大臣により軍事費を削減される可能性が高いからだ。しかしいきさつを知らない学生は「勝手な意見」を書いた。梅津は答案を点検し、「その利害得失を簡単に説明されたが、結論は言わず、「お前たち、自分でよく考えて見ろ」といった態度」であった。

一方、同じ兵学教官の東條は「簡明直接的」で「文官大臣でもいいと考えているものがあるけしからん。もってのほかだ」と叱った（上法快男編『最後の参謀総長 梅津美治郎』）。

同じく陸大の学生だった松村秀逸《まつむらしゅういつ》（陸士三二期、少将）によると、梅津は陸大で学生に「陸軍大臣は文官がよいか、武官がよいか」と質問した。順番に答えさせていくと、一〇人目で文官賛成者八名、武官と答えた者二名であった。「利巧《りこう》」な梅津は慌てだし、「今の質問は取り消す。私がこんな質問を諸官にしたということも取り消す」といって二度とこの問題にふれなかった。陸大三年生の輿論《よろん》が圧倒的に文官支持となると「問題がウルサクなる」からである（同）。

教育者としては、広い視野から物事を考えさせる梅津のほうが明らかに有能である。しかし陸軍の利益をがむしゃらに押し通すべき政治官僚としては、余計なことなど考えもしない東條のほうが適任だったろう。

のちの一九三一（昭和六）年八月、梅津は参謀本部総務部長に就任する。その部下の編制動員課長が東條だった。前出の松村知勝は編制班員として東條の部下になった。ある日、暗号教育に関する規定の判を梅津のところへもらいに行くと、合理的な説明ができずに突きかえされた。帰って上司の東條に報告すると、東條はおれによこせといってすぐ梅津のところへ行き、判をもらって帰ってきた。松村は、梅津の態度に教育者としてのそれを感じている（同）。

東條には部下に調べさせることで育てようという発想はなく、何でも自分でやったほうが早いと思っていたようだ。東條の思考法はつねに直線的であり、ゆえに教育者向きではない。

しかし松村秀逸は梅津の短所も感じとっていた。二・二六事件後、陸軍次官として陸軍をまとめた梅津について、事務能力は高いが「慎重屋だったので、記者との会見を極端にいやがった。これには、秘書官も手を焼かされていた。なんでもでしゃばるのが大嫌いで、陰性なところがあった。要するに大衆性がなかったのである」と評している（同）。

一方、東條はこれからみていくように、梅津にはおよそない「大衆性」があった。本書冒頭で述べたゴミ箱視察はその典型例である。人には一長一短があるというべきか。

「政略と戦略の調和」

一九二六（大正一五）年、教官東條は陸軍大学校の三年生に対する軍制学の講義録で「戦時は一国政の継続なり」として、戦時に置かれる大本営に統帥部だけでなく国務大臣を参加させ、協力して戦争を行うべきだと主張している。「統帥は必然常に国力に立脚」するので、「漫《みだ》りに「軍の必要」なりと称し不可能を国家に強要する」のは「自ら戦争の指導を破壊する」ことに他ならないからである。国務大臣は陸海軍大臣、首相、外相などが想定されよう。戦争指導は統帥権の独立を前提としつつも、国力や政治との調和のうえで行われるべきだというのが、東條の考えであった（玉木寛輝『昭和期政軍関係の模索と総力戦構想』）。これはのちに国務と統帥の調和とか、政戦両略の一致と呼ばれる考え方である。

東條がこの国務と統帥の調和をどこで学んだかは定かでない。しかし、一九二〇年に参謀本部が発行した『欧洲戦争叢書《そうしょ》 特第九号 大局ヨリ見タル世界戦史（千九百十八年）』は、「大戦より得たる教訓」の第一に「政略と戦略の調和」を挙げ、独墺《どくおう》の同盟側は戦略に勝ち政略に敗れた、と指摘する。ベルギーの中立を無視して英国に参戦を決断させ世界の同情を失った、伊国を同盟から脱落させた、無制限潜水艦作戦をとって米国を参戦させた、といった例を挙げ、政略と戦略のどちらを欠いても近代的戦争は決して成立するものではない、「政治家、兵略家」はともに欧州戦における両者の関係を攻究して将来に備えねばならない、と述べている。

『大局ヨリ見タル世界戦史』はその他の教訓として戦争資源の確保、国民の精神及び体力的訓練、統帥権の独立などを挙げている。軍の作戦に対する政治の介入は峻拒《しゅんきょ》するが、作戦と政治の調和は必要という考え方は、東條はじめ第一次大戦後の陸軍における共通理解だったとみてよい。

総力戦を行うには、兵器や輸送船舶の原材料となる、鉄や石炭などの資源確保が必要となる。

陸軍省整備局動員課長の永田鉄山は一九二七年の「現代国防概論」で国家の不足資源をどうやって補塡《ほてん》すべきかと問題提起し、鉄鉱は「資源の開放を高唱し資源豊富にしてかつ近き支那にこれを求めざるべからず」、石炭は「戦時不足額は殆《ほとん》ど満蒙および北支那のみにて補足し得るがごとし」と述べていた（川田稔編『永田鉄山軍事戦略論集』）。

永田はただちに武力による海外資源独占を主張したわけではないが、昭和初期の陸軍軍人たちの間で満蒙や華北への進出が想定された背景には、この資源確保の問題がある。

陸軍の精神主義

東條は、陸軍が第一次大戦の教訓を踏まえて編纂した『戦闘綱要』（一九二九〈昭和四〉年）の起案にも従事した。同書は「軍内における師団の行動を基準とし、独立師団にも適用できるような諸兵種連合戦闘の原則書」である（以下、前原透『日本陸軍用兵思想史』による）。その内容は、東條たち陸軍が大戦から得た教訓をどう応用し、血肉化しようとしたかを直接あらわす。

『戦闘綱要』草案の編纂作業の中心となったのが、この時教育総監部にいた永田鉄山である。東條（第一〇課兼部員、陸大教官）は、参謀本部が教育総監部の案を審査するため一九二五年六月に設置した「戦闘綱要審査委員会」のメンバーとなった。委員長は参謀本部第一部長の荒《あら》木貞夫《きさだお》（陸士九期、大将）である。

「全軍の頭脳を結集しての作業」の結果、翌二六年に完成した『戦闘綱要草案』に盛りこまれたのは、包囲殲滅、つまり敵の大軍を包囲して一気に撃滅するという戦い方であった。第一次大戦の西部戦線で繰り広げられたのは陣地戦での長期消耗戦であったが、国力に劣る日本陸軍にはそうした戦い方はとてもできないし、またその可能性もないと委員たちは考えたのである。

日本が極東の大陸で相手にするのは、（昭和初年の段階では）素質劣等な露軍と中国軍と想定された。委員たちは、独軍が第一次大戦初頭の東部戦線で露軍相手に演じたタンネンベルク会戦のような包囲殲滅戦に着目し、これなら極東の露軍と戦えると考えたのである。前述したように、東條も陸大でこの包囲殲滅戦法を機嫌よく講じていた。

『戦闘綱要草案』は一九二九年二月六日、軍令陸第一号で『戦闘綱要』に改められた。『戦闘綱要』は「主として東亜の大陸において速戦即決の要求」を充足するため「敵を包囲して戦場に捕捉殲滅」するよう唱えた。綱要の「運動戦」とくに「遭遇戦」を優先し「機動及独断を推奨」する、「偉大なる戦果の獲得を期し」て「敵の意表に出てその弱点に乗ずる」などの表現は、「明瞭に参謀本部の、そしてその中枢たる作戦課の思想で昭和三年『統帥綱領』に盛りこまれた思想」であった。

草案段階ではまだ必ずしも表に出ていなかった「包囲殲滅」主義が『戦闘綱要』の中心的な

教義として採用された背景には、東條の盟友だった小畑敏四郎中佐の参謀本部転任があった。

この「包囲殲滅」主義は一九三八（昭和一三）年の「作戦要務令」にも継承され、太平洋戦争敗戦まで日本軍の用兵思想の根幹となった。『戦闘綱要』編纂を通じて軍の深刻な問題となったのが、戦争における物質力と精神力との関係である。『戦闘綱要草案』冒頭の「綱領」第二は「戦捷《せんしょう》の基礎は精神的威力と物質的威力との結合たる戦闘威力を敵に優越する如く運用するに在《あ》る、と謳《うた》った。前原前掲書はこれを「「精神的威力」を「大本」とし、「物的威力」を「骨幹」と表現するように、双方のバランスを考慮し、「物的威力」について相応の位置付けをする、合理性重視の表現」とみる。

しかしこの表現は、一九二八年の各兵操典《そうてん》（歩兵や砲兵など各兵科の教練や戦闘の基本原則）に共通の「綱領」（『戦闘綱要』の「綱領」も同じ）では、「戦捷の要は有形無形上の各種戦闘要素を綜合して敵に優《まさ》る威力を要点に集中発揮せしむるに在り。訓練精到《くんれんせいとう》にして必勝の信念堅く、軍紀至厳《ぐんきしげん》にして攻撃精神充溢《じゅういつ》せる軍隊は能《よ》く物質的威力を凌駕《りょうが》して戦捷を完《まっと》うし得るものとす」と改められた。ここに「合理性重視の記述は否定され」、物質力に対する精神力の優位が軍の墨守すべき教義とされた。

必勝の信念

一九二八（昭和三）年の「共通綱領」には有名な「必勝の信念」、すなわち「必勝の信念は主として軍の光輝《こうき》ある歴史に根源し、周到なる訓練を以《もっ》て之《これ》を培養し、卓越なる指揮統帥を以て之を充実す」（第三）という一文も登場した。これは先の一九二六（大正一五）年『戦闘綱要草案』の「綱領」第六が「勝利は自ら勝を信ずるものに帰す」と必勝の自信を説いた部分を、より強い調子にしたものである（前原透『日本陸軍用兵思想史』）。

なぜ「共通綱領」は「必勝の自信」をより強い調子の「必勝の信念」に改めたのだろうか。操典改正の責任者である教育総監・武藤信義《むとうのぶよし》大将はその背景に「近来《きんらい》動《やや》もすれば各方面において屢々《しばしば》国軍の編制装備を非難するの言論を聴き、その弊《へい》延《ひ》いて軍隊に及び、甚《はなは》しきに至りては教練、検閲等の際において不用意の間、下級幹部及兵卒の信念に動揺を生《しょう》ぜしむるが如《ごと》き有害無益の装備問題を議し」出す者の存在を挙げている。つまり、第一次大戦で急速に進化した火力や機械化装備に工業力や技術の遅れた日本は追随できず、それをことさらに批判して部下兵卒の信念を動揺させる将校がいたため、その口を封じようとしたのである。

武藤はたしかに国軍の装備は二、三の強国に比べて劣るが、古来国軍が矜持《きょうじ》とし、戦捷の要素として尊重してきたものは「精神的資質と訓練上の成果」であるから、将来にわたってその優越により「他の物質威力を凌駕圧倒」して勝利に邁進《まいしん》せよと説いた。そして装備問題を論じるのは「有害無益」と訓示した。

つまり、「必勝の信念」は東條を含むエリート軍人たちが欧米の軍隊に対する物量や装備の遅れを痛感し、それをなんとか兵卒の眼から糊塗《こと》するために唱えられた価値観であった。しかしそれはあくまで当座の方便である。東條と永田は、現状に見合った速戦即決を最重要視した小畑と袂《たもと》を分かつかのように、将来的な総動員体制の構築を目指していく。

東條と軍用自動車

東條は一九二八（昭和三）年三月八日、陸軍省整備局動員課長に就任した。整備局は第一次大戦後の一九二六年一〇月、陸軍軍備を近代化させ、総力戦に対応するため設立された部局で、民間の軍需《ぐんじゅ》工業の育成と軍戦備の機械化の推進を目的としていた。動員課と統制課の二課からなり、動員課は軍需工業の指導及び補助に関する事項を、統制課は軍需品の整備、調査をそれぞれ所管した。陸軍は一九二五年の宇垣《うがき》軍縮で人員三万三八九四名、馬約六〇〇〇頭を削減し、かわりに飛行機や戦車など装備の近代化を行った。

初代の動員課長は永田鉄山だった。東條はその後任として業務に取り組んだ。昭和初年の日本陸軍の課題は、工業生産力や技術力に劣る日本が、欧米の総力戦体制にどう追いつくかにあった。東條は、中堅軍事官僚としてその実務を担っていたのである。

一口に軍需工業動員といっても、陸軍の場合、その内実は飛行機や銃砲など多岐にわたる。

東條課長の仕事として、ここでは軍用自動車への関与を挙げたい。

陸軍は第一次大戦で欧米諸国が大量の自動車を生産し、物資を速やかに前線へ届ける能力が勝敗を決したことに注目し、一九一八年に軍用自動車補助法を制定させた。同法は、民間自動車の製造・購買・維持に政府が奨励金を与えるかわりに、戦時には徴発して軍用に用いると定めた。平和な時から軍が大量の自動車を保有するのは不経済という計算である。

東條は、一九二八年四月二〇・二一日に開かれた民間自動車業の団体・日本自動車業組合連合会の第一回総会に整備局動員課長の肩書きで出席し、「自動車業組合組織に対する国防上よりの観察」と題する講演を行っている（『日本自動車業組合聯合会《れんごうかい》会報』第一巻第一号）。

同連合会は、全国同業者の「営業権を擁護」し、平時自動車保護に関する法規の制定や自動車税・輸入税の撤廃軽減を目指して設立された（綱領）が、前記の第一回総会には東條ら陸軍省や内務省、鉄道省の課長・技師が出席しており、軍や政府の肝いりで作られた団体という面もあった。

東條はこの講演で、第一次大戦で仏軍が九万七〇〇〇台もの自動車を前線に出し、予備隊を前線へ迅速に運んで独軍の攻勢を挫折させるなど、軍需品輸送のみならず「直接策戦上にまでも極めて有意義なる働きを示している」、戦後の英国が統制委員会を作って自動車統制を行っている、と述べた。

東条は続けて「我国におきましても戦時この自動車というものは当然〔統制〕せらるるものであり、またされなくては軍制を一方に乱し、戦争に応ずるということが不可能ではなかろうか」、「もしもこの自動車業組合の基礎が鞏固《きょうこ》であり、かつまた十分なる統制力を有《も》って居るということになりますれば、当然是等の統制のために有力なる機関であり、併《あわ》せてこの政府の強制を俟《ま》たぬで自ら資源の統制の実が挙《あが》ることと実は私共は思う」と訴えた。

一九二〇年代の軍は装備の近代化を進めるなかで、その中心となった飛行機と自動車の製造を技術導入も含めて民間に委ねていった。もっとも、国産自動車は品質の優れた米国フォード、GM製の輸入自動車の前に劣勢を強いられていた。皮肉なことに、一九二〇年代の陸軍動員計画上の兵站《へいたん》の自動車化は、国産ではなく輸入自動車の増加によって、予想以上に順調に進んだ(鈴木淳「陸軍軍縮と兵器生産」)。

民間企業に「政府の強制を俟たぬで自ら資源の統制の実」を挙げさせたい、という東条の発言は、民間業者の活動を側面から支援することで、政府の強制によらない、自主的な戦争協力を期待する軍の態度の反映といえる。

東条の行った国家総動員といえば、我々はどうしても第二次大戦中の軍の強圧的な統制を思い出す。しかし実際には、この時期の陸軍と政府には人も金も足りず、民間をがんじがらめに監視、統制するだけの力はなかった。東条の発言はそのような中から出てきたのである。

歩兵第一連隊長

東條は一九二八（昭和三）年八月一〇日、歩兵大佐に昇進、翌二九年八月一日付で東京の歩兵第一連隊長となった。将官に上がるにはいったん現場の部隊に出て、好成績を挙げることが必要だった。名門第一連隊長への就任は、エリートコースに乗ったことを意味する。東條は部下をよくいたわった名連隊長で、「人情連隊長」とあだ名されたといわれている。

もっとも、東條のもとで大隊長を務めた土橋勇逸《つちはしゆういつ》（陸士二四期、中将）の回想は、人情連隊長とは若干異なる東條の姿を伝えている。一度大隊長をやってみたいと思っていた土橋に、東條が大隊長として来いといってくれた。土橋が上司の吉本貞一《よしもとていいち》中佐に相談すると、吉本は「行ってやれ、行って東條さんを柔和にしてやれ。隊の噂によると東條さんが一人で力んでおって隊の将校たちは少々堅苦しがっているということだ、とむしろ勧めてくれた」という（土橋『軍服生活四十年の想出』）。東條連隊長のよくいえば厳格、悪くいえば空回りしがちなやり方についていけない将校も多かったようだ。

当時、第一連隊付軍医だった松崎陽《まつざきよう》は、演習で兵たちに供される飯やおかずが固い、あれではのどを通るまい、「飯は兵の命なのだよ。軍隊で炊事を担当することはただの飯炊きではない。聯隊《れんたい》全部の命にかかわる大切な仕事をあずかっている。そのつもりで取組むのだ」と、兵の食事を担当する主計中尉を諭《さと》す東條連隊長の姿を回想している（東條英機刊行会ほか編『東條英機』）。若い将校によってはなぜそこまで、と感じたかもしれない。

東條は性格傲岸《ごうがん》といわれるが、甥の山田玉哉（陸軍中佐）によれば「必要な時、特に力弱く同情すべき立派な人に対しては、目のふれるところ誰彼かまわず物心両面共最大の援助をすることを惜しまなかった」反面、「偉そうな顔をしている者に対しては実に峻厳《しゅんげん》であった」という（同）。本人は弱者の味方、「平民派」を自任していたのである。

東條連隊長が兵卒たちを愛護した背景には、当時の陸軍が置かれていた時代の変化があった。一つは共産党など社会主義勢力による反軍運動の高まりである。兵士たちを過酷に扱えば、その恨みは左翼に利用されてしまうと考えたのだ。もう一つはデモクラシー思想の普及である。権利義務の観念が発達した者も少なくない現状に鑑《かんが》み、第一次大戦後の後期の陸軍では「兵卒には「自覚的」な「理解ある服従」が求められると同時に、将校に対しても、兵卒の人格の尊重や常識の涵養《かんよう》が求められ」ていた（黒沢文貴「大正・昭和期における陸軍官僚の「革新」化」）。

「人情連隊長」としての東條の事績の一つに、徴兵された兵が除隊して社会復帰する際の再就職の面倒をみたことが挙げられている。これは単なる「人情」の発露ではない。徴兵された兵の再就職問題は、この時期の陸軍が解決すべき政治課題の一つだったからである。

当時、二〇歳で陸軍に徴兵された成年男子は入営《にゅうえい》にあたり、それまでの勤め先を解雇されることが多かった。服役中の二年間は収入を断たれてしまううえ、折からの不況下、除隊後の再就職も困難だった。

第一連隊が属する第一師団の一九三〇（昭和五）年除隊者四二四七名中、被傭就職希望者は一八三七名、うち就職決定者は一二九九名、残り五三八名は未就職者であった。当時、兵役に就く若者が就職に際し不利な扱いを受けたり、除隊後の復職を拒否されるなどの問題が多発していた。陸軍はこれが国民の恨みや反感を招き、左翼勢力の行う反軍運動の宣伝材料となることを恐れた。左翼が軍をのっとれば、ロシア革命のような事態が日本でも起こりかねない。

一九三一年四月二日、陸軍の肝いりで制定された入営者職業保障法が公布され、徴兵兵士に対する不利な取り扱いは禁止された。その前年の一九三〇年二月、東京府職業紹介所は第一師団歩兵第一連隊と近衛師団歩兵第二連隊からの依頼により、はじめて除隊兵への職業紹介事業を行った（加瀬和俊「兵役と失業（二）昭和恐慌期における対応策の性格」）。

第一次大戦後の陸軍は国民感情の悪化にきわめて敏感で、兵卒教育の改良や就職支援といった諸政策を講じていた。東條は中央の意図をよく理解し、実行した官僚であった。

＊

東條は、軍人教育を通じて陸軍士官としての自尊心と天皇への忠誠を血肉化していった。その生活は「平民派」だった。東條が軍人としての歩みをはじめたのは、日露戦後の大衆社会化の進行とともに、陸軍の存在意義が問われはじめていたときだった。努力して軍のエリートコースに乗り、欧州へ留学して総力戦思想に接した。のちに首相として取り組む「政戦両略の一致」はこの時身につけたとみられる。国民を味方につけて外地で資源を獲得し、陸軍という〝お家〟の権威と存在意義を高めることが、東條生涯の目標となっていく。

第二章　満洲事変と派閥抗争

二葉会・木曜会

永田鉄山、小畑敏四郎、岡村寧次、そして東條たちは欧州から帰国後の一九二七（昭和二）年ごろ、二葉《ふたば》会《かい》と称する中堅将校団体を結成した。この会には永田たち陸士一六期組を中心に、一五〜一八期の将校が参加した（川田稔『昭和陸軍全史1　満州事変』）。注目すべきは会に陸軍士官学校一九期生が一人もいなかったことである。陸士一九期は日露戦争末期に入校し、一九〇七（明治四〇）年に卒業した、中学出身者のみからなる期である（前出の山中峯太郎は幼年学校出で一九期だが、もとは一八期で病気により一年延期した例外）。

会員の土橋勇逸が東條になぜ一九期生を入れないのかと訊ねたところ、「中学出身者は利巧《りこう》過ぎて信用が持てぬという返事であった」という。とはいえ中学出身の鈴木《すずき》貞一《ていいち》（陸士二二期、中将）と岡田資《おかだたすく》（同二三期、中将）は入っていた。「鈴木は永田や小畑の信頼を博していたし、会の若いメンバーの人選に当初から干与していたらしかったため」という。土橋は「個人の好き嫌いによって、その人選が大いに左右されていたように察《さつ》せられた」という（土橋『軍服生活四十年の想出』）。このあたりは狭量《きようりよう》といわれても仕方あるまい。

同じく一九二七年、二葉会とは別に、鈴木貞一を中心とする陸士二一〜二四期の将校が、木曜会と称する団体を作った。鈴木によると「初めのスタートは、私とやっぱり第一部の中に要塞課があって、要塞課に深山亀三郎《みやまかめさぶろう》という人がおりまして、それと私が話し合って、「どうも日本の軍の装備というものが非常に悪い。そこで、これを第一次欧州戦争後の列国の装備に合うようにしなければいけない。それには少しよりより関係の人たちが寄って研究しようではないか」」と作った研究会である（木戸日記研究会ほか編『鈴木貞一氏談話速記録（上）』）。

木曜会は研究を進めるうちに「軍の整備ができないということは、結局ただ予算を取るといっても予算を取る理論的根拠がなくてはいけないということで、それには日本の国策を研究しなくてはいけないというようなことになって、それをやり出す」ようになった。木曜会には東條も出席していた。一九二八年三月一日の木曜会の第三回会合で、東條中佐は「国軍の戦争準備は対露戦争を主体として第一期目標を満蒙《まんもう》に完全なる政治的勢力を確立する主旨の下に行うを要す　但《ただ》し本戦争経過中米国の参加を顧慮《こりよ》し守勢的準備を必要とす」、「この間対支戦争準備は大なる顧慮を要せず単に資源獲得を目途とし　理由　一、将来戦は生存戦争なり　二、米国は生存のため大陸にて十分なり」と発言した。

村上啓作《むらかみけいさく》少佐が「完全なる政治的勢力とは取ることとなりや」と問うと、東條は「然《しか》り」と応じている。東條は軍事予算を「取る」ためには理由がいる、そのため満洲を「取る」必要があると考えたのだ。東條にはこうした目端の利くところがある。

この時の議論は、英国の介入の可能性などを論じた後、「帝国自存のため満蒙に完全なる政治的権力を確立するを要す　これがため国軍の戦争準備は対露戦争主体とし対支戦争準備は大なる顧慮を要せず、但《ただし》本戦争の場合において米国の参加を顧慮し守勢的準備を必要とす」という「判決」で終わっている。その理由は「我が国がその生存を完《まった》からしむるためには満蒙に政治的権力を確立するを要す、これがためには露の生存のための海への政策との衝突を免《まぬが》るること能《あた》わず　支那より得《え》んとするものは物資なり従《したがっ》て之が掩護《えんご》のための兵力は半年にて整備し得べく、彼の兵力は論ずるに足らず、殊《こと》に支那が満蒙に対する観念は華外《かがい》の地にして必ずしも国力を賭して戦うことはなかるべし」とされた（『鈴木貞一氏談話速記録（下）』）。

この「判決」は若干わかりにくいが、日本が生きていくためには満洲を「取る」しかない、それは同じく生存のため南下を目指す露国との戦争を必然化する、中国からは戦争のための「物資」（資源）を取る必要がある、と読める。永田の主張を一部取り入れた形である。

「判決」は日中・日露戦争に米英が介入してくる可能性にもふれている。米国の満蒙に対する欲求は（日本と異なり）「生存上の絶対的要求」ではないので、日本と国力を賭けた戦争を行うことはないだろうが、欧州大戦の歴史に鑑《かんが》みると日露戦争への参加は予想せざるをえない、一方の英国は、満蒙問題とは密接な関係があるが、（日英の勢力範囲の棲み分けという）軍事的以外の方法で解決できる公算があるので、軍事的準備上は顧慮外とする、とした。

実際の歴史は、一九三一（昭和六）年の満洲事変による満蒙占領がやがて中国本土（華北）への進出を呼ぶ→それが華北に天津などの通商上の拠点を持つ英国との対立を招く→英国と密接な関係を持つ米国との対立、国力を賭けた対米英戦争につながる、という経緯をたどるが、東條たちはそこまで読み切れなかったのだった。

二葉会は、はじめは放談の会であったが、しだいに国家改造も議題とするようになった。ここで焦点となったのが満洲問題、すなわち日露戦争で日本が得た満洲利権の返還要求を中国が強めるなかで、これをどうはねのけ、権益を確保するかという問題である。

その座長格が河本大作《こうもとだいさく》（陸士一五期）だった。河本は一九二八年六月四日、奉天近郊で満洲軍閥の領袖・張作霖《ちょうさくりん》の爆殺事件を引き起こした。二葉会は爆殺事件後の同年一一月二九日午後六時から会合を開き、永田、小畑、岡村、東條たちが集まった。彼らは事件の真相は軍の威信に関わるので絶対に公表してはならぬと、中堅幕僚の意見具申として申し合わせた（舩木繁『支那派遣軍総司令官 岡村寧次大将』）。

岡村は一九二八年一二月六日、東條を座長格とする木曜会にも出席している。この日の研究題目は「陸軍のモットー」で、彼らは「混み合いますから大陸へ」などのモットー（スローガン）をひねり出した（同）。陳腐ではあるが、兵役や労働、納税で総力戦を支える国民を巻き込み、説得する必要性を彼らは感じていたのだ。

軍人たちの功名争い

将校たちが満洲をめぐって強硬論を打ち立てた背景には、当時彼らが置かれた経済的苦境があった。日露戦後、帝大卒に比べてひけをとらなかった彼らの待遇は、その後増額が据え置かれたことと、物価の上昇とによって、他の職種より相対的に見劣りするものになっていた。多くの将校は教育で天皇との距離の近さをたたき込まれプライドは高いのに、「早く昇進しないと貯蓄もろくにできないまま、大尉や少佐で現役を退かねばならない制度的構造になっていた」（広田照幸『陸軍将校の教育社会史』）。

将校たちは現役を退けば恩給が与えられるが、それだけでは生活できず、民間に再就職の口を探さねばならなかった。だが高齢で軍隊以外の職務経験もない彼らにとって、それは実に厳しいものだった。東條たち二葉会、木曜会の面々は陸大卒のエリートであるから、非陸大出の者よりは恵まれた立場にあった。それでも上へ行けば行くほどポストは限られてくる。

このような苦境のなかで、軍人たちは陸軍予算の拡大要求とともに、出世のための「功名争い」をはじめた。功名とは戦で手柄を立てることである。重要なのは、将校たちが出世の欲望と天皇への至誠、国への献身を重ね合わせることで「国のため」と正当化できたことである。「誰もまだ、一九四五年の惨憺《さんたん》たる敗戦の状況を思い描いてはいなかった」のであり、中国への武力進出によって「欲望充足の大いなる可能性と献身の機会が一致する状況が生まれた」のだった（同）。

東條は一九三一（昭和六）年八月一日、歩兵連隊長から参謀本部の編制動員課長に転じた。同年九月二五日付で陸軍通信学校研究部部員、陸軍自動車学校研究部部員を兼任している。

このころの東條が国家総動員や航空戦備に関する啓蒙活動を一般国民向けに行っていたのは、注目される。陸軍省動員課長として行った講演「青年訓練と国家総動員に就て」では、第一次世界大戦での兵力動員が連合軍六〇〇〇万、同盟側が五七〇〇万にも上った事実を挙げ、青年訓練の充実と平時からの総動員準備の重要性を説いている（『補習《ゆう》教育』第八五・八六・八八号に分載）。この講演における東條の国家総動員の定義は、「国家の有する一切の資源と比隣友邦における利用し得べき資材とを自国国民生活の需要を顧慮しつつ戦争遂行上最有効に利用する如く按配統制する」こと（第八八号）であった。

岡村寧次日記にみる東條

二葉会と木曜会は、前記の張作霖爆殺事件を契機として、陸軍上層部を突き上げる圧力団体へと変化していく。東條を含む幕僚たちは、田中義一首相がそれまでの自身の対満洲政策を棚に上げ、事が起こると責任を陸軍に転嫁し、陸軍上層部は関東軍のみに責任を押しつけようとしたことに憤激し、結束を強めたのである。船木繁は政党内閣や軍上層部に対する不信感が「統制無視につながり、国家国軍のためなら超法規的でもかまわぬという独善的な風潮」を助長させたと指摘する（船木『支那派遣軍総司令官 岡村寧次大将』）。

一九二九（昭和四）年ごろの岡村寧次は、永田、東條と連日密議を重ねている。当時の東條は陸軍省の動員課長であり、その立場から満洲に武力発動する（「取る」）場合の措置《そち》を検討していたとみられる（同）。

岡村寧次日記からは、東條と石原莞爾《いしわらかんじ》の接点もみえる。一九二九年二月一三日、「午後零時半より一時間に亘《わた》り東條の許《もと》にて関東軍参謀石原に対し河本事件につき東京の様子を語りきかせたり」とある。石原はこのとき関東軍参謀であった。同月二三日には「東条及び石原来談鼎《てい》坐《ざ》密議、本夜離京旅順に帰任する石原と河本事件の善後策につき打合せをなす」とある。

岡村はこの「善後策」の内容を書いていないが、石原が渡満後の五月、大連の星ヶ浦でひらかれた全満特務機関長会議で「今後中国側から重大な挑発行為があった場合には、断乎《だんこ》として武力を発動し、一挙に満洲問題を解決する」と決議していることから、満洲の武力制圧であった可能性が高い（船木前掲書）。

一九二九年五月一六日、二葉会と木曜会が合流、一夕会《いっせきかい》を名乗った。当日の岡村日記には「午後六時富士見軒にて中少佐級正義の士の第一回参集に列席す　予《よ》等《ら》の同人にて予の外永田東條　松村参加し一夕会と命名す」とある。

このほかのメンバーには岡村・永田と同期の小畑敏四郎、小笠原数夫《おがさわらかずお》、磯谷廉介《いそがいれんすけ》、板垣征四郎《いたがきせいしろう》、土肥原賢二《どいはらけんじ》、小野弘毅《おのひろき》、黒木親慶《くろきちかよし》（予備役）、小川恒三郎《おがわつねさぶろう》、山岡重厚《やまおかしげあつ》、岡部直三郎《おかべなおさぶろう》、山下奉文《やましたともゆき》、鈴木貞一、石原莞爾、田中新一《たなかしんいち》、冨永恭次《とみながきょうじ》などがいた（船木前掲書）。彼らが「正義の士」を名乗ったのは、政党内閣の腐敗を正して満洲問題の「解決」をはかることを正義そのものと考えていたからである。

長州閥への報復

一夕会の第一回会合では、「陸軍の人事を刷新して、諸政策を強く進めること」、「満蒙問題の解決に重点をおく」、「荒木貞夫、真崎甚三郎《まさきじんざぶろう》、林銑十郎《はやしせんじゅうろう》の三将軍を護り立てながら、正しい陸軍を建て直す」の三つが決議された。人事の刷新とは、会員を重要なポストに就かせてその上司に会員の意図するところを実現させるという意味であった（高橋正衛『昭和の軍閥』）。

この会で土橋勇逸が長州などをいじめることは時代錯誤ではないか、中学出身者を敬遠することは不合理ではないか、と意見を述べると、東條は大変な剣幕で「恨《うら》み骨髄《こつずい》に徹する長州人などは真平《まつぴら》ごめん」といきりたち、永田がマアマアとなだめていたという（同）。

堀毛一麿によると、東條が教官をしていた当時の陸大は、長州出身者の入学を阻止していた。再審（口述試験）で、教官連が長州出身者にのみ厳しい質問を浴びせるのである。東條は動員課長当時、「とにかく閥族打破にはあれがいちばんいい方法だったよ」と言っていたという（中村菊男『昭和陸軍秘史』）。父親の遺恨を教官という立場を利用して晴らした形である。東條は人事を通じて部内統制を達成していたとされるが、時にこうした恣意性《しいせい》が顔をのぞかせる。

人事抗争に参入

永田や東條は長州閥排除のみならず、陸軍人事全体の刷新と主導権確保に取り組んでいく。一九二九（昭和四）年八月二四日の岡村日記に「午後二時半永田宅にて東條、松村、村上、沼田集合、荒木将軍の伝言につき総長問題の対策を講《こう》ず」とある（以下、舩木繁『支那派遣軍総司令官 岡村寧次大将』による）。永田、岡村、東條たちは、勇退する鈴木荘六《すずきそうろく》参謀総長の後任人事について密議を重ねていた。同月、荒木は第六師団長として中央を追われるにあたり、長州閥の田中義一、その跡を継いだ宇垣一成《うがきかずしげ》の人脈につらなる金谷範三《かなやはんぞう》の参謀総長就任を阻止し、反長州の上原勇作の系譜を継ぐ武藤信義を擁立するよう言い残していった。東京に残った彼らはその実現を目指していたのである。

一九三〇年二月二日の岡村日記には「夜東條及び真崎閣下より電話あり　後真崎に電話す」とある。岡村と東條は、真崎甚三郎と組んで武藤擁立の策動をしていた。もっとも参謀総長人事は紛糾のすえ金谷で決定、東條たちは敗れた。

ところでこの間、岡村日記に小畑の名前は出てこない。小畑は二八年八月に岡山の歩兵第一〇連隊長となって地方にいたからである。このころから永田・東條と小畑の関係がしだいにあやしくなってくる。小畑の目には、「将来枢要な地位を占めた場合、全軍の信望を得るために、あくまで自らの徳器《とくき》を磨くための相互《そうご》研鑽《けんさん》」の場であった一夕会を、永田たちが自らの政治的野心を達成するための派閥にしていると映ったのである。

しかし一九三〇年八月の人事異動で、小畑は陸軍歩兵学校研究部主事として中央に復帰する。一九三一年八月、真崎は第一師団長から台湾軍司令官に異動となった。八月八日、岡村、永田、小畑、東條たちは真崎から別れの宴に招待され、「部内の重要事につき意見を交換」した。

真崎と永田・東條はのちに激しく対立するが、このころは反金谷・南次郎《みなみじろう》（宇垣一成系、三一年に陸相就任）で結束しており、ゆえにこのような宴会にも同席していた。真崎の異動は確かに左遷《させん》ではあったが、首にはならなかった。それは部下の永田や東條の信望を得ていたためといわれる。

満洲事変

一九三一（昭和六）年九月一八日、関東軍の板垣征四郎と石原莞爾は中国側による鉄道爆破を口実に兵力を動かし、満洲の武力制圧をめざして軍事行動を始めた。満洲事変である。

同月二一日の岡村日記には、「一〇時半より正午まで参謀本部において臨時に例の研究会を開く、磯谷、渡、重藤、東條と予の五名にて満蒙時局対策を立案す、現在の関東軍の活動を有利に展開せしむる策なり」とある（舩木繁『支那派遣軍総司令官 岡村寧次大将』）。東條たち五人の中央幕僚が、板垣・石原率いる関東軍の行動を支援する方向で動いていたことがわかる。

九月二五日には「午前八時より約二時間参本第二部長室にて東條、今村、渡、重藤と予とにて意見具申案を完成す（満州時局に関し）午後三時より再び磯谷を加え五時まで議《ぎ》す、一、二件採用せられたるも採用されざるものもあり」とある。

「意見具申案」は「満州問題解決方策の大綱」として上申された。その結論は「現時は独立国家建設を前提として、独立新政権樹立を目標とし漸《ぜん》を以《もっ》て事を進むるの止《や》むを得ざる情勢」というものだった。岡村は「朝鮮半島の領土保全と満州権益確保のため対ソ作戦を準備するのであって、独立国家などは中国を知る磯谷や私は考えていなかったが、多数決できまった」と回想している。東條はこの時、かねての強気な言動からみて、独立政権論を主張したと考えられる。

しかし関東軍は独立政権案を取らず、一気に「満洲国」という新国家を成立させた。その理由は、独立政権設立が「日本が支那本部と〔満洲を〕分離せしむとする直接行為」であり、中国の主権と領土の尊重を定めた九カ国条約（一九二二年調印）、民族自決の原則を定め侵略戦争を否定した国際連盟規約（一九一九年調印）の精神に背くからであった（「板垣参謀上京に際し与えし訓示」一九三二年一月四日、小林龍夫ほか編『現代史資料7 満洲事変』）。一方、独立国であれば、それは「支那人自身が内部的に分離」したに過ぎないので、国際条約や民族自決の否定にはあたらないとされた。

同じころ、参謀本部も新国家は日本として当面承認しないとした（「独立国家の承認問題に就《つい》て」三二年一月二七日、小林龍夫ほか編『現代史資料7 満洲事変』）。理由は、日本だけが承認を明示すると、母国の適法政府と対立する「叛徒《はんと》団体」を過早に国家として認めることになり、母国に対する不法なる干渉、すなわち「支那の主権独立並びにその領土的及び行政的保全を尊重す」ると定めた九カ国条約違反になるからだった。参謀本部は条約改定なくしての新国家承認は「明らかに不信行為たるの譏《そしり》」を免れないので、承認の形式論を避け、現実に即して協定や条約、秘密協約を結んで「実効を収むる」のがよいとした。

関東軍も参謀本部も、満洲事変が九カ国条約違反であることを十分認識し、それを糊塗《こと》する方向で検討を重ねていたのだった。関東軍も参謀本部も条約違反との批判を受けることを避けたのは、ピーター・ドウスがいうように、「民族自決」が第一次大戦後の「もはや避けることのできない行動原則」として定着していたからであった（ドウス「植民地なき帝国主義」）。

関東軍ですら、外国に「侵略国」のレッテルを貼られることは避けねばならぬと考えていたのである。侵略という批判を回避するためには何らかの大義名分がいる。のちの東條も、みずから指導する戦争の大義名分をどう設定するかで苦慮することになる。この間の三一年一二月、永田らの働きかけで南次郎陸相の後任に荒木貞夫が就任する。

事変抑制に走る

もっとも東條の兄貴分・永田鉄山は関東軍の独走的行動を抑制し、漸進的に進めさせようとしていた。そのことは、政党に対する永田の態度からわかる。

このころ満洲事変をめぐっては、政党内にもさまざまな思惑があった。野党政友会の中では、民政党と連繋して事態の乗り切りをはかる動きもあれば、軍部と結んで若槻《わかつき》内閣倒閣をめざす向きもあった。一九三一（昭和六）年一一月二日、鳩山一郎《はとやまいちろう》、山本悌二郎《やまもとていじろう》、森恪《もりつとむ》ら政友会の幹部は陸軍の意向を探ろうと、永田鉄山（陸軍省軍事課長）、東條英機（参本編制動員課長）、渡《わたり》久雄《ひさお》（参本情報課長）、今村均《いまむらひとし》（参本作戦課長）、重藤千秋《しげとうちあき》（参本支那課長）ら省部の実務担当者と会合し、軍中央がどこまで本気で関東軍を抑えようとしているかを見極めようとした（小林道彦『政党内閣の崩壊と満州事変』）。

陸軍側を代表した永田は「満州問題の根本的解決のためには国民一致の決意が必要であるが、今はまだ機《き》は熟《じゅく》していないこと、したがって、政府の不拡大方針に順応して関東軍の統制に努めていること」を述べ、「その漸進的解決策を堅持していた」という。

三二年一月八日、天皇は関東軍に「朕《ちん》深くその忠烈《ちゅうれつ》を嘉《よみ》す」との勅語を下したが、これは関東軍の行動を是認するというより、その作戦行動にピリオドを打たせようとした永田の発案であった。

参謀本部課長の東條は一月七日、朝鮮軍の満洲駐屯延期を求める関東軍司令部を訪れて石原らと協議した。その席上、東條は早期撤兵を求めた。理由は事件費の縮小、今回の軍制改革で朝鮮の政情不安を理由に朝鮮増師を議会に提出するので朝鮮師団をいつまでも満洲に置いておくのは説得力を欠く、一月二五日に連盟理事会があるので大兵力を置くのは（侵略と見なされ）得策ではない、というものだった。一月下旬からの撤兵を求めた東條に、関東軍は二月下旬まで在満させることで妥協した（参謀本部「満洲事変における軍の統帥（案）」稲葉正夫ほか編『現代史資料11 続・満洲事変』）。

この間、永田は新国家の建設を阻止し、せいぜい独立政権の樹立に止めようとする方向で部内調整に奔走《ほんそう》していた。議会や国際連盟との関係上、早期撤兵を目指しており（小林前掲書）、東條は永田の意を受けていたとみられる。

この視察で、東條は中央に対し、匪賊《ひぞく》討伐のため特に必要な兵種は飛行隊と自動車隊である、飛行隊はなるべく多いほうがよい、自動車は目下の人員を十分活動させられるよう、六輪自動車四〇輛《りょう》同乗用軍一〇輛、路外行動に適する自動二輪車一〇輛、修理自動車若干《じゃっかん》を増加されたいとの意見を提出している。広大な平野でのゲリラ戦における飛行機と自動車の有用性を再認識したのであった（前掲「満洲事変における軍の統帥（案）」）。

東條と石原は、満洲の行政・金融などを調査する関東軍特務部設置問題でも対立した。部長を文官でもよいとする石原に、東條は関東軍参謀長に兼任させるべきだと主張した。東條の意見は満洲統治を軍部中心として政党勢力を介入させたくないという考えによるものだが、同時に石原より東條のほうが議会・政党勢力を気にしていたともいえる（小林前掲書）。

十月事件

一九三一（昭和六）年、満洲事変勃発をはさんだ三月と一〇月に橋本欣五郎《はしもときんごろう》中佐率いる中堅将校グループ「桜会」がクーデター計画を立て、いずれも未然に阻止された。それぞれ三月事件、十月事件と呼ぶ。十月事件時の一〇月一六日、決起情報を入手した今村均作戦課長はまず永田と東條に相談、事を荒立てないよう橋本たちを憲兵に拘束させる方針を立てた（以下、今村『今村均回顧録』による）。

ところが橋本が計画を延期すると虚言を弄《ろう》したり、実はクーデター内閣の首班に擬《ぎ》せられていた荒木貞夫教育総監部本部長が橋本一派の拘束に強く反対したため、南次郎陸相以下首脳部は拘束を決断できなかった。ところが一六日から一七日にかけての深夜、今村のもとへ見知らぬ貿易商の名刺が届けられ、そこには「日延《ひの》べは虚言なり」、明朝の実行に変化なしとあった。橋本一派の誰かが翻意したのである。東條がこれを即刻大臣たちに通報するよう主張して永田も同意、南は拘束を決断して計画は頓挫した。こうした場合の東條の決断は早い。

その後、今村、東條、永田らは参謀本部内の金庫に保管してあった決起計画書を入手した。永田は「こんな案で、大事を決行しようと考えた頭脳の幼稚さは、驚き入る」と言った。永田や東條はクーデターという手段はとらず、合法的な改革を目指していた。もっとも永田は三月事件の際、小磯国昭《こいそくにあき》軍務局長の求めに応じてしぶしぶ計画書を執筆していた。これがのちに皇《こう》道《どう》派の手に入り、永田殺害の遠因になる。

十月事件後、東條は三浦三郎憲兵大尉より、橋本一派の策動は関東軍首脳部と連繋したもので、「現内閣が持続し、満州問題の解決がやれないようになったので、関東軍は日本国から離脱の上、独立軍として行動」するとの情報を得た。このころから東條は憲兵との間に何らかの特別なつながりを作っているようにもみえる。

今村はこの情報を信じなかったが、東條と永田の進言で部局長会議が開かれ、前々陸相の白《しら》川義則《かわよしのり》大将と永田が満洲へ行って本庄繁《ほんじょうしげる》関東軍司令官に軽挙を戒めることになった。しかし、永田は仕事が忙しい、出先の統制は参謀本部の主管という理由で今村と交替した。今村は白川と満洲へ渡り、「腰ぬけの中央にたよっていては、満州問題は解決なんかできない」という石原莞爾の無礼な態度に立腹したが、後で片倉衷《かたくらただし》関東軍参謀が来て満洲独立は流説と断言したため（板垣や石原の意を受けていたかもしれない）、白川と今村はその旨を中央へ打電した。

永田と小畑の決裂

満洲事変が起こったあと、中央復帰を果たした小畑と永田の不和が明確になっていく。一九三二（昭和七）年一月一四日の岡村寧次日記に「永田、小畑と予とは同志親友にして、所謂《いわゆる》他よりは同期三羽烏といわるる関係なりしが、永田の方は兎《と》も角《かく》、小畑の対永田感情近来稍々《やや》不良　最近も工藤《くどう》〔義雄《よしお》〕、山田《やまだ》耕三《こうぞう》〔国本社〕本日も本郷みなこれを憂《うれ》えたり、予の立場も漸《ようや》く困難とならん」と書いている（舩木繁『支那派遣軍総司令官 岡村寧次大将』）。

小畑は参謀次長として台湾から中央に復帰（一九三二年一月）した真崎と結び、永田・東條との対立を深めていく。同じ一月一四日の真崎日記には、当時関係の深かった平沼騏一郎《ひらぬまきいちろう》（当時枢密院《すうみついん》副議長、のち同議長、首相）から「陸軍上級将校にて後害のおそれあるものは自然に適当に処理」するよう暗示され、「予は同感なれども、これがためには緊急なる人事の異動を行うの急務なる旨《むね》を答えたり。本夜、小畑、岡村と会し緊急人事の相談をなす。この案は茲《ここ》に記せず」と書いている。「後害のおそれある」上級将校に永田が含まれていたのは間違いない。平沼はともかく、真崎の念頭には東條もあったかもしれない。

永田と小畑の対立は、編制動員課長の東條と小畑の愛弟子で後輩の鈴木率道《すずきよりみち》（陸士二二期、中将）作戦課長の対立にも発展していく。中山貞武《なかやまさだたけ》（同二九期、少将）によると、陸軍兵器の備えるべき要件などを審議する陸軍軍需審議会の席上で作戦課長の鈴木と編制動員課長の東條が議論を行い、「透徹《とうてつ》した理論で鋭い論鋒《ろんぼう》を繰り出す鈴木氏に対し、ともすれば受身に立つ東條氏の焦《い》ら立《だ》ち、時として感情に色をなす対立が熾烈真剣《しれつしんけん》そのものであった」という。速戦即決論者の鈴木の弁舌に、総力戦体制論者の東條は言い負けていたようである。これで両者の仲がよいわけがない（上法快男編『最後の参謀総長 梅津美治郎』）。

一九三三（昭和八）年七月二〇日の岡村日記には「午後五時半より一時間半村上〔啓作、中佐、軍務局課員〕と内談し内地の状況を聞く 永田、小畑の関係は相当憂うべきものあるが如《ごと》し」とある。永田と小畑はこの時期同じ参謀本部にいて、ソ連が所有していた北満鉄道（東清《とうしん》鉄道）の買収問題をめぐって決定的に対立した。

対ソ戦重視の小畑が対ソ戦を行えば我が手に入るから買収の必要なしと主張したのに対し、対ソ戦よりも満洲国の育成を重視する永田はソ連が売るというなら買った方がよい、と述べたのである。この論争は喧嘩両成敗となり、八月の異動で小畑は近衛歩兵第一旅団長、永田は歩兵第一旅団長に転出している。

しかしその後の永田と小畑の処遇には大きな差がついた。林銑十郎陸軍大臣は、一九三四（昭和九）年三月の異動で永田を陸軍省軍務局長に迎えた。対する小畑は陸大幹事（教頭）となり、二人の関係はこれで決定的に悪くなった。この人事は林が恣意的な人事の目立った荒木・真崎を内心嫌いはじめていたからである。林―永田―東條のラインと、荒木、真崎、小畑らの対立が浮き彫りとなった。

この対立はいわゆる統制派と皇道派の対立と呼ばれる。両派の違いは、精神主義的で対ソ戦志向の皇道派と、部内の統制を重視して対ソ戦より総力戦体制整備を進めようとする統制派、というように説明される。

局外にあった岡村は、荒木・真崎に頼まれて永田と小畑の関係修復をはかった。四月二三日の岡村日記に「同人一部の会合あり　永田、磯谷、板垣、工藤、東條のみの集合にてこの外は小笠原のみなりとのこと　同志間の分裂慨嘆《がいたん》に堪えず　率直に談じ是正の曙光《しょこう》を認む」とある。東條は強硬だったが、永田はもとより仲違いは好むところではないと言ったという。

しかし小畑は、四月二七日に岡村と二人で三時間話し合ってもなお、「彼の永田一派に対する反感は根底的にして妥協の余地なきを思わしむ」るほどだった。岡村は「多年の親友相対峙《あいたいじ》す遺憾《いかん》の極《きわ》みなり」とその日は寝付けなかった。

小畑に激怒

満洲事変に呼応するかのように、海軍は上海で中国軍と衝突した（第一次上海事変）。一九三二（昭和七）年二月二〇日、増援の陸軍第九師団が中国軍に総攻撃をかけたが、堅固な陣地を抜くことができなかった。荒木陸相と小畑作戦課長は慎重派の東條編制動員課長の頭ごしに二個師団増援を決めた。国際連盟が停戦を勧告するとされた三月三日以前に敵を撃退しようとしたのである。

小畑は、部下の遠藤三郎《えんどうさぶろう》少佐（陸士二六期、中将）に二個師団増派の計画立案を命じた。二月二〇日の夕刻、遠藤は動員を担当する編制動員課長の東條に第一一、第一四師団の動員の手続きを願いに行った。東條はそれまで自分になんら連絡も相談もなかったことに激怒し、遠藤を押し除《の》けて作戦課長の室に駆け込み、小畑課長にいきなり〝貴様は一人で戦をする気か〟と嚙みついた。「その物凄い姿は今もなお私の眼底にこびりついておるようです」と遠藤は回想する（遠藤『日中十五年戦争と私』）。小畑と東條の対立が抜き差しならない感情的なものになっていたことをうかがわせる。むろん東條に動員を止めるだけの権限はなく、二月二四日、上海派遣軍が編成された。同軍は三月三日に呉淞《ウースン》砲台を占領して停戦に関する声明を発表、五月五日に日中の停戦協定が成立する。

だが、皇道派と統制派が対立したのは好悪の感情や政策だけではなく、人事もあった。それぞれ自派の人間を高いポストに就ければ、他の人間も相応のポストに引き上げることができる。明治～大正期の陸軍は、藩閥という「出自」の論理で動いていた。しかしよくも悪くも「デモクラシー」化した昭和期にものを言ったのは数の力、すなわち「世論」であった。そこで両派は、相手を蹴落として「世論」の主導権を握るべく、さまざまな部内工作を繰り広げた。

東條は一九三三（昭和八）年三月一八日、陸軍少将に昇任すると同時に参謀本部付となった。同年八月一日に陸軍兵器本廠付《へいきほんしょうづき》となり、さらに同年一一月二二日、新設の陸軍省軍事調査部長に補《ふ》された。軍事調査部は既存の軍事調査委員を改称したもので、一般情報の収集・宣伝を担う新聞班と「純然たる軍事調査機関」の調査班からなる。東條は部長としてこの機構改革を担った（『朝日新聞』一九三三年一一月九日朝刊）。調査・宣伝は、陸軍省や参謀本部内の主流から微妙に外れたポストである。派閥抗争の余波の表れである。

国民に防空思想を説く

むろん東條は派閥抗争ばかりしていたのではない。東條には父と同様、軍事啓蒙家としての側面もあった。

たとえば一九三三（昭和八）年九月二五日、大阪毎日新聞社主催の都市問題講演会で陸軍兵器本廠付・陸軍少将の肩書きで「都市の防空」と題する講演を行っている（大阪毎日新聞社編『日本都市大観』）。東條は「欧洲大戦が、軍事界に促《うなが》した進歩のうち、最も重要かつ注意すべきは、航空機関の異常な発達に伴う戦争方法の変化である」「飛行機が出現してからは、「空」を閑却《かんきやく》することは絶対に許されず、更に航空機の発達は「戦場」を根底から変化してしまった」と述べている。

東條はこの講演で、「都市に対する空襲の効果を具体的に知るには、かの関東大震災当時を想起するのが最も早道《はやみち》である」「しかも震災は一個の自然力であったが、今日では、簡単な人力をもって、この程度の惨害《さんがい》なら一瞬にして実現し得る」と関東大震災を例に挙げ、空襲の脅威を説いていた。そして、今後の戦争では「開戦と同時に敵機の根拠地を衝《つ》き、これを破壊し去る」が、「開戦に際しては、帝国陸海軍の主力は、あげて外征《がいせい》に従事しているのが常態で、防空のため特に兵力を国内に止めるが如きは、決して策の得たるものでな」い、だから「最も必要なるものは、空襲に対する国民の精神的準備」と主張していた。

東條は、一九三三年一一月一〇日、青山会館で行った講演「極東の情勢に就《つい》て」(『旬刊講演集』第一一巻第三二輯)でも、爆弾を二トン積んだ爆撃機は一台で関東大震災と同じ程度の火災を起こすことができるが、その爆弾を七トン積み、ウラジオストクから日本本土の大部分を往復飛行できる飛行機をソ連軍は三〇台以上持っている点を挙げ、国防における航空戦力の脅威を強調する。さらに「支那における航空勢力の充実、米国の航空勢力の充実」も指摘し、これに対抗するためには「今日の国防は武力国防では駄目である。政治、経済、思想、その他一般社会を打って一丸とした国家総動員でなければならぬのであります」と訴えていた。

これらの発言から推し量れるのは、第一次世界大戦後の総力戦体制に対する、軍人東條の認識のあり方であろう。東條は今後の戦争は「国家総動員」と航空機によって戦われると考えていた。その準備への協力を、外国による空襲の脅威から免れるためというわかりやすい理屈で国民に訴えていたのである。

永田鉄山も、一九三五年ごろの「目下の財政状態では何もかも一度にはできないので先《ま》ずに第一にもっとも劣って居る航空、防空に手を染めることにした」という発言からみて、航空軍備は陸軍省軍務局長として主導しつつある機械化軍備構築上の最優先課題であったと思われる(永田鉄山刊行会編『秘録永田鉄山』)。

もっとも、震災の記憶に訴えての防空思想の普及は、東條や永田だけでなく、当時の陸軍が一般的に用いていた手法であった。陸軍の民防空政策を考察した土田宏成は「陸軍は関東大震災の被害やそこから導き出された教訓を強調することにより、将来の総力戦に備えた施策に対して軍部外の支持を獲得しようとし、それにある程度成功した」と評価する（土田『近代日本の「国民防空」体制』）。上記の東條の講演は、彼の個人的な創意ではなく、陸軍の進める対国民政策の一環として行われたと言える。

第一次世界大戦後の陸軍による対国民宣伝政策については、第二次山東《さんとう》出兵（一九二八年）時の宣伝効果が不十分だったことから「陸軍は、軍の行動には国民の支持が不可欠であるということと支持獲得のための宣伝活動の重要性を改めて認識した」との指摘がある（石原豪「日本陸軍の世論対策」）。東條は軍官僚の一人として、その一翼を担ったのである。

東條の総力戦認識

こうした東條の総力戦認識は、一般向けの『非常時国民全集　陸軍篇』（一九三四〈昭和九〉年）に陸軍省軍事調査部長の肩書きで寄せた「勝敗の分岐点は思想戦」からもうかがえる。東條は、第一次世界大戦を経た今日においては「武力、経済、思想政略等各種作戦手段を、一元的に統制する国家が、近代戦争の勝利者たることができる」と言い切り、ロシアなどの対日思想戦、プロパガンダ戦の脅威を指摘して「平時戦時両時を通じて近代国防を完《まっと》うするためには、国家は一定の方針に基き、統制ある思想戦線を張って、敵対国に対して必勝を期《き》せなければならぬ」と訴えている。東條たちが「統制派」と呼ばれた所以である。

『非常時国民全集　陸軍篇』所収の陸軍省整備局課長・陸軍歩兵大佐横山勇《よこやまいさむ》の「国家総動員」は「速戦即決か長期消耗戦か」と題する節で第一次世界大戦の例を挙げ、「近時流行の経済ブロック間の戦争とでもなったなら、愈々《いよいよ》この長期消耗戦の色彩を濃厚に帯《お》んで来るに相違ない」と短期戦ではなく長期戦との展望を示した。

横山は結言として、「横にのみ広い薄っ片《ぺら》な第一線兵力のみでは、断じて長期戦には堪え得ない。どうしても厚味を持たねばならぬ。後方国内にはしっかりとした補給設備や、後備えが要る」、そのためには日満と東亜諸国を一丸とした「鞏固《きょうこ》なる東亜経済ブロック」を形成することが必要だと述べている。横山は現下の日本の国力では「速戦即決」を目指すしかないにせよ、将来的には飛行機や各種機械化兵器の「長期消耗戦」に耐えうる国力の培養を主張していたのである。

東條や横山の総力戦論は、当時の陸軍、とくに陸軍省において一般的だった、現時点での速戦即決→将来的な総力戦志向という二段構えの軍備建設の方向性（森靖夫「国家総力戦への道程」）を示したものと言える。

長期総力戦志向の統制派本流・永田鉄山に兄事していた東條は、軍の演習の現場では速戦即決方針に沿った指導を行っていた。東條は参謀本部第一課長として昭和七年度参謀演習旅行を統裁し、徹底した攻勢・攻撃主義や先制・戦機重視の遭遇戦指導を行った。これは一九二九年制定の『戦闘綱要』の志向する速戦即決主義に基づくとの指摘がある（前原透「検証 ガ島戦、敗惨の本質」）。

しかし東條は、先の一般書や講演での発言からみて、将来の総力戦に対応した軍備建設こそが陸軍の課題であると考えていたはずである。こうした総力戦認識は、本人のオリジナルではなく、一九二〇～三〇年代の陸軍が蓄積してきたものである。東條はその知識を国民にも積極的に発信していたのである。

こうした東條たちの主張は、かつての研究では軍部独裁をもくろむものと批判された。しかし近年の研究では、陸軍の総力戦体制論が少なくとも満洲事変までは国民主体の、議会や政党との協調を重視していた点を明らかにしている（森靖夫『「国家総動員」の時代』）。森は、一九二九（昭和四）年の資源調査法制定時、法の運用について参謀本部が陸軍省にあらかじめ協議するよう求めたのに対し、東條率いる整備局動員課が同法は行政事項であるから軍令は関係ないと「突っぱねた」事実を明らかにしている。

資源調査法は政府が総動員に必要な資源の調査を行う権限を認めたもので、調査の主体は内閣の下にある資源局である。つまり東條は、資源調査については「行政（資源局）がイニシアティヴを握るべきことを認めていた」のだった（同）。第一章の軍用自動車の講演からもわかるように、東條は陸軍だけで総動員業務全般を担うのは無理があり、必要に応じて政府や民間に分担させるのが望ましいと考えていた。

被害者意識

歴史家のピーター・ドウスは、軍事調査部長当時の東條が一九三三（昭和八）年一二月、国民に「一九三五、六年即《すなわ》ち昭和十、十一年には、帝国に取り、各種の対外危機が、重複して殺到し、しかして帝国に密接なる関係を有する隣邦蘇《そ》、支、米等はこの機を目指して、着々《ちやくちやく》戦争準備を整えつつある」、「帝国が将来洋々たる発展の途に上るか、または、日本固有の島国内に閉塞《へいそく》せしめらるるか、そのいずれかを選ぶべき岸頭に立って居る」（「極東の新情報に就て」）と主張したことについて、「パラノイド・スタイル」思考、あるいは被害者意識の表れと評している。日本人は幕末以来、自国を常に外国から包囲・攻撃される立場だと考え、それは世界的強国となったこの時点でも変わらなかったというのである（ドウス「想像の帝国」）。

こうした世界観からすると、九ヵ国条約は一方的に押しつけられた不当な足かせと映る。のちに東條は九ヵ国条約に対する激しい敵意を口にするようになるが、それはこうした世界観に基づいている。

「総力戦」思想啓蒙者としての東條

陸軍省軍事調査部長たる東條の下で、数点の国民向けパンフレットが発行された。東條の陸士幹事異動直後に刊行された陸軍省軍事調査部『空の国防』（一九三四〈昭和九〉年三月三〇日）には、「駸々《しんしん》として進歩をやめぬ空軍の将来に、空中艦隊を以《もっ》てする大都市爆撃が可能なる戦法として予約されて居ることだけは、争えぬ大事実であろう。**国防の将来は正しく空に在り**と断言することができる」（太字ゴチック体は原文通り）とあり、「攻撃せざる者は撲滅《ぼくめつ》せらる」と題する章では「殊《こと》に空中戦の戦勝は常に、機先を制して敵をその上空より圧する者の手に握られて居る」「皇国もまた、後《おく》れ馳《ば》せながら、辛うじて列国に追随し得る程度の整備をなすための負担は、国民としてこれを甘受しなければならないであろう」とある。いずれも納税者たる一般国民に向け、第一次大戦で明確となった航空軍備充実の必要性と、それを可能にする総力戦体制構築への協力を訴えたものである。

東條は三四年三月、軍事調査部長から陸士幹事へと転じる。その二カ月後に刊行された陸軍省軍事調査部『近代国防の本質と経済戦略其他』（一九三四年五月一〇日）は「量の軍備か質の軍備か」という章で、一国経済力の都合上「精鋭なる少数軍備を以て戦争を速決しようとする思索が進められるのは当然であらねばならぬ」と言いつつも、「将来戦は予想に反して持久拡大するために、軍備の量ということも、その質と同様に重大な関係を持つ」と述べていた。また同パンフレット「皇国の近代的国防準備」の章では、「近代国防戦争の本質に鑑《かんが》み、武力戦、経済戦、思想戦、政略戦を一元的に統制運用し、全戦争の指導を適切にして以て速《すみやか》に勝を制する」ことが必要で、それは「独り軍部のみの事業ではなく、実に国民全体の責務」と主張していた。こうした認識は、前部長・東條の総力戦観から大きく外れるものではなかったはずだ。

陸軍省パンフレット

一九三四（昭和九）年一〇月、陸軍省軍事調査部の下部組織である新聞班は、有名なパンフレット『国防の本義と其強化の提唱』（通称「陸パン」）を発行する。

このパンフレットは、国家による経済統制の導入をも含む大規模な改革を提唱した。経済事項を執筆した池田《いけだ》純久《すみひさ》（陸士二八期、中将）はそれを「統制派が従来研究したエキス」という（池田「青年将校と革新思想」）。ゆえに政党などから問題視されて大きな論争となった。

この時新聞班長だった鈴木貞一は、戦後のインタビューで「それは、新聞班の仕事として鈴木さんの責でお出しになったのですか。それとも、その大臣なり、なんなりに予《あらかじ》め了解を得られたわけですか」と聞かれ、「それは、大臣の許しは得ているけれども、新聞班長というよりもその上の部長がおるのですよ。あれは、なんとかいったな、情報ではない、何部長〔軍事調査部長〕というのがあったのですよ。その時の部長は最初山下奉文がやっておって、その次は東條さんがやっておった。確かパンフレットを出したのは東條さんの時だったろうと思うのです」と答えている（木戸日記研究会ほか編『鈴木貞一氏談話速記録（上）』）。

陸パンの発行時、東條はすでに部長ではなかったのでこの発言は厳密には誤りだが、鈴木が「直接上司である東條さんは、その部内の一部反対にも拘《かかわ》らず出せということだったのですか」との問いに「出してしまえ、出してしまえ」ということであったと答えているところからみて、その制作準備段階では、東條のイニシアチブが強く働いていた可能性は高い。

ところで『国防の本義』は、五年間の戦争のあいだ武力戦では勝者の地位にあった独国が敗れたのは「畢竟《ひっきょう》列強の経済封鎖に堪え得ず、国民は栄養不良に陥《おちい》り、抗争力戦の気力衰え、加うるに思想戦による国民の戦意喪失、革命思想の台頭等となれることに由来《ゆらい》し、かくて遂に内部的に自壊作用を起して、急遽《きゅうきょ》和を乞《こ》うの已《や》むなきに至ったのである」と説明し、戦争では経済戦、政略戦、思想戦が武力戦に匹敵する重大な役割を演じる、日本が独国の轍《てつ》を踏まないためには「国防の全要素を不可分の一体として組織統制することが絶対に必要」としているのは興味深い。

第一次大戦で自国民を飢えさせたことが独国崩壊の決定的要因となったので、そうならないようにするには国家が必要な物資を計画的に配分することが重要だ、というのである。この教訓は東條の頭の中にずっと残っていたのではないか。

陸パンの別の個所では「列強より封鎖せられたる独逸が、食糧軍需資源の輸入杜絶《とぜつ》に依り著しき困難を嘗めたるは勿論《もちろん》、過剰生産品の輸出販路を失い、為に国家経済が窮地《きゅうち》に陥《おちい》った事は周知の事実である」から、「一旦緩急《かんきゅう》の暁には、国家は莫大なる軍需品の需要を満すと共に、国民の経済生活維持のため経済の全般就中《なかんずく》国防産業運輸通信及国民経済生活に対しては、相当徹底して統制を行うの必要がある」としている。

戦争遂行における国民の食生活維持は、東條はじめ統制派にとって重要な課題だった。

派閥人事工作

話を一九三四（昭和九）年三月に戻そう。同月の陸軍定期人事の焦点となったのが、皇道派の山岡重厚・陸軍省軍務局長の引き下ろしであった。軍務局長は予算をはじめとする陸軍軍政の要となる重要ポストである。東條たちはその後釜に永田を据えんとする工作を行った。

同年の一月二三日、軍事参議官の真崎は教育総監を兼務することになった。陸軍の人事は陸軍大臣と参謀総長、そして教育総監の三者が協議して決めることになっていたので、真崎は依然として人事権という強い権力を握っていた。

三四年一月三一日、永田は真崎を訪問、時局打開のためには大臣において参考として国策を閣議に提出し、一方脱線的の行動をする者は厳重に取り締る必要がある、また陸軍省内に国策研究の機関を設ける必要があると「力説」した。真崎は永田の口ぶりには柳川《やながわ》(平助《へいすけ》)、秦《はた》(真次《しんじ》)、鈴木(貞一)の排斥に関与していないかと感じさせる節があった、と書いている(伊藤隆ほか編『真崎甚三郎日記 昭和七・八・九年一月〜昭和十年二月』)。

柳川、秦、鈴木はいずれも皇道派と目された人々である。鈴木はのちに東條の側近となるが、このころは皇道派に近かった。永田は柳川らの放逐を陸軍の政策実現の妨げになるという理由で主張したようである。永田のいう「国策研究の機関」は翌三五年五月、首相直属の重要政策調査機関である内閣調査局として実現する。この訪問は、永田自身による局長人事への売り込みともとれる。

東條も兄貴分・永田の軍務局長擁立に努力した。当時参謀本部部員・中佐だった土橋勇逸によれば、一九三三年の一二月初め、陸軍省調査部長の東條に呼ばれ、「お前は山岡の軍務局長をどう思うか」「変えた方が良いと思う。世論もそう望んでいます」「もし変えるとすればだれが良いと思うか」「これも世論ですから、それは永田さんでしょう」「そう思うなら、お前は真崎さんに来年の三月には山岡を永田に代えるよう、意見を述べに行かないか」「いやですよ。

私は人事問題に関係することは好まないからお断りします」というやりとりがあった。土橋は三回も東條に呼ばれた末、三四年のはじめに真崎を訪れ「世論が山岡さんと永田さんとを代えることを要望していますから、この三月の異動に実現されてはどうですか」と申し出た、と回想している（土橋『軍服生活四十年の想出』）。ここでいう「世論」とは、陸軍内のそれである。

本当に土橋が真崎のところへ行って永田擁立を主張したかは定かでない。確実なのは、同じ一月三一日、東條本人が真崎を訪れて「永田軍務局長案を力説」し、あわせて「柳川、秦、鈴木の排斥を強固に論」じたことである。東條は派閥人事工作を他人に任せることなく自分でも熱心にやっていたわけである。何でも自分でやらないと気が済まない性格が人事運動でも発揮された。

真崎はこの日の日記に「大臣周辺の者に対する反感がかくの如き程度に及びあるやに驚きしと同時に感情の行きがかりとはいえ国難の前に有識者がかくも落ちぶれるかを思うとき実に悲しく頼りなく感ぜり。今日の利害の外には義理も何にもなく頼りになる人間なし」と感じた。派閥活動に血道を上げる東條の姿を「落ちぶれ」たと嘆かわしく感じたようだ。第一師団長時代の真崎は部下である第一連隊長の東條を「東條連隊長は日本一の連隊長だよ」と口を極めて褒めていたのである（高宮太平『昭和の将帥』）。

そして東條に「意見には大体同意なる［も］この勢に二派あるを知らざるべからず、また一般に誤解を与うれば軍は直に他より乗《じょう》ぜらるる恐《おそれ》あり、一本調子に走らざるを要す」と諭した（『真崎甚三郎日記 昭和七・八・九年一月〜昭和十年二月』）。

真崎が「国難」といっているのは、当時陸海軍が盛んに唱えた「一九三五〜三六年の危機」を指す。日本が米英と結んだ海軍軍縮条約が一九三五年末から三六年にかけて満期を迎え、その後は無制限の軍拡競争となる、日本はこれに負けて国際的な発言権を失う可能性が高い、という意味での「危機」である。真崎は、東條たちの出過ぎた振る舞いは軍の統制を乱して政党などに軍事費削減の口実を与えるからよくない、と感じたのである。

永田が東條の僭越《せんえつ》ともいえる行動をどうみていたのかは定かでない。ただ、注意して止めさせようとした形跡がないのは事実である。

永田の軍務局長就任

永田の軍務局長就任は、東條らの運動というよりは、真崎が陸軍部内の一致を優先した結果として一九三四（昭和九）年三月五日に実現する。

東條は同じ三月五日、軍事調査部長から陸軍士官学校幹事（教頭）へ異動になった。当時軍務局課員だった西浦進《にしうらすすむ》によれば、東條が陸軍省整備局長に、現軍務局長にして皇道派の山岡重厚が士官学校幹事に回る予定だったが、結果は逆だった。東條はかつて動員課長を務め、誰もが整備局長に適任とみていたにもかかわらずである。西浦は「仲々《なかなか》当時の人事は意味深長なものがあった」という（西浦『昭和戦争史の証言 日本陸軍終焉の真実』）。永田が軍務局長、東條が整備局長に栄進すれば、皇道派が黙っていないだろう。林大臣としては、部内のパワーバランスをとる必要があったとみられる。あるいは、東條の出過ぎた振る舞いは、林大臣にも容認できなかったのかもしれない。

ちなみに土橋勇逸によると、東條は「ははぁ、土橋の野郎、永田を軍務局長にする交換条件として、自分を陸軍省から出すという真崎さんの考えに同意を与えて来たな」と疑い、以後両者の関係は悪くなったという。

東條は当初、土橋を重用していた。きっかけは、東條が軍事課高級課員だったときにジュネーブの軍縮準備委員会への対応をうまく処理したことにあったという。土橋が一夕会の常任幹事になったのも東條の推薦とみられる。歩兵第一連隊でも連隊長と大隊長の関係にあった。

翌一九三五年八月一日、東條はさらに久留米の旅団長へと左遷される。そのさい土橋は東條と会食したが、愉快な雰囲気ではなかった。土橋が別れ際に「山岡さんや小畑さんとの喧嘩を止め、仲直りをなさい」と勧めると、東條は「山岡や小畑の軍門に降参などできると思うか」とけんもほろろの挨拶だったという（土橋『軍服生活四十年の想出』）。

東條の他者への好悪、人事へのこだわりには極端なものがあった。陸軍省人事局長を務めた額田坦《ぬかだひろし》は後に陸軍次官となる東條について「局長、課長を経ず、直接筆者に対し、個人を指定して重要人事を強要され、その結果については非難を受けた覚えがある」と回想している（額田『陸軍省人事局長の回想』）。

派閥対立の本質

真崎は一九三四（昭和九）年四月七日の日記に「予の判断、大きく言えば思想問題なり。即ち日本思想と国家社会主義との争なり。十月事件の残党はこれを再行〔再興〕せんと画策し、荒木一派の者ありては最大の妨害たる故《ゆえ》これを除かん〔と〕す。これに加うるに荒木周囲の者に個人的に反感を有する者あり。かかる勢を利用せんとする宇垣、南、松井の一派ありて錯綜《さくそう》紛糾《ふんきゅう》その極《きわみ》に達しあり」（『真崎甚三郎日記 昭和七・八・九年一月〜昭和十年二月』）。

真崎は永田ら統制派と、十月事件を起こした橋本欣五郎中佐らの一派をひとまとめにしているが、これは真崎たち「皇道派のひとびと」が「純粋な立場で統制を主張するこれら〔永田、東條ら〕幕僚群と、三月事件、十月事件の関係者を主流とする〔橋本ら〕幕僚群とをいっしょにして統制派と呼」んでいたからである（大谷敬二郎『落日の序章』）。要するに自派の同志以外はみな敵なのである。ちなみに「統制派」という呼称は、皇道派の持永浅治《もちながあさじ》東京憲兵隊長の造語とされる（同）。

真崎は皇道派と統制派の対立を「思想問題」、より詳しくは「日本思想と国家社会主義との争」ととらえている。国家社会主義というイデオロギーを信奉するのが永田一派である。国家社会主義とは、当時「超階級的独裁」「国民中道徳及理智において最も傑《すぐ》れかつ階級的利害を超越して国家に奉仕する熱情と実力とを有する者の一群が政権を永続的に掌握《しょうあく》して、全国民を指導統制すること」（林癸未夫『国家社会主義論策』）と説明されていた。

この考え方は真崎らの奉ずる「日本思想」とは決定的に合わない。日本思想とは、万世一系の天皇にすべてを捧げ尽くすのが日本人の正しい道だという考え方である。なかでも軍人たちは天皇に帰一し、絶対服従するのが正義と教育されてきた。この考え方からみれば、国家社会主義は国民中のある「一群」が天皇を排除したうえで独裁をもくろむ企みであり、ゆえに悪である。『国家社会主義論策』は「わが日本に関する限り、それが天皇の大権の発動に依らなければならぬことは勿論」と国家社会主義を弁護するのだが、それは悪の勢力によるただの言い逃れという見方は十分成り立つ。悪は殲滅《せんめつ》しなければならない。

もちろん、永田らは天皇排除とか、軍部独裁とか大それたことを考えていたわけではない。彼らが考えていたのは天皇のもと順序を踏んだ総力戦体制の建設である。だが、前出の永田が主張した「国策研究の機関」実現なども、皇道派からみれば共産主義的思考法や独裁志向の産物とみえたのである。

一方、永田のほうでも皇道派のやり方は「私心」とみていた。自分たちは国家国軍のため正しいことをしているが、相手は単なる私益のため反対しているに過ぎないというのである。両者の争いは人事や私怨という打算と、正邪という価値判断が分かちがたく結びついていた。単なる利益や打算による争いなら妥協の余地もあろうが、正邪のそれに妥協はない。どちらかが相手を滅ぼすまで続く。かくして彼らの対立は殺人事件にまで発展していくのである。

鈴木貞一と東條

鈴木貞一は一夕会のメンバーで、一九三三（昭和八）〜三四年にかけて陸軍省新聞班長を務めた。上司は軍事調査部長の東條である。鈴木が三四年にしるした日記（伊藤隆ほか復刻「史料紹介 鈴木貞一日記 昭和九年」）から、この年の東條の言動をみていきたい。

三四年一月二七日、東條は鈴木に連隊長になれ、後任は根本博《ねもとひろし》と突然言い渡した。鈴木は「東條氏の性格上の欠陥生れたるなり。彼は到底将に将たる器にあらざるに似たり」と反発した。二人の仲はよくない。このころの鈴木は荒木貞夫の補佐役を務めるなど、皇道派に近い立場だったからである。政治向きの仕事が多く、隊務に疎い鈴木はこの異動を嫌がった。

同月二九日、鈴木は東條と昼食を共にした。鈴木は東條に対し、国家救済の道は軍の結束にあり、そのためには他の長短を識《し》り互いに助けあわねばならない、それなのに欠点をあげつらって反発しあうのは大いに不可であると言った。そのうえで、自分は部隊長に自信がないので、異動するなら指導者のいる大衛戍地《だいえいじゅち》の宇都宮か東京にしてくれと頼んだ。これは鈴木が東條を「一種の感情を以て小畑及び鈴木に対しある」とみたからである。うがった見方をすれば、鈴木は東條に軍内の融和という大義名分を説くことで、自分の異動先を有利に取り運ぼうとしている。鈴木が政治的軍人といわれる所以である。

二月四日、鈴木は永田鉄山を訪ね、小畑と協調して林、荒木、真崎で陸軍を固めるよう説いた。永田は全面同意し、小畑に「今少しく協調的に出て排他的にならざるを希望」した。鈴木は、小畑は自分がなんとかすると請けあった。

同月一五日、鈴木が「内閣の件」で東條に相談すると、東條は「今日の時代には陸相に永田、小畑等出ずるにあらざれば何事もできず、林、真崎とても駄目」と言った。鈴木は「然《しか》り然り、時代を知る人にあらざれば駄目」と応じた。彼らは総力戦という「時代」の変化を知る人でなければ陸軍を主導できないと考えていたのである。

三月五日、鈴木は運動が功を奏してか陸大教官に転じ、引き続き東京で政治向きの仕事をすることができた。翌六日、上司の東條と挨拶回りにいくと、東條は「心の淋《さび》しさ」を感じてか、時々遊びに来いと言った。

五月二日、鈴木は皇道派の牟田口廉也《むたぐちれんや》大佐と会談した。二人は永田、東條を「自己本位機会主義者」と呼び、小畑と相容れないのは彼らに悪い点があるからだ、ともに国家本位であれば何も案じるところはないはずだ、と非難した。

翌三日、荒木を訪ねて林陸相の進退（林の実弟が汚職事件に関与し、去就が問題になっていた）と今後の対策を相談した。荒木はひとまず林を助け挙軍一致の実を挙げよと力説し、永田、東條とも相談せよといった。荒木はさらに小畑は小畑で林を助けよともいった。荒木は陸軍として「大きなる動き」をするよう説いたのである。

真崎との対立

この間、真崎の東條嫌いは激しさを増していた。一九三四（昭和九）年五月七日、真崎は来訪した永田に「東条等予等に反抗しつつある風説を耳にしあり〔中略〕慎重考慮の結果終《つい》に君に相談するに至《いた》れり」と述べると、永田は「大体これを是認」した。真崎は「大局に着眼して個人の些細なる感情満足に捉われて自滅することなきよう熟考を促《うなが》し置けり」と述べた。その後、「本日得たる感想によれば彼等〔永田、東條〕は人事が若干人の独裁政治なるやに感じあるが如く、三月、十月事件関係者も元に復《ふく》したき如く察《さつ》せられ、かつ彼れ〔永田〕が諸策動《しょさくどう》の根源なる如く判断せらる」と書いている（以下は『真崎甚三郎日記 昭和七・八・九年一月〜昭和十年二月』による）。永田も真崎に人事への不満を直接訴えていたようだ。

五月一〇日、鈴木貞一は東條と会談し、「予の次期武力戦観とその準備を力説し、彼等の小さなる争《いさかい》を中止せしむる」よう説いた。東條はこれには同意したが、いぜん真崎、小畑への反感を持っていて、荒木は林を援助すべき、小畑も永田を援助すべき、真崎は林を援助することが少ない、と皇道派を批判した。鈴木は内心で「要はこの人物等はこれを始末せざれば大害を残すこと必定なりと信ず。私心の固《かたま》りなるが如し」と東條を厳しく批判した。東條は師団長時代の真崎に世話になったのだから悪口を言えるはずがない、なのに林が陸相になると真崎を攻撃するとは情義も何もあったものではない、節義ない人々とは真に事を共にできない、とまで書いている。

六月一八日の真崎日記には「十時持永〔浅治、東京憲兵隊長〕来訪、六月十一日東条以下若干の青年将校及び北山某会合し、鈴木《すずき》〔喜三郎《きさぶろう》、政友会〕総裁内閣成立の工作について協議せし具体的内容を報じ来る。不届奴《ふとどき》、天罰を蒙《こうむ》る近きにあるべし。これらに欺《あざむ》かれつつある林の低脳振憐《ていのうぶりあわれ》むべし」とある。このころ皇道派は枢密院副議長で右翼的性格の濃い平沼騏一郎と結び、平沼を次期首相に擁立する運動をしていた。敵の敵は味方ということなのか、東條たちは政友会内閣実現の工作をしていたようだ。真崎は当然ながらこれに激怒する。

ちなみに三ヵ月後の九月二〇日、真崎と平沼が会見した際、平沼は満洲について「表面は如《い》何《か》なりとも事実は保護国なり、故に万事これを基として施設せざるべからず、全権大使等置くは誤なり、将来は朝鮮における伊藤《いとう》〔博文《ひろぶみ》、初代韓国統監〕公の如きものを設けざるべからず、列国が大公使を派遣する如きこととならば厄介なり」と述べ、真崎は「大体は同感なりし」と同意している。満洲を対等な独立国とみなすなどとんでもない話で、ゆくゆくは朝鮮のように併合すべきだ、という露骨な考え方である。満洲国の行く末に関する限り、真崎と東條の立場はそれほど食い違っていなかったはずだ。

七月一一日、真崎は人事局長室で松浦淳六郎《まつうらじゅんろくろう》同局長、山岡重厚整備局長と三人で会談、二人は「共に東条の不都合をなじり、これが転出を迫」った。真崎はこれを諒承し、方法は自分に一任するようにといった。東條追放の策謀が陰で着々と進んでいたのである。

同月一四日、出勤した真崎は、東條の上司である末松茂治《すえまつしげはる》士官学校長を招致した。用件は東條の処遇で「校長には東条問題に就《つい》ては思想相当にあることを認めた」とある。校長に東條は思想に問題ありと認めさせ、だから追放やむなしという方向へ持っていきたかったようである。東條追放への地ならしである。

七月二五日、竹内なる人物が真崎を訪れ、「東条転出のことに就て心配し問」うたので真崎は「予は校長の上進〔申〕に依ると答え置きたり」。統制派側に派閥人事との攻撃材料を与えないよう、東條追放はあくまでも直属の上司が上申した結果に過ぎぬというのだ。このあたりが真崎は陰険との世評を招いたゆえんであろう。

七月三一日、真崎は東條を呼んで「予を苦むるの甚《はなは》だしきを述べ、他日詳細に説明すること を申渡《もうしわた》せしに、彼〔東條〕は今回のこと理解に苦むことを繰返し、切《せつ》に憲兵を悪口し秦〔真次憲兵司令官〕のために予に累《るい》を及《およぼ》したることを説き、かつ最後に秦に重大なる犯罪あることを述べ」た。真崎は「予はこれを取調ぶること」とした。

真崎はその日のうちに秦と会見して「東条のいう通り鋼管会社より二十万円を受領せしやを問いしに、彼は夢にもなきことにて、これに就て種々経緯あり、陸軍省に筆記報告を呈したるものある故《ゆえ》、これを送付せんと答え」た。真崎は「予も最初より、元より無根と考えしも、近時は何事でもかく悪化するものなり」と書いている。以上の日記からは、東條たちが皇道派追い落としの攻撃材料を細かく、執拗に探しまわっていた形跡が読み取れる。

中央を追われる

東條は一九三四（昭和九）年八月一日付で、福岡県久留米の歩兵第二四旅団長に左遷される。八月二日、真崎は教育総監として今回の異動者の申告および挨拶を受けた。その際「東条少将も余程落着きありしが如し。予が憲兵のみを悪口せず、身の周囲を見よとの言に対しては、余程理解せしが如し」（『真崎甚三郎日記 昭和七・八・九年一月〜昭和十年二月』）という。東條は、七月三一日の異動申し渡しの時は上官の前でかなり興奮していたようだ。その二日後も内心でははらわたの煮えくりかえる思いであったろう。

それから一カ月ほどたった八月三一日の真崎日記にも、皇道派の柳川平助が「近時荒木大将の信用地を払いつつありと宣伝する者あるによりこれを糺《ただ》せしに、永田、東条、池田〔純久〕の輩《やから》なりというと説明せり」とある。東條は久留米追放後も、統制派の悪玉として陰口をいわれていたようだ。

七月二二日、鈴木は荒木のところへ行き、東條を（久留米へ）異動させたのは面白くないのではないか、同人は善人で視野が狭いという弊害はあるがうまく導けばよいだろう、と述べた（伊藤隆ほか復刻「史料紹介 鈴木貞一日記 昭和九年」）。荒木は同感だ、東條よりも不可な人物はいる、と答えた。彼らからみると東條は確かに「私心の固り」かもしれないが根は単純で扱いやすく、名指しこそしないものの、永田こそが真に倒すべき悪玉だった。

八月五日朝、鈴木はその東條を訪ねた。東條は大いに不平だったが、各方面から同情があったと「大にまた得意」でもあった。鈴木がいたときにも、二宮《にのみや》（治重《はるしげ》、この年三月に予備役入り）中将から（慰めの）電話があった、予備役入りしてから話すこともなかったのに、といった。鈴木がその同情に誤られないのが肝要だというと、東條は正しい道を行くだけだと答え、「心証は大に可」（嬉しそう）であるようだった。政治向きの任務が長い鈴木には、東條に同情を寄せた人々には何らかの下心があるようにみえたのである。

鈴木は二時間話して帰ったのち、東條について「同人は正直なるも視野狭きため、人に誤らるる危険性大なり」と評した。要はお人好しで騙されやすい、ということである。

以上、鈴木の日記から見えてくる東條像は、根は単純正直で、ゆえに扱いやすいというものだった。確かに、騙しあいを旨とする〝政治〟にはあまり向いていないようである。

久留米の東條旅団長は一九三四年秋、筑後平野で行われた旅団対抗演習に参加した。少将にとっては、成績次第で中将に進級できるか、首になるかが決まる演習である。そこで真崎は東條排除を画策し、第一二師団長の大谷一男《おおたにかずお》経由で第一二旅団長の吉村悰《よしむらさとる》に「旅団対抗演習の意義」を申し聞かせた。これに参謀本部の鈴木率道作戦課長が入れ知恵をした。しかし鈴木の手法や癖をよく知る東條は吉村の裏をかき、こてんぱんにやっつけ、首を免れたという（高宮太平『昭和の将帥』）。これは東條が何かの折に語った思い出話かもしれない。

この演習については、東條本人の思い出話も残っている。後の一九四四年二月一六日、側近に「久留米の旅団長時代の演習の話」をして「部隊の機動力たる自動車、自転車等を総動員し、それに乗り得る最大の兵力をもって敵の機先を制した作戦」をとり、「歩兵の用い得る普通の自動車を念頭に入れた演習計画の意表に出て大勝を博」したと語っている（『東條内閣総理大臣機密記録』）。第一次大戦時の仏軍自動車総動員についての知識（本書五三頁参照）がものを言った形である。

もちろん本人の語る武勇伝ではあるが、東條旅団長が首を免れたのは事実である。

地元新聞との対立?

久留米時代の東條については、当時軍部批判を繰り広げていた福岡日日《ふくおかにちにち》新聞との対立の話がある(前田雄二『剣よりも強し　菊竹六鼓《きくたけろっこ》の生涯』)。

同紙の主筆・菊竹六鼓が繰り広げた軍部批判の一例に「今日の如く、政治、経済、社会問題の複雑なる時代において、軍人が、その双肩に重荷する国防の責任以外、時事問題に容喙《ようかい》して、色々な行動に出《い》ずるならば、これほど危険なことはない」(「政治問題と軍人」一九三三〈昭和八〉年九月二一日)という社説がある。直接的には、前年に海軍将校たちが引き起こした五・一五事件を批判したものだが、「政治、経済、社会」の広範囲にわたる戦時動員体制の確立を目指した永田や東條らへの批判とも読める。

前田前掲書は東條を「地元軍部の反福日派の巨頭」と位置づけている。東條は福日の論説を読んでは「「容赦ならん」とか、「ぶっつぶしてやる」などというはげしいことばをはき、周囲の将校たちもこれに刺激されて、公然と福日を敵視する態度をとった」とされている。六鼓に代わって東條に会いに行った阿部《あべ》暢太郎《のぶたろう》編集長が「軍の将校が、いまのような無軌道な言動をとるようであっては、軍は自滅のほかない」と主張すると、東條は「政治の腐敗を正すことの急務を説き、時勢を見る目のない福日の論説は、読者を誤るものだと主張してゆずらなかった」という。

同書は「東條は当時少将で、昭和八年四月から久留米第二十四旅団長に就任しており」「東條は三年間在任した」と書いている。だが、東條が旅団長に補されたのは一九三四（昭和九）年八月、その後三五年八月の第一二師団司令部付を経て、同年九月には関東憲兵隊司令官として満洲へ渡っているので、正確ではない。したがって、阿部がこのような論戦を繰り広げた相手が本当に東條であったかは判然としない。

ただ、当時の第一二師団司令部は、福日が一九三七（昭和一二）年一月二六日朝刊社説で「英国の内閣を批判し暗に軍部の革新政策を非難」したと中央に報告している（「政局に関する状況の件報告」粟屋憲太郎ほか編『資料日本現代史9　二・二六事件前後の国民動員』）ので、福日と軍が対立関係にあったこと自体は間違いない。陸軍がこのような警戒感を示した裏には、大衆動員におけるメディアの影響力の高まりがあった。こののち軍は新聞を対立するより利用すべき存在とみなしていく。

一九三五（昭和一〇）年七月一六日、真崎は彼を嫌うようになっていた林陸相と閑院宮参謀総長によって、教育総監の座を追われる。その約二週間後の八月一日、東條もまた旅団長から第一二師団司令部付となった。本人はついに予備役かと覚悟したかもしれない。

真崎の更迭に皇道派側は激怒し、永田をその黒幕と見なした。かくして永田は同年八月一二日、皇道派の一員・相沢三郎《あいざわさぶろう》中佐により白昼の陸軍省軍務局長室で斬殺される。東條は永田の遺した血染めの軍服をもらいに九州から私服で上京し、宿で軍事課高級課員の武藤章《むとうあきら》中佐と何事かを長時間密談していたという（赤松貞雄『東條秘書官機密日誌』）。皇道派への憎悪は決定的なものとなったろう。

東條は同年九月二一日付で関東憲兵隊司令官に就任し満洲へ渡る。東條が永田と同じ運命をたどるのを危惧した林の配慮だったという（高宮太平『昭和の将帥』）。

関東憲兵隊司令官

東條が司令官となった関東憲兵隊は満洲事変後、内地の陸軍大臣から関東軍司令官の指揮下に移り、反満抗日活動に対する軍事的討伐への協力を強めていった（以下、本項は荻野富士夫『日本憲兵史』に大きく依拠している）。

東條はそれまでの司令官と異なり、「部下憲兵に対する威令を確立し、自己の掌中に、ガッチリと部内の綱を握った。完全なワンマン体制だ。つぎに外に向っては、いやしくも憲兵の権限は、完全にこれを施行して、毫末《ごうまつ》も他のおかすことを許さなかった」という（星野直樹「憲兵司令官東條英機」）。

一九三六（昭和一一）年二月二六日、陸軍の一部青年将校が皇道派内閣の樹立を目指すクーデターを企て、岡田《おかだ》啓介《けいすけ》首相邸などを襲撃した（二・二六事件）。将校たちは天皇の命令で反乱軍として鎮圧され、真崎や荒木らは粛軍人事でいっせいに予備役入りとなった。ここに皇道派は壊滅し、梅津美治郎次官により陸軍の統制回復がはかられる。

東條は満洲の皇道派関係者たちをいち早く拘束させ、事件の満洲波及を防いだといわれる（同）。永田の仇討ちなれり、と思っただろうか。

東條は三六年四月、関東憲兵隊司令部の下に対共専門特務組織である警務統制委員会を設置し、満洲国内の共産勢力の討伐を熱心に行い、その過程で憲兵による「厳重処分」が多発した。こうした活動により、反満抗日運動は逼塞化させられていった。東條は関東軍の満洲支配の確立に、思想弾圧という形で辣腕を発揮したのである。

星野《ほしの》直樹《なおき》は大蔵官僚から満洲国へ転じ、三七年に満洲国国務院総務長官に就任、のち東條内閣の内閣書記官長（現在の官房長官）となった人物である。

憲兵隊司令官東條と星野の出会いは、一九三五年の暮れごろだった。星野は奉天から新京へ向かう汽車の中で一緒になった東條に、「北支の石炭、鉄鉱資源賦存の状態」を満洲と比較して説明した。東條は「経済についての知識は少なく、ことに北支に関してはほとんど知るところのな」かったが、「実に知識欲が強く、実に素直に熱心に、未知の分野についての知識の吸収に努めることを発見して、好感を覚えた」と回想している（星野『見果てぬ夢』）。こうして東條は満洲人脈を広げていった。

星野は東條の率いる関東憲兵隊について、「憲兵本来の職務をはるかに超えて、満洲全体における軍の安全はもとより、満洲全土の治安維持を主たる任務とするのみならず、これらの仕事の範囲を拡張解釈して、一般人民の生活、行動にたいしても、随分立入《たちい》った監察取締りを行っていた」と戦後に回想している（星野「憲兵司令官東條英機」）。

実際、東條は憲兵隊司令官でありながら、満洲国の民政にも関与していた。東條は憲兵隊司令官に加えて、関東局警務部長を兼任していた。同局は「移民衛生調査委員会」と称する衛生政策の研究会を主管していた。一九三六年一月一〇日、関東局で開催された第三回の調査委員会で、東條は同会の委員長として「如何《いか》にしてこの移民各自を満洲国に適合したところの衛生上合理的自給自足の生活を其処《そこ》に営《いとな》ましめ、この地に根をしっかり下して子孫を繁栄せしめるかということは、移民事業の成否を左右する重大な要素であると信ずるのであります」と挨拶している（移民衛生調査委員会『第三回関東局移民衛生調査委員会会議録』）。東條は、移民に対する衛生政策の確立は「日満一体の確立強化」すなわち日本の満洲支配の確立に直結すると考えていた。

この日、満洲医科大、京都帝大の教授の研究報告とともに、東條の部下・鹽澤清宣《しおざわきよのぶ》歩兵中佐

（関東局警務部警備課長）が「満洲における移民政策に就て」という講演をしている。鹽澤は満洲国の朝鮮人は八〇万、内地人は五〇万であることにふれ、満洲国で満洲人と蒙古人は日本人を信頼しているが朝鮮人はそうではなく、事変前はむしろ日本から離れて独立の機会をうかがっていた、事変後はじめて日本の実力を認識し、大和民族に頼ろうとするにいたったが、それはいわば事大思想《じだいしそう》であって、陛下の赤子《せきし》である自覚に出でるものではないと、朝鮮人に対する不信感、警戒感を示した。

鹽澤はこうした民族的環境のなかにあって日本人が「リーダーシップを把握するためにはもっと土に即した大和民族の力を植えなければならない」、「それには今のような五十万人位の在満邦人ではあまりに少なすぎる」と述べた。つまり彼にとって満洲移民の促進は単なる内地人口問題の解決策としてではなく、満洲における日本人の支配権確立のために推進されるべき国策であった。この認識は上司である東條も同じであっただろう。

のちに東條は首相として憲兵を政治的批判者の監視、摘発に多用して、「憲兵政治」との批判を浴びる。その背景として、満洲で東條が憲兵使用の味を覚えたことがよく挙げられる。ただ、星野直樹は、東條が満洲で憲兵を掌握した結果、「憲兵全体が東條さんに推服、傾倒した」、「憲兵は東條氏において始めて、真の統領、親玉を見出した」と指摘しているのは興味深い（星野「憲兵司令官東條英機」）。東條が軍事官僚的な〝有能〟ぶりを示したからこそ、軍隊内の特異な集団である憲兵のほうも彼を親分と仰ぎ、ついていったわけである。

＊

東條は兄事する永田鉄山と結び、軍の実権確保を目指した。その手法は合法的なものであった。東條は秩序の信奉者で、破壊者ではなかった。その過程で小畑敏四郎や真崎甚三郎と路線対立し、激しい人事抗争を繰り広げた。東條の政治手法は、対立するはずの真崎に永田登用を自分で要求しに行くなど単純、直線的だった。よくいえば「正直」なのである。

だが東條は人事抗争ばかりしていたわけではなく、軍の課題であった総力戦思想を国民に自らの口で説いてもいた。満洲に飛ばされると、憲兵を使って抗日運動の弾圧や経済開発に取り組み、人脈も作った。東條はそれらが陸軍、大日本帝国の要望に沿うことを的確にみてとり、忠実に実行したのであった。

第三章　日中戦争と航空戦

関東軍参謀長

東條は日中戦争勃発の年である一九三七（昭和一二）年の三月一日、関東軍憲兵隊司令官から関東軍参謀長に転じた。植田謙吉《うえだけんきち》・関東軍司令官の女房役であり、事実上関東軍を動かす重要ポストである。

このころ、満洲国政府は遼河《りょうが》治水計画審議会を設立していた。南満洲を流れる大河・遼河の大規模な治水計画である。アーロン・S・モーアはこの会議を「交通部の技師、関東軍の士官、産業部の計画立案者、地方自治体の責任者、満州拓殖会社の社員、満鉄の代表者、宮本《みやもと》〔武之輔《たけのすけ》〕や辰馬鎌蔵《たつうまけんぞう》のような内務省技師を一堂に会させた」として、「本国では省庁間対立のせいで未だ実現をみていなかった「総合技術」の制度化を示すもの」と評価している（モーア『「大東亜」を建設する』）。

東條は、一二月一三日に開かれたこの会議に代理を派遣して「抑々《そもそも》農業立国を以《もっ》て経国の基調となす満洲国にありては治水と治山は治国の要諦《ようてい》なり。殊《こと》に南満における治水は国土の保全、産業の開発、民生の振興を計る上に喫緊《きっきん》の事業たるのみならず、軍事交通上よりするも一日も忽緒《こつしょ》に附し難《がた》きものなり」との挨拶を送っている（『遼河治水計画審議会議事録』）。

モーアはこの挨拶を引いて、遼河治水計画は「消極的だった関東軍に、大規模な協調的公共事業の有効性を納得させ、満州国と中国におけるあらゆる種類の総合開発構想のプロトタイプになった」と指摘している。東條は満洲国土の総合開発、経営に無関心どころか、むしろ協力する姿勢をみせていた。

この計画は「一九三八年に満州国の公式プロパガンダ機関紙が形容したように、それは「幾万言にも優る無言の宣伝工作」だった」ともされる（モーア前掲書）。東條は満洲で大規模な抗日勢力の弾圧を繰り広げる一方、技術の力で異民族を帝国に信服させる「宣伝工作」にも取り組んでいた。

東條は関東軍参謀長として本国の要請に従い、満洲の資源開発と軍需工業の発展を進める役割を担っていた。満洲国国務院総務長官の星野直樹は、東條が新興財閥日産の満洲進出、満洲重工業開発会社（満業）の設立（一九三七年）にきわめて協力的であったと回想している（星野『見果てぬ夢』）。星野は「政治経済のことは参謀長が権限と責任をもっている」と聞かされていた。当初、東條は関東軍司令官の植田謙吉とともに満業の進出に反対していたとされる

（宇田川勝『新興財閥』）が、認識の切り替えは早かったようだ。

東條は関東軍参謀長名で一九三七年九月一八日、星野に「康徳《こうとく》五年度満洲国予算編成に関する要望の件通牒」を発し、関東軍の立てた「産業五年計画」を促進し「日本帝国の企画する所に照応し、特に満洲の特殊性を加味し国家総動員及軍需工業動員の積極的遂行により時局に対処せしむるの外、将来戦準備を顧慮し、更に之が完成に努むる」よう要請した（臼井勝美ほか編『現代史資料9　日中戦争(二)』）。

東條は満洲を現下の国家総動員と軍需工業動員のみならず、帝国の「将来戦準備」のための基地とみなしていたのである。もっともその後、満洲における飛行機や自動車などの重工業生産は期待通りに進まず、満洲は一九四〇年ごろから石炭や鉄鋼、農産物などの供給基地という位置づけに修正されていく（原朗『満州経済統制研究』）。

日中戦争と華北進出

ところで東條の参謀長就任以前から、関東軍は資源の豊富な華北への進出に積極的だった（以下、高橋久志「日華事変をめぐる軍事・外交戦略の分裂と錯誤」による）。関東軍は一九三五（昭和一〇）年一二月には、中央の意志を無視して河北省通州に冀東《きとう》防共自治政府を樹立させ、これを「准満洲国」と称して華北への勢力進出の足がかりにしようとしていた。日中戦争の勃発は、自己勢力の扶植に懸命な関東軍にとって好機の到来とみえた。

一九三七年七月七日、北京郊外で日本の支那駐屯軍と国民党軍の間に小規模な衝突が起こった。この戦火は中国各地に急拡大し、日中は全面戦争状態に突入して行く。

八月一四日、関東軍は中央に「対時局処理要綱」を提出し、「北支」に地方政権を樹立して、対ソ作戦準備と「日満北支等の経済ブロック」の基礎を確立させ、少なくとも察哈爾《チャハル》、河北、山東各省の地域を「粛正自立」させたいと主張した。中央はこれに反対したが、関東軍は察南・晋北・蒙古の三蒙疆《もうきょう》自治政府を樹立し、自己の勢力拡大を既成事実化していった。

関東軍は、数年来この蒙疆地域に特別な興味を持っていた。七月三〇日から八月五日にかけて、察哈爾への中国軍侵入は放任できないとして、兵力の積極的行使を中央に求めた。石原作戦部長は反対したが、武藤章第三課長が強く支持したため、七日に参謀本部も容認した（以下、防衛庁防衛研修所戦史室『戦史叢書 支那事変陸軍作戦〈1〉昭和十三年一月まで』による）。

関東軍は異常な熱意でこの作戦に臨んだ。混成第二旅団、混成第一五旅団、独立混成第一旅団の三個旅団を指揮するため、一四日察哈爾派遣兵団司令部が編成された。その長は関東軍参謀長の東條で、関東軍司令官の定めた作戦計画により、司令官の名をもって指揮に任じたが、兵団は「東條兵団」と呼ばれた。兵団は八月二七日に張家口を占領、察哈爾省内の中国軍を南北から挟撃、潰走させた。九月、兵団は平綏線に沿って西進、一一日に大同《だいどう》を占領した。

大同占領後、関東軍は中央に内蒙の徹底的攻略と北部山西省への進入作戦を具申、兵力の増加を求めたが、参謀本部は不拡大方針を堅持してこれを認めず、一三日に大同付近要地の占領と作戦地域内察哈爾省の安定確保を命じた。参謀本部は本来対ソ戦に備えるべき関東軍がいつまでも南方を向いているのは不適当で、華北から手を切らせる必要を痛感したのである。作戦は一段落とされ、九月二二日、東條は軍命令で新京へ帰還した。

東條の行動は、ほんらい部隊の指揮権を持たない参謀が部隊を指揮するという、異例のものだった。日中戦争のどさくさに紛れて関東軍の縄張りを広げたいという野心から出た逸脱行為ともいえるが、本人は戦術家としての腕を実証したかったとみられる。

「東條兵団」の一部を占めた独立混成第一旅団は、戦車や装甲車を持つ日本軍初の機械化部隊だった。東條は、本来機動力を活かした集中運用で効果を発揮する部隊を分割し、歩兵の支援に充てさせた。このことが酒井《さかい》鎬次《こうじ》旅団長との対立を招き、のちの三八年八月、旅団は解体されてしまう（大木毅『第二次大戦の〈分岐点〉』）。〝指揮官〟である東條は、せっかくの機械化部隊をうまく使いこなせなかった。

縄張り争い

一九三七（昭和一二）年一二月一三日、南京が陥落した。翌一四日、北支那方面軍は北平に王克敏《おうこくびん》を首班とする中華民国臨時政府を樹立させた。蔣介石《しょうかいせき》政権にかわる中国の中央政府を樹立し、後ろで操るための謀略工作である。

この動きに対し、東條は関東軍参謀長として北支那方面軍に「当方としては……当分北支方面とは分離せる指導を行い利害の調整に付《つき》適宜考慮すること得策なり」と電報を打って牽制した。華北は関東軍の縄張りであるからよけいな手出しをするな、という圧力である（高橋久志「日華事変をめぐる軍事・外交戦略の分裂と錯誤」）。

関東軍は一二月二三日に陸軍中央と北支那方面軍に打電し、新政権を新中央政府とすることに反対の意を示した。「関東軍には、あくまで蔣介石政権を撲滅し、分治主義により各地方政権を緩く連繫する、中央政権を排した自治体を中国に樹立しようとする考えがあった」からという。中国に中央政権を作ってしまうと、それが日本の言うことを聞かなくなった場合にやっかいなので、あくまでも分割して統治しようという発想である。

この間の一九三七年九月、石原莞爾は関東軍参謀副長に任命されて東條の部下となるが、満洲国の自立をはかる石原とそれを認めない東條の間で確執が始まり、不仲は決定的なものになっていった。東條と石原の意見がいちばん相違したのは、満洲国唯一の政治団体である協和会《きょうわかい》の運営方針であった。協和会の官僚化を批判する石原に、東條は従来の方針を変えようとしなかった（星野直樹『見果てぬ夢』）。

近衛《このえ》文麿《ふみまろ》首相は三八年一月一六日、「帝国と真に提携するに足る新興支那政権の成立発展を期待し、是《これ》と両国国交を調整して更生新支那の建設に協力せんとす」との声明を出した。関東軍の分割支配論とは異なり、中国に親日の新中央政権を樹立して事後の対中政策を有利に運ぼうというのである。この声明により、蔣介石率いる国民政府との交渉による和平の機会は失われた。

陸軍次官就任

蔣介石は奥地の重慶《じゅうけい》まで下がって徹底抗戦の構えをとった。近衛首相は一九三八（昭和一三）年一月一六日「国民政府を対手《あいて》とせず」との声明を発し、和平交渉の途を自ら閉ざした。この間、陸軍では早期和平派の参謀本部と、強硬派の陸軍省が激しく対立した。

東條は、第一次近衛内閣の陸相となった板垣征四郎の補佐役として、三八年五月三〇日、陸軍次官に就任した。東條を選んだのは、その事務能力を高く評価した近衛である（筒井清忠『昭和十年代の陸軍と政治』）。

東條はここでも対中強硬論を主張した。東條次官は日中和平について「如何《いか》なる条件にても蔣政権を支那中央政府として和平の交渉に応ずべからざるは勿論《もちろん》、仮令《たとい》蔣下野するも国民政府を中央政府として取扱うこと能《あた》わず」、「蔣政権若《もし》くは蔣下野後の国民政府を支那中央政府として平和交渉に導くの結果に陥るべからず」と、現地の中支那派遣軍特務部長に通達している(「畑俊六日誌」一九三八年六月二三日条、伊藤隆ほか編『続・現代史資料4 陸軍』)。

東條は、蔣介石政権相手の和平交渉など行わず、従来の関東軍の手法通り、現地に傀儡《かいらい》政権を作って日本軍がコントロールできるようにすべきだ、と主張したのである(加藤陽子『模索する一九三〇年代 日米関係と陸軍中堅層』)。東條は満洲事変時の慎重な態度から一転、一気に対外強硬姿勢に転じたようである。永田鉄山という重しが外れたためか。

東條は、石原莞爾に近い早期和平派の多田駿《ただはやお》参謀次長と、八月に満洲から帰国した石原の処遇をめぐって激しく対立した(岩井秀一郎『多田駿伝』)。

同年一一月上旬、参謀本部は陸軍省と一週間にわたる激論のすえ、「国民政府壊滅論を制し、国民政府を相手とすることおよび蔣介石を停戦の相手にする」ことで合意にこぎ着けた。参謀本部側で実務を担ったのが不拡大派の堀場一雄《ほりばかずお》少佐(陸士三四期)であった。堀場は石原の「秘蔵弟子」といわれる(西浦進『昭和陸軍秘録』)。

停戦の条件は、重慶政府が抗日容共政策を放棄して必要な人的改替を行うこと、日本の作った親日政権である臨時政府、維新政府と協力し速やかに新中央政府を樹立することなどを確約する、そうすれば「これを屈服と認め停戦を許容する」というきわめて強硬なものだった。東條次官の陸軍省が「屈伏、許容」などの文字を用いなければ会議を通過させせないほど強気だったため、このような表現になった（堀場一雄『支那事変戦争指導史』）。

この条件には「重慶政府が屈伏したる場合には停戦のため已《や》むを得ざれば蔣と交渉するもこれが成立後蔣は直《ただち》に責任の地位より去るものとす」、つまり止むを得ず蔣を交渉相手と認めるが、停戦成立後はただちに下野させるとの付帯条件が付いていた。これは陸軍省が蔣を中国から必要な利権を得るうえでの障害とみなし、完全追放を試みたからである。むろん蔣が応じるとは思えない。

会議では、東條の陸軍省側が蔣の事前下野を主張し、参謀本部部員の堀場一雄はそれでは誰を交渉相手にするのかと「説破」した。東條と堀場は激論になり、堀場が停戦後の下野のみを記し、その時期にはふれないことで下野の実行を曖昧にしようとしたのに対し、東條は「大喝」して「直に」と明記するよう迫った。満座、東條に反論する者はなかった。堀場は止むを得ず「直に」の二字を挿入し、以後東條と「感情疎隔」した。

同じころの一一月三日、近衛は再び声明を発して「国民政府と雖《いえど》も従来の指導政策を一擲《いってき》し、その人的構成を改替して更生の実を挙げ、新秩序の建設に来たり参ずるにおいては、敢《あえ》てこれを拒否するものに非ず」と述べた。一月の「国民政府を対手とせず」の発言を事実上撤回したものだが、蔣は応じなかった。

航空総監就任

結局、多田と東條は喧嘩両成敗の形で一九三八（昭和一三）年一二月、それぞれ第三軍司令官、航空総監に転出させられる。

この間、東條は憲兵を使って石原側近の浅原健三《あさはらけんぞう》（労働運動家）を逮捕させるという手段に出た。石原は一二月五日、舞鶴《まいづる》要塞司令官という閑職に付けられた。

しかし東條が次官の座を追われたのは、別の理由もあった。東條は三八年一一月二八日、軍の管理する工場の事業主懇談会で「今日以降においてはその欲すると欲せざるとに拘《かかわ》らず、ソ支二正面の武力同時作戦を準備するの必要に当面したるを以《もっ》て茲《ここ》に人馬資材の全力を傾倒して新軍備を建設せざるべからず」と講演、中ソ二正面作戦の必要性を主張した（『読売新聞』三八年一一月二九日第二夕刊）。

海軍で政界情報を収集していた高木惣吉《たかぎそうきち》は日記に「東條次官の更迭は、陸軍内部派閥争いの結果にしてそれ以外には立ち入りたる経緯なし。〔中略〕一一月二八日の次官の蘇支《そし》二正面同時作戦の声明発表が直接動機となりたるは略《ほぼ》推察せらる」と書いている（伊藤隆編『高木惣吉日記と情報 上』）。

なぜ東條の中ソ二正面作戦は次官解任の理由となったのか。それは本人の意図を越えてさまざまな方面を刺激してしまう、政治的に不適切な発言だったからである。第一に多田や石原など陸軍内の事変不拡大派を刺激した。対ソ戦備に集中すべきと考える彼らは、東條の発言を容認できなかった。板垣陸相自身、石原と近い立場にあった。第二は限りある予算を陸軍と取り合ってきた海軍、政党である。彼らにとって東條の発言は、陸軍の予算分捕り宣言と聞こえた。『読売新聞』の見出しは「新軍備建設の目標 ソ支二正面同時作戦 管理工場事業主懇談会 陸相、次官方針闡明《せんめい》」と、あたかも陸軍として二正面作戦を公言したかのようだった。第三は日本の拡大戦略を警戒する諸外国である。

西浦進によれば、この発言の原稿は事業主会合のみの配付で外部に公表予定はなかったが、部下の手違いにより発表されて大々的に報道された（西浦『昭和戦争史の証言』）。とはいえ、東條の不手際、政治センスの欠如といわれても仕方なかったろう。西浦が次官当時の東條を「大いに勉強もしたが、何だか「最も優秀な大尉参謀」という感がしていた」、「何だか板につかないところが多かった」と評しているのは、このあたりを指しているとみられる。軍人としての実務は優秀だが、外部との政治には向いていなかったのである。

岩畔豪雄《いわくろひでお》（陸士三〇期、少将）の戦後の回想によると、一九三八年七〜八月に起こった日ソ間の武力衝突・張鼓峰《ちょうこほう》事件の発生時、中国へ視察に出ていた東條次官は急遽飛行機で帰国、局長たちを集めて「お前らなんだ、ロシアをのさばらせておくなんてけしからん、すぐ兵隊を出して討ち払え」といった。皆に「実はその案でやりました。そしたら陛下から止めろというご諚《じょう》があったので――」と返されると即座に「そうか、それじゃすぐ止めろ」と一転して外交による解決を研究するよう命じた。

岩畔は「こういうことは普通の人にはできません」という。普通の人ならもう少し自分の体面を考えて場を取り繕うはずだが、東條は天皇の命令と聞くや何のてらいもなしにすぐ従ったというのである。岩畔は「天皇陛下に関しては、東條さんは小学生のような如く忠臣であった」という（岩畔『昭和陸軍謀略秘史』）。東條は、下僚たちからよくいえば正直者、悪くいえば御しやすいと思われていた感がある。

人物評論家の伊藤金次郎《いとうきんじろう》も、東條のことを「だれかが、英機を評して、電気仕掛けみたいな人物といったが、若干そんな感じがせぬでもない」と評した（伊藤『陸海軍人国記』）。ただ、伊藤が東條と父英教を比較して「英機中将は明治時代の将軍の共通性だった豪快粗大《ごうかいそだい》な性格ではなく、頭脳は明敏、神経また尖鋭《せんえい》、事務的才腕にもめぐまれている」、「父の英教を明治型武人の典型とすれば、英機こそ近代性に富んだ武人というべき」とも評しているのは興味深い。英教が「豪快」だったかはともかく、英教の時代とは異なり、東條の時代には政治経済に関する広い知識と事務能力が要求されていた。

こう考えると、多田が外地に逐《お》われたのに対し、東條は「いわば栄転の形」（軍事史学会編

『元帥畑俊六回顧録』）となった理由がわかる。陸軍全体としては、航空戦や総力戦をよく勉強し、戦線拡大論を声高に主張する東條のほうが組織の利益にかなっていたのである。

「空軍構想」

東條は一九三八（昭和一三）年一二月一〇日、新設された陸軍航空総監部の初代総監に就任した。航空総監部は陸軍航空の教育を扱う官衙《かんが》である。東條は次官就任直後の六月一八日から航空本部長を兼任しており、それは四〇年七月二二日の陸軍大臣就任まで続いた。この人事が「航空陣容鉄壁の構え　陸軍首脳部の大更迭」と報道された（『東京朝日新聞』一二月一一日夕刊）ことは、派閥抗争を越えた、陸軍としての航空重視をうかがわせる。

東條のイニシアチブの下で、一九三九年の修正航空軍備充実計画（二号計画）に代表される、陸軍航空の拡張が進められた。西浦進は、陸軍が事変当初の航空の立ち後れを認めた一九三八、九年ごろから陸軍航空の「大猛進」が開始され、それは東條、鈴木率道航空総監部総務部長、安田《やすだ》武雄《たけお》航空技術研究所長という陣容が「とにかく強引なる施策をやったことに可成《かな》りの影響あるものと思われる」と評している（西浦『昭和戦争史の証言』）。もっとも、予算班長の西浦からみると、多くの士官が歩兵や砲兵から航空に転科させられるなか、原兵科にどうしても必要な者が航空へ移らされてそうでない者が残ったり、急拡大した航空予算のずさんな使い方が目立つなどの弊害が生じた。

一九四〇（昭和一五）年、東條の航空総監部は飛行集団、飛行団以下の航空部隊の用法を定めた「航空作戦綱要」を作成した。同綱要はそれまでの航空部隊の用法が航空撃滅戦（敵の航空戦力の撃滅と制空権獲得）に偏していたのを修正、航空撃滅戦と地上作戦への協力を並列させた。一見、近代的な空軍的用法からの後退ともとれるが、航空作戦の目的が地上作戦への協力にあることを示すことで、航空撃滅戦に対する部内の理解を得ようとしたものとみられる（立川京一「第二次世界大戦までの日本陸海軍の航空運用思想」）。

こうした東條たちの軍備政策については、航空重視を唱えながらも、当時「航空優先、地上絶対」とも言われたように航空主体の軍備建設に徹しきれなかったとの批判がある。戦史叢書はその背景として「張鼓峯、ノモンハン、支那事変等の体験からは、地上作戦協力が主流となる傾向であった」と述べる（『戦史叢書 陸軍航空の軍備と運用〈2〉昭和十七年前期まで』）。また松田《まつだ》正雄《まさお》・元中佐はノモンハン戦で「地上が負けた」ことから「その後の軍備充実計画の改定で航空の伸びを抑え、地上兵力の大拡充を図っ」たとする（田中耕二ほか編『日本陸軍航空秘話』）。

陸軍航空への批判は、後の対米洋上戦における不振という結果をみれば妥当である。だが、四〇年前後においては陸軍航空の主たる仮想敵がソ連であったこと、現下の戦場が大陸であり、ノモンハン事件で火砲や戦車などの地上装備の遅れが問題視されたこと、などの部内事情を考慮する必要もあろう。航空本部長兼航空総監である東條は航空を軽視していたのではなく、質量とも優先的に拡張すべきものとみていた。

陸軍における航空重視は東條だけではなかった。畑俊六《はたしゅんろく》元帥は戦後の回想録で「航空作戦綱要が制定せられたるは余が陸軍大臣時代にして、特に陛下親臨軍事参議官会議を開かれ閑院宮参謀総長議長席につかれ当時航空総監なりし東條中将もこの日だけ特に軍事参議官として出席原案を説明したり」と書いている（軍事史学会編『元帥畑俊六回顧録』）。『昭和天皇実録』によれば、この異例の会議は一九四〇年二月二六日に開かれている。航空作戦は陸軍作戦の成否を左右するものとして、天皇まで審議に参加するだけの重みをもっていたのだ。

航空思想を宣伝

陸軍で航空に先見性を持っていた人物といえば、石原莞爾とその著作『世界最終戦論』（一九四〇年）ばかりが取り上げられる。だが、小磯国昭は航空本部総務部長だった一九二八（昭和三）年に『航空の現状と将来』（武者金吉《むしゃきんきち》との共著）という一般書を出し「勝敗を決すべき攻撃武力の主体は、将来においては地上武力ではなくして空中武力でなければならぬ」と喝破していた。杉山元《すぎやまはじめ》は兵科が航空兵（歩兵から転科）で、初代陸軍省航空課長などを歴任、一九三二年に第一二師団長に補されて予備役入り間近とみられたとき、荒木陸相の下で次官をしていた柳川平助が「杉山の航空に関する才能を惜しんで」陸軍航空本部長にすえたといわれる(菅原節雄『杉山元と小磯国昭』)。要するに、地上を這って戦をしてきた陸軍にとって、航空戦備の絶対性、将来性は石原のみならず誰の目にも明らかだったのである。

ところで、東條が空軍独立に否定的で、航空戦力はあくまでも地上支援と認識していたこと、部内への訓示に「空軍」の文字がまったく出てこず、「無敵航空」と述べていたことは、戦後になって陸軍航空関係者などからも指摘されている(生田惇「航空総監の椅子」)。

だが東條は、航空総監就任時の一九三八年一二月一四日に発行された写真ニュースでは「いやもう下界とは縁切りだ、これから本格的に勉強して、ある目的に向って大いに努力する。僕は陸海協力〔して〕世界に冠絶《かんぜつ》する空軍をこしらえなければならないと思っているのだ……」と語っている(「『無敵空軍完成』東條新総監決意を語る!」『読売ニュース』二六二―一)。ここでの「空軍」は、総監就任時の東條が陸海航空の一本化――空軍創設を本気で考えていた証拠というよりは、国民に航空戦力拡充を訴えるための方便、キャッチフレーズととらえるべきだろう。

そしてそのことは、当時の東條が国民にとって力強い「空軍」の指導者、宣伝者としての顔も持っていたことを意味する。日中戦争下の陸軍航空本部は、少年飛行兵志願者獲得のため複数の宣伝パンフレットや書籍を刊行していたが、東條はその一冊に陸軍航空総監兼航空本部長の肩書きで序文を寄せ、「空軍の拡充こそ焦眉《しょうび》の急にして、就中《なかんずく》、航空要員の一大充実は全く忽《ゆるが》せになし得ざるところである」と述べている（野口昂編『少年航空兵の手記』）。前出の二号計画は機材よりも航空要員の厚みの増加に重点を置いていたとされるが、東條は自らその宣伝者、広告塔的役割を演じた形になっている。

一九三九（昭和一四）年の新聞は東條を「陸鷲の総帥」と称し、ノモンハン航空戦について「どうしてあんなにも強いかって？　曰《いわ》く、「人」だね、誰でも知っとるように、空軍が強くなるためには、優秀な機械を持つという物的要素の外に、欠くべからざる人的要素というものがある、日本の空軍が強いのは要するにこれさ」、「日本軍には専売特許の「積極的攻撃意思」というのがある、不撓不屈《ふとうふくつ》の大和民族の精神を根柢とした日ごろの猛訓練の発露とでも言ったらよいかな？」と和服姿の写真とともにくだけた口調で語らせている（「強いかな我が荒鷲〝人だ意思だよ〟破顔の東條航空総監」『東京朝日新聞』三九年六月二九日朝刊）。一見ありきたりの精神力賛美のようだが、よく読めば「物的要素」も決して軽視されていない。

変わったところでは、東條は三九年一〇月二二日に大阪第二飛行場で行われた朝日新聞社主催の飛行技術コンテスト・学生鳥人大会に航空総監として出席し、新たに設けられた航空総監賞を贈っている。東條はその前日、立川飛行場から空路大阪へ向かい、大会当日は「諸君は学生航空の先駆者として技を練る外更《ほか》に精神の訓練に留意し他日の活動に資《し》せられたい」と訓示した（『東京朝日新聞』三九年一〇月二三日朝刊）。のちの学徒出陣と航空特攻を予見させる。

東條の大阪入りはわざわざ「東條総監は同日立川発の陸軍機に搭乗して大会場に乗込み」云々《うんぬん》と予告された（同一七日朝刊）。もしかしたら、レニ・リーフェンシュタール監督の映画『意志の勝利』（一九三四年）冒頭に登場する、飛行機でニュルンベルクのナチス党大会へ向かうヒトラーを意識しているかもしれない。

満洲国航空隊

満洲事変の時に東條と小畑の口論を目撃した遠藤三郎は一九四〇（昭和一五）年四月、関東軍参謀副長から浜松飛行学校付に「左遷」され、ここで現役少将の参加する将官演習に参加を命じられた（遠藤『日中十五年戦争と私』）。演習の統監は東條英機航空総監であった。遠藤はこの演習に乗り気ではなかった。というのは、遠藤自身が人脈的に皇道派寄りだったうえ、満洲国軍に航空部隊の新設を要望した東條に、参謀副長当時の遠藤が強く反対したという経緯があったからである。

このとき東條は「航空の増強は目下の急務であるが日本国内では議会の承認を得ねばならず、それは困難であるから何の制扼《せいやく》もない満洲国で作って貰いたい。飛行機も要員も日本から送るから経費だけ満洲国で負担し、名目を満洲国の航空部隊にして貰えば宜《よろ》しい」と要求した。しかし遠藤は「満洲国に軍隊を作ることは建国の理想に反するだけでなく、そんな姑息《こそく》の手段で作った軍隊は軍隊としての価値がないから、必要ならば正々堂々《せいせいどうどう》議会の協賛を経て皇軍にふさわしい日本軍を作るべきである」といって譲らず、物別れとなった。東條総監がさまざまな「姑息」ともいうべき策を講じながら、航空戦備充実をはかっていたことがわかる。

将官演習の成績はさんざんだったが、遠藤は予備役入りを免れ、華中《かちゆう》の第三飛行団長に転任となった。東條が遠藤に人事面での報復をしなかったのは、航空拡張にともなう人材不足もあったろうか。

もっとも、航空総監時代の東條は、人事をめぐる策動と無縁ではなかったようだ。一九三九年、平沼内閣が独ソ不可侵条約締結で倒れ、阿部信行《あべのぶゆき》陸軍大将が組閣した。八月二六日の陸軍三長官会議は陸相に多田駿を推した。東條の名も挙がったが「人事に対する意見があまりに一方的にはっきりしており、国内に対する評判も心配がある」という理由で消えた。これを知った東條は、子分の東京憲兵隊長を使って反対運動を展開した（筒井清忠『昭和十年代の陸軍と政治』）。結局陸相は昭和天皇の意向により、信任の厚い畑俊六大将に決まった。筒井は、天皇が自己の意向を通せたのは、陸軍が一連の激しい派閥抗争で弱っていたからとみる。

日中戦争をどう解決するか

一九四〇（昭和一五）年春、ヒトラーの独軍は周辺諸国に攻勢を開始し、仏、蘭などを相次いで占領した。残る英国へも連日空襲を行い、勝利は目前であるかのようにみえた。この動きを目の当たりにした日本陸軍では、独伊と軍事同盟を結んで仏蘭英の植民地である東南アジア地域に進出し、石油などの資源を確保して日中戦争の早期解決をはかろうという気運が高まった。ぐずぐずしていると南方地域にまで独勢力が進出してくるので、先手を打とうという腹づもりもあった。

陸軍が日中戦争解決を急いだ背景には、国内からの不満や批判の高まりがあった。一九四〇年二月二日、衆議院で斎藤隆夫《さいとうたかお》議員が有名な「反軍演説」を行い、陸軍を真正面から批判した。一般的に斎藤の演説は、「反軍」が強調されている。しかし、陸軍がこの戦争で掲げた「東洋永遠の平和」や「東亜新秩序」確立のための「聖戦」という大義名分を真っ向から否定し、「弱肉強食、優勝劣敗、適者生存を肯定する旧態依然たる戦争観に立」つもので「近衛声明の無賠償及び領土非併合主義に反対」する代物であった（『戦史叢書　大本営陸軍部　大東亜戦争開戦経緯〈1〉』）。

つまり斎藤は、戦争に勝っているのだから軍は中国からきちんと賠償や領土などを取れ、そうでないと戦争で身内の戦死傷や重税、生活難などの犠牲を払ってきた国民はとうてい納得できない、と主張したのである。

　この主張に陸軍は怒り、斎藤は陸軍に同調した議員たちによって議員を除名された。彼の演説がいつまでたっても中国から何も取れず戦争を終わらせられないという、陸軍の痛いところを的確に突いたからである。実際、「当時国内各界層の無賠償、領土非併合主義に反対する意向の底流はかなり強いものがあった」（同）。斎藤のもとには全国の国民から賛同や激励の手紙が多数寄せられた（吉見義明『草の根のファシズム』）。

　陸軍は一九四〇年三月、中国に傀儡の汪兆銘《おうちょうめい》政権を樹立させ、日華基本条約を結んで日本の軍隊を「蒙疆及華北の一定地域」に駐屯させると約束させた。同条約が同年一一月二〇、二一日の枢密院委員会で審議された際、小幡酉吉《おばたゆうきち》顧問官は中国側の抗日意識はなお盛んである、こんな条約を結んでも大正時代の対華二十一カ条要求と同じく、無効に終わるだけだと政府を批判した。この年七月に陸相となっていた東條（後述）は「戦果の一は支那において国防上の拠点を得たることとなれり。我国は東亜の指導者となれり。今回は支那に駐兵する故、先年の二十一ヶ条が無効に帰したるとは大に事情を異にす」と激昂している（深井英五『枢密院重要議事覚書』）。東條が怒ったのは、小幡が斎藤と同様、なぜ勝っているはずの日本が中国から賠償金も領土も取れないのか、と痛いところを突いたからである。

こうなると、陸軍としても賠償金・領土はともかく、何らかの利権（この場合は駐兵権）を中国から取ることのないまま戦争を終結させることは、自国民の手前、不可能になる。東條たちが国民の支持を陸軍の存立上、必須の要素とみていた点については前述した。この国民感情と駐兵権の問題が、やがて東條を大いに苦しめることになる。

陸相就任

しかし、当時の米内光政《よないみつまさ》（海軍大将）内閣は、いくら日中戦争解決のためとはいえ、英米との関係を決定的に悪化させかねない独伊との同盟締結に消極的だった。そこで陸軍は畑俊六陸相を単独辞任させ、後任の推薦を拒否するという手段で米内内閣を倒し、後継の首相に反米英の革新派とみられていた近衛文麿を擁立した。

近衛は米英に対して強硬姿勢で臨んだ。そして同じく強硬派にして事務能力の高い東條を陸軍大臣に選び、一九四〇（昭和一五）年七月二二日に内閣が発足した。

東條を陸相に推挙したのは参謀次長の沢田茂《さわだしげる》であった。陸相候補は東條と関東軍司令官の梅津美治郎だが、統帥部としては梅津に当分関東軍司令官を続けてもらいたいとの意向があったという（沢田著、森松俊夫編『参謀次長 沢田茂回想録』）。ノモンハン事件で大きく混乱した関東軍の立て直しを期待したのだろう。

東條の選定の背景には「第一、もっとも重要な対ソ作戦準備のため、満洲の兵備と航空兵力の充実とに経歴上誂《あつら》え向きである。第二、次官退任の際の態度が立派であった」という部内の評価があった（額田坦『陸軍省人事局長の回想』）。ただ、近衛首相自身は小畑や真崎たち皇道派軍人との関係が深く、したがって東條との関係は微妙であった。近衛内閣のもとで、四〇年九月二七日に日独伊三国同盟が締結される。

陸軍部内では、近衛内閣の陸相は東條で一致していた。畑俊六の戦後の回想によれば、「参謀本部あたりでは東條陸相を既成事実の如く考えていた。私から東條君に話したら、大抵ならば暫《しばら》く考えさせてくれというべき所、同君は二つ返事で引き受けた」という（同）。

「水商売は懲りた」

もっとも、幼年学校の後輩だった山中峯太郎によれば、東條自身は陸相就任に必ずしも積極的ではなかった。一九一四（大正三）年に陸軍を辞め、責任のない立場の山中は阿南惟幾《あなみこれちか》陸軍次官に頼まれ、航空総監部の東條に内々に陸相の就任受諾を頼みに行った。そのとき東條は「おれは、水商売はいやだよ」と「吐きだすように言った」という（以下、山中『落陽』による）。

東條は「フン、おれは次官をやって、水商売は懲《こ》りた。やるもんじゃない」とも、「軍司令官になるように教育されたんだ。水商売は知ったことじゃない」とも吐き捨てるように言ったという。この「水商売」とは「政治」を指している。

山中はその夜、東條の自宅までふたたび頼みに行った。殺風景な自室で、東條は阿南の次官続投を条件に単刀直入に、なんの含みもなく引き受けた。だが、山中は「それだけに「やはり野における蓮華草《れんげそう》」を、私は今さらに思わずにいられなかった。育ちが、そうなのだ。政治や外交や経済の方面には、とうてい、向きようがない。航空総監こそ最も適任でありピッタリしているのが、東条さんの素質なのだ」と書いている。これはその通りで、東條はその父親と同様、政治には向いていなかったと思う。

しかし東條は、いったん陸相になると、のちに首相、参謀総長まで兼任して、戦争に突き進むことになる。軍人たちが幼年学校からたたき込まれた「おれがやって、やれないことがあるか」という強烈な自負心は「根が純真であるだけに、なおさら、この性癖は烈《はげ》しく発動して、はばかるところを知らない。ただ一本気に突進する。猛《いさ》ましく尖鋭な実行力が、障害する対象を打ち倒し、まっしぐらに、どこまでも走らずにはいない」という。山中は「この代表的なひとりが東条さんではないか」という。

山中は、「陣中要務令」「綱領」の「指揮官の最も戒《いまし》むべきもの二あり。曰くなさざるなり、遅疑するなり。苟《いやし》くもこれをなし、之を断行すれば……」という文句をひいて自分たちは「すべて「断行」を第一義として体得すべく、「優柔不断」を頭から賤《いや》しむように、少青年期から性格化されてい」たという。東條もまた軍隊の「遅疑するなかれ」、迅速に決断せよという教育を内面化していたとみえる。

そんな東條も、内心では悩むことが多々あったようだ。永田を失った東條は小畑敏四郎に関係改善を求めたらしい。一九三八年から三九年にかけて、東條の妻勝子が小畑の自宅へ挨拶に行ったが、応対した妻を小畑は「東條から貰い物などするな」と叱った（以下、須山幸雄『作戦の鬼　小畑敏四郎』による）。

一九四〇（昭和一五）年秋、旧友岡村寧次が小畑のもとを訪れ、出馬を働きかけた。新陸相東條の内密の依頼をうけたとみられる。しかし小畑は「君はもう俺のところに来んでいいよ」と冷たく言い放った。東條の不幸は、父英教にとっての井口省吾のような、よき友を欠いたことである。

小畑は東條の能力はせいぜい大佐どまりで、その東條が陸軍を統制できたのは、昔は将校の地位と経済的待遇が低劣に過ぎたが、戦争の結果「隔世的変革の若返りが実現せられて、我世《わがよ》の春を謳歌したい享楽的気分に風靡《ふうび》された結果に他ならぬ」と最後まで批判を止めなかった。戦争で軍拡が進んでかつての一夕会が目標とした陸軍人事の「若返り」が実現し、多くの将校が経済的な充足感を持っていたからこそ、東條の命令も聞いたのだというのだ。

「好機南方武力行使」

東條が陸相に就任する直前の一九四〇（昭和一五）年七月三日、大本営陸軍部は「世界情勢の推移に伴う時局処理要綱」なる文書を作成して、国防方針に関する海軍との意思統一を図った。そこには早期の日中戦争解決方針とともに、「好機を捕捉し対南方問題の解決に努む」、「速《すみやか》に独伊との政治的結束を強化」するとの文言があった。

しかし、肝心の海軍はこの提案に慎重だった。陸軍が南方進出論を唱えたのは英米可分《かぶん》、つまり戦争の相手を英一国に限定できると考えていたからだが、海軍は英米不可分、つまり英国との戦争は必然的に米国との戦争にもつながると考えていた。国力ではるかに優る米国との戦争は、長期戦になると自信が持てないというのである。独伊との結束は、そのまま英米との戦争に直結する可能性が高かった。

海軍の弱みは、体面上、米国に勝てないなどとは口が裂けても言えない点にあった。「海軍は戦備促進のため物動物資をより多く取らねばならない」のに「もし対米戦に所詮《しょせん》自信がないとか、対米戦の決意は到底できないとかいえば、陸軍はそれならば物をよこせ、予算をへらせというに決っている」からであった（軍令部作戦課先任部員・川井巌《かわいいわお》少将の回想、『戦史叢書大本営陸軍部 大東亜戦争開戦経緯〈1〉』）。

しかし、仮に陸軍案のいう「好機」、すなわち独の英国本土上陸作戦が成功して大英帝国が崩壊するような状況が発生し、戦争の相手を英一国に限定できるのであれば、海軍にとっても南方資源はきわめて魅力的であった。そのため南方進出の気運は残りつづける。

結局、七月二七日に陸海軍が採択した「時局処理要綱」では「好機を捕捉し対南方問題を解決す」とされたが、独伊との政治的結束強化の文言は削られた。もっとも、この過程で海軍側が独伊との軍事同盟論に強く反対しなかったのは事実であった（同）。

北部仏印進駐

一九四〇（昭和一五）年、日本の南進の第一歩となる北部仏印（フランス領インドシナ、現在のベトナム）進駐《しんちゆう》問題が起こった。仏印、ビルマ（現ミャンマー）経由で送られる援蔣《えんしよう》物資の輸送を断ち切るため、日本は仏印側に部隊の進駐を要求した。九月二六日に陸軍部隊が海防《ハイフオン》に上陸して進駐は実行されたが、ここに至るまで現地部隊の独断越境、仏印側との戦闘、現地陸海軍部隊の対立などさまざまな不祥事が多発した。

九月一三日、冨永恭次参謀本部第一部長（作戦部長）は陸軍省に赴き、東條はじめ首脳部に進駐計画を説明した。同席した沢田茂参謀次長は「従来、第一部は統帥の独立を唱えて、作戦計画を陸軍省に説明するということは絶対にしなかったが、冨永が詳細に説明し、何か親分に忠義立てをしているように感じられて甚《はなは》だ不愉快であった」と回想している（『参謀次長 沢田茂回想録』）。「親分」というのは、冨永が一夕会以来の統制派であり、関東軍では参謀として東條参謀長に仕えていたことを指す。

前記の不手際は現地に出張した冨永の独走、越権による部分が大きかった。そのため冨永は第一部長を解任され、出先の安藤利吉《あんどうりきち》南支那方面軍司令官、中村明人《なかむらあけと》第五師団長なども更迭された。こうした厳しい問責人事は、東條が「（陸相）就任以来、部内の統制を特に重視し、人事にそれを反映せしめんとしていた」結果とされる（服部卓四郎『大東亜戦争全史』）。参謀本部の冨永に軍の慣習を破って作戦を説明させたのも、こうした「統制」、政戦両略一致志向の表れだろう。東條からみれば、軍が人事で割れて統制を欠き弱体化すれば、前述した阿部内閣陸相問題のように、その意向を通せなくなるのである。

だが、冨永は「親分」東條の手でほとぼりの冷めた一九四一（昭和一六）年四月、陸軍省人事局長に返り咲き、四三年三月には陸軍次官として東條の最側近となる。東條の「統制」人事には、こうした恣意性がある。

北部仏印進駐と日独伊三国軍事同盟の締結に対し、米国は九月二六日にくず鉄と鉄鋼の対日禁輸、英国は一〇月一八日に援蔣ビルマルートの再開という対抗措置を講じた。

参謀本部側は、冨永を呼びつけるような東條のやり方に不快感を抱いていた。参謀本部と陸軍省（東條）とは、天皇のもと完全に対等だからである。軍事史学会編『大本営陸軍部戦争指導班 機密戦争日誌』の四〇年九月一八日には「最近陸軍大臣の統帥権に関する「口出し」多し 参謀次長またこれに同調するは適当ならず」、「近来大臣は兼参謀総長次長は第二陸軍次官の如し 特に次長が新古の関係上大臣に圧せらるるは甚だ遺憾《いかん》に堪《た》えず」と批判している。東條は第一次大戦で学んだ「政略と戦略の調和」（本書四七頁参照）を実現させようとした結果、大臣と総長を一人で兼任しようとしているとの批判を受けたのである。

航空への関心

東條は陸相就任後も、航空への関心を保ち続けた。広大な南方への進出には飛行機の力が必要不可欠だからである。

一九四〇（昭和一五）年八月二四日の陸軍省局長会報（会議）では、陸相として「新聞によると米国では時速八〇〇粁《キロメートル》の飛行機が出現したりという。これが真実なりとすれば日本は太刀打できぬ。研究を要す」と発言している（金原節三著、波多野澄雄ほか編『金原節三 陸軍省業務日誌摘録 前編』）。

四一年一〇月一日の局長会報では「本日の新聞によると胴体なく翼のみなる飛行機が米国にて発明されたという記事が出ておる。列国においては飛行機は急角度をもって進歩発達しておる。わが航空本部は何をなしあるや」と述べている。

国土の防空についても、四〇年一〇月一六日の局長会報で、朝香宮鳩彦王《あさかのみややすひこおう》大将から「一般に国民は本演習に対し熱心であったが肝心の防空施設設備ができておらず実際の場合を考え真に寒心に堪えず、例えば、高射砲は現有のものでは宮城《きゆうじよう》の防空のみにても不可能なり。高度千米の敵機を撃墜する可能性もなし。実際上一五〇〇門を要するに拘らず僅《わず》か八八門に過ぎず」といわれたと話した。兵器局長が「高射砲の制式改正委員会を作り目下審議中なり」というと、東條は「制式改正など今頃やるはコソ泥でもっての外なり。ただちに良きものを採用し条令の制定は後からやれ」と叱った。

東條は四一年九月二七日の局長会報で、海軍航空本部長の片桐英吉《かたぎりえいきち》が、陸軍航空部隊は日中戦争時の重慶爆撃に際して航続距離が一杯一杯の様子だが相当の余裕を残す必要がある、飛行高度も海軍の七〇〇〇メートルに対し陸軍は五〇〇〇～六〇〇〇メートルで地上火力による損害を受けてしまう、航法教育、特に長距離航法の教育を徹底する必要がある、海軍の司令部が漢口まで出ているのに陸軍は後方の南京で、勤務も朝八時司令部に出勤し午後四時退庁と一般官庁並みである、それが下の方の士気、訓練に大きな影響を与えてはいないか、と「陸軍の航空戦力を一層向上せしむることはとりもなおさず日本の全航空戦力を挙げる所以」からの「忠言」をしてくれたと述べている。そして「本職としてこの好意的忠告を心から有難《ありがた》く受取り、虚心坦懐にこの忠告を諸官も聴け」と指示した。こと航空に関する限り、東條は決して独善的なやり方はとらず、他者の長所を、たとえそれが海軍の意見であっても学ぶ姿勢を持っていたのである。

他者に学ぶ東條の姿勢は、独国の兵器開発についての発言からもうかがえる。東條は、四一年七月二三日の会報で、山下奉文中将の欧州視察報告には参考となることが多いと述べ、次の諸点を挙げた。独国の通信機材が「きわめて簡単にして多量のものを生産することが可能」である一方、日本の物動計画はさらに簡単にする必要がある、一般に日本の科学者は複雑な機械ほどよしという風があると批判した。独国の火焔《かえん》放射器は簡単なるのみならず火焔がきわめて長く、火砲もはなはだ簡単である。独国は兵器の「試作品をどしどし作りこれを使用せしめたる上、長所を探りて早く実用に供し」ていた。東條は、機械や計画はすべて簡単が望ましいという合理的精神の持ち主であった。

ただし、陸軍航空の司令部の件については、四一年一〇月八日の局長会報で土肥原賢二・航空本部長から「漢口には陸軍の部隊長が常在し、南京には集団長あり。集団長は、中支のみならず、北支、南支までその傘下でこれを絶えず飛び廻っておる。漢口だけを指揮しておるわけでない」と反論があった。

カミソリ大臣

東條の仕事ぶりは、たしかにカミソリ大臣、電撃陸相と呼ばれるに値するものだった。一九四一（昭和一六）年四月五日の局長会報で人事局長が「戦病死者の未亡人を女学校の先生にするため希望者を選考の上、女高師に入学せしむることとなれり。志願者七〇名に対し採用者三〇名なり。これらの内には事情気の毒で同情に値するもの尠《すくな》からず、中には亡夫の写真を机上に飾り勉学に励むけなげのものあり。小学校教員の方は志願者少し」と発言すると、東條は「これらの人々の中には子供の干係上《かんけい》自由に勉学のできぬものも多かるべし。母子寮を設くるようにせよ」と指示した。

人事局長が「研究すべし」というと、東條は「今更研究する必要はない。速やかに実行せよ」と叱りつけるように指示している（『金原節三 陸軍省業務日誌摘録 前編』）。

東條は戦死者遺族の援護について、四一年四月九日の局長会報で「かくの如き仕事は単に事務的にやればそれでよいというものでない。何よりも精神的に取扱うのでなければならない。この頃遺族の子弟の中、本年入学するものが集合靖国神社を参拝しておる状況を見たが宮司も憲兵等もこれに何等の世話をやっておらぬ。もしこれを知っておったとしたら情の無い話だ。こうした場合干係者は親身になって取扱ってやるように指導する要あり」と述べている。

東條は業務の細かいところまで目を配り、不手際があれば叱責している。たとえば四一年四月一四日の局長会報で「一月八日に戦陣訓を出したがその際これを先ず第一線部隊に渡せといいおいたのに実際は自分が三日戦地に行った時も未だ渡っていなかった。どうしたわけだ」と質問し、高級副官が「これが輸送は参本〔参謀本部〕で担任せり。参本の係りにやかましくいいます」と弁解すると「参本であろうがどこであろうが不可なることは不可だ。物事はその目的を考えてそれに適した処置をとらねばならぬ。本件の如きも先ず主脳部のものに一部を速かに送る必要がある。総人員に一度に行き渡るようにするから遅れるのだ」と注意した。確かに正論である。

東條には人情に気を配る面もあった。四一年二月二二日の局長会報では「戦はいよいよ長期化を予想しあるをもって緊張の連続は不可なり。局課で局内課内の年間を通ずる休暇計画を樹《た》て、不平等のなきよう課員以下によく休養を摂らしめよ。十分に休養し常に新しき英気をもって事にあたれ。これには先ず局長から始めよ」と指示している。

東條は時折ユーモアめいたことも口にしていたようだ。四一年七月二六日の局長会報で兵務局長が「近来、逃亡離隊多し」というと、東條は「悪いことばかりいうな。よいことをいえ」といった。これは叱責ではなく冗談だと思う。

もっとも、軍事課長の岩畔豪雄は東條陸相の仕事ぶりを「電流計」に喩《たと》えている。東條が朝早く横浜へ視察に行き、帰りに高射砲陣地に立ち寄る。隊長がびっくりして砲八門中一門が壊れているというと、東條は「ああ、そうか」といってそれを帳面につける。八時前に陸軍省へ着くと、兵器局長を呼びつけてすぐ直せという。局長は銃砲課長を呼び、課長は係を呼び、係は兵器廠《へいきしよう》に連絡する。一門を補修するための連絡に半日かかるが、その間兵器局の仕事はストップしてしまう。あたかも電流計の針がピリピリ振れるように、東條の仕事ぶりはピリピリしていたという（岩畔『昭和陸軍謀略秘史』）。

戦陣訓

東條の〝悪名〟をなした理由の一つに、一九四一（昭和一六）年一月八日、陸相として出した訓令「戦陣訓」（陸訓第一号）がある。有名な「恥を知る者は強し。常に郷党家門の面目を思い、愈々《いよいよ》奮励してその期待に答うべし、生きて虜囚《りよしゆう》の辱《はずかしめ》を受けず、死して罪禍の汚名を残すこと勿《なか》れ」（「本訓其の二第八 名を惜しむ」）という一節が降伏・投降を厳禁したものとされ、前線の将兵を絶望的な死に追いやったというのである。

戦陣訓は当時の軍事課長・岩畔豪雄が提案して一九三九年に作成がはじめられた。時の陸相は板垣征四郎だった。しかし一年半かかり、完成した時には東條が陸相だった。岩畔は「東條さんなんというのはただ乗っかっただけなのに、今度は、悪者にされてね」と同情する（岩畔

『昭和陸軍謀略秘史』)。

とはいえ、日本軍における捕虜否定の観念がどのようにしてできたかは重大な問題なので述べておきたい。それは明治期までさかのぼる必要がある。日露戦争で日本軍が露軍捕虜を厚遇したことは有名だが、他方で露軍の捕虜となった日本軍将兵を国民が白眼視《はくがんし》する姿勢が一部で生じていた。日露戦後の一九〇七(明治四〇)年、日本は捕虜の虐待を禁じたハーグ陸戦条約に署名、一九一一年に批准している。

第一次大戦で日本は独軍の捕虜を厚遇したとされるが、一部収容所では捕虜を殴打するなどの事件が起こっている。ちなみに殴打して国際問題となったのは、当時久留米収容所長だった真崎甚三郎である(内海愛子『日本軍の捕虜政策』)。

その後、上海事変で中国軍の捕虜となった空閑昇《くがのぼる》陸軍少佐の自決事件、ノモンハン事件で捕虜となった将校への自決強要などを経て、捕虜否定の観念がしだいに日本軍内に浸透していく。

陸軍が戦陣訓を制定した第一の目的は、中国戦線で著しく乱れていた軍紀の引き締めにあった。起草に携わった陸軍中尉の白根《しらね》孝之《たかゆき》は、作業をはじめたのは板垣陸相の時、ただし一九三八年だったと述べている。目的は対上官犯(上官暴行、脅迫、殺傷、致死、侮辱、抗命)、強姦、辱職(勤務離脱、守地離脱、哨令違反、従軍兵役免脱など)、逃亡、略奪、奔敵《ほんてき》、利敵《りてき》などの犯罪の防止であった(吹浦忠正『聞き書 日本人捕虜』)。

白根は諸悪の根源を飲酒とみていた。かくして戦陣訓には「戦陣苟《いやしく》も酒色に心奪われ、または慾情に駆られて本心を失い、皇軍の威信を損じ、奉公の身を過《あやま》るが如きことあるべからず。深く戒慎《かいしん》し、断じて武人の清節を汚さざらんことを期《き》すべし」（本訓其の三　第一　戦陣の戒）の一文が加えられた。

東條自身、四一年二月三日、各師団参謀長などへの訓示で制定理由を「現実には軍紀は完全には程遠い状態にある。軍紀はしばしば無視または違反されることが多く、指揮官の側についても贈収賄や不行跡が増加しつつある」と述べ、まず指揮官に軍紀を守るよう求めていた（内海前掲書）。

戦争と女性

陸相東條は、女性に対してもあるべき総力戦像を力説していた。たとえば一九四〇（昭和一五）年に発行された大日本国防婦人会の機関誌上で「未《いま》だ我国民の一部において広義国防の真意義が徹底していないように見受ける」、「近代戦は軍事行動だけのものではありません。経済戦が伴い、思想戦が伴います。ほんとうの国民の総力戦〔に〕よってのみ目的は貫かれるのでありますと訴えている（東條英機「広義国防と婦人」）。これは、東條が人口の半分を占める女性を総力戦の直接要員とみなし、啓蒙をはかっていたことを示している。

ここで東條が述べた総力戦体制下の女性の役割とは「日本固有の婦徳を磨いて家を治め、子女を健全に育て、私利・私慾を抑えて国家公共のために犠牲を惜しまぬ」ことであった。周知のように、戦時日本の労務動員から既婚女性は除外されていたが、それは指導者東條の総力戦に対する無知・無理解のせいというよりは、その抱懐する総力戦の形態に即してのこと、とみるべきである。

陸軍が民間の国防婦人会に協力したのは、第一次世界大戦下独国の食糧不足が「もう戦争はやめて貰いたい」と「婦人の精神を立ちどころに挫《くじ》かせ」て内部崩壊と敗戦をもたらしたという認識にもとづき、日本では「台所から悲鳴の挙らないようにせねばなりませぬ」、それが「戦争と同時に起ります経済戦や思想戦に勝つの基となる」と考えていたからであった（大日本国防婦人会総本部編『大日本国防婦人会十年史』）。

国防婦人会発展に尽力した石井嘉穂《いしいよしほ》陸軍中将も、「〇国の手が国家の事情、国防の意義を知らない婦人達に延《の》びて反戦運動を捲《ま》き起すに至る如くなったなら大正八年にあった米騒動位では済まない」、だから国防婦人会を拡大して「国防の躾《しつけ》」を全婦人に、ひいては全国民に及ぼしたいと語っていた（同）。これは女性に対する「国防の躾」、すなわち総力戦思想の啓蒙である。

このように、東條の「思想戦」や「経済戦」そして「国民の給養」に気を遣う態度は、彼の個人的なものというよりは、第一次世界大戦後の陸軍が組織として主に敗戦国の独国より得た〝教訓〟に根ざしたものとみた方がよい。

東條が独国から得た教訓とは何か。それは第一次大戦で連合軍に海上封鎖された独国で深刻な食糧不足が発生し、女性と子どもを中心に七六万人もの餓死者を生んだことである。この飢餓は「カブラの冬」と呼ばれた（藤原辰史『カブラの冬』）。

永田鉄山もこの「カブラの冬」を知っていた。一九二六（大正一五）年、陸軍省整備局動員課長時代に書いた一般向けの文章に「戦争遂行に最も肝要な事柄は食糧を完全に供給する事である、空腹は戦争のために第一の障碍《しょうがい》である、現に世界大戦における露独の崩壊もある程度までは国民の空腹に源を発するというも差支えあるまい」、「その窮乏《きゅうぼう》の状は今日想像も及ばぬ程度で、特に四面封鎖の中にあった独逸《ドイツ》等は千九百十六年の冬を『蕪《かぶ》の冬』と呼んで、今も思出の種となっている、当時独逸は麦粉や馬鈴薯《ばれいしょ》が欠乏したので国民は蕪を主食として冬を過さなければならなかった」とある（永田「国家総動員準備施設と青少年訓練」）。

永田は「この試練を欠く我が国民」という言い方で、日本国民がかつてのドイツと同じように戦争による飢餓で「崩壊」に追い込まれる事態への強い危機感を示していた。石井のいう「国防の躾」とは、戦時下の食糧不足にも黙って耐える女性の育成という意味である。

国民の離反を警戒

このような東條の総力戦観、女性観には、ドイツ軍人エーリヒ・ルーデンドルフの『総力戦』(原題 Der Totale Krieg 一九三五年)や、陸軍少佐間野《まの》俊夫《としお》によるその邦訳『国家総力戦』(一九三八年)の影響があると推察される。

伊藤智央は『総力戦』を「〔第一次世界大戦における〕自身の体験への反省を踏まえた形で総力戦の本質、ひいては戦争の本質を述べようとし」た著作と位置づけ、間野の邦訳『国家総力戦』の出版を「陸軍の「独断的」意見ではなく、世界で一般的に主張されていることとして国民に納得感のある国防議論を提示しようとしていたのではないか」(伊藤訳『ルーデンドルフ総力戦』解説)とみる。

間野の邦訳『国家総力戦』は、第一次世界大戦について「国内の精神及び戦意を鞏固《きょうこ》に維持する必要があった。〔中略〕祖国の人的、物的諸力は(私は今日声を大にしてなお精神力を附加する)戦争のため極限までこれを発揮し、かつ維持するを必要とした」と説いている。これは、先の大戦時に連合国の海上封鎖による食糧不足でドイツ国内の戦意が低下し、暴動や反乱が多発して最終的に降伏に追い込まれたことへの反省を指す。

ルーデンドルフは、来たるべき総力戦における指導者の役割を重視する。『国家総力戦』はそれを「総帥」と訳し、「総帥は経済上の事情と軍隊及び国民の給養とに就《つい》て真剣に検討するであろう。救済を要する所にはそれを実行し、弊害の認められた場合には容赦なく厳重に処理せねばならぬ」と述べている。つまり、総力戦の指導者たる者は「軍隊及び国民の給養」まで細かく、真剣に検討しなくてはならない、そうでないとまた戦争に負ける、と説いているのである。

日本における「総力戦」指導者の東條が、自らルーデンドルフ『総力戦』を原書なり訳書なりで読んだかは不明であるが、少なくとも彼の側近は確実に読んでいる。一九四四（昭和一九）年五月二七日、東條は側近に「有末《ありすえ》〔精三《せいぞう》、参謀本部第二〕部長が「ルーデンドルフ」の「兵力に重点なきは人に人格なきが如し」の言を引用して居たが、他山の石とすべき言葉と思う」と語っている（『東條内閣総理大臣機密記録』）。

戦時下の東條は、ルーデンドルフの説く国民の結束を最重要視していた。一九四三年一月七日、東條は近衛文麿と高松宮《たかまつのみや》（宣仁《のぶひと》親王、海軍大佐）に「帝国は必勝は確実なり。ただこれを不可能ならしむる場合ありとせば、次の二つの場合なり。一、陸海軍の衝突分裂するとき。二、一億国民の足並《あしなみ》乱れたるとき」、「二に付ては国民の九十％は政府と一体になり、歩調を合わせおるも、あとの一〇％は必ずしも足並揃わず、逐次《ちくじ》揃わすよう努力しつつあり」と述べている（同）。東條にとって一億国民の結束と食糧供給は、不可分の問題だったはずである。第二章に引用した、東條自身の「国家総動員」の定義にも「国民生活」の一語があったことを想起したい。

本書冒頭で述べた東條の抜き打ちゴミ箱視察も、実はこうした「総帥」像を追い求めるなかで行われたのではなかったろうか。思えば他の強国も総力戦のなかで、ヒトラー、ムッソリーニ、ルーズベルト、スターリンなど、キャラクター性の強い「総帥」を押し立てて戦争していた。W・シヴェルブシュは一九二〇年代の独伊米の政治体制を比較検討し、ラジオなどを通じた大衆向けプロパガンダ、壮大なシンボル建築、そして「カリスマ指導者」の存在という共通点を挙げている（シヴェルブシュ『三つの新体制』）。

シヴェルブシュは、ヒトラーやルーズベルトが大衆のなかに自ら分け入っていく指導者としての自己を演出したとも指摘している。両者はラジオ演説を通じて国民一人一人に語りかけ、その心をつかんだ。『三つの新体制』には庶民に手を差し出すルーズベルトの漫画、自らスコップをふるってアウトバーン建設工事の鍬《くわ》入れを行うヒトラーの写真が載っている。

東條は一九四一（昭和一六）年夏、軍隊が宮城で行っていた防空室工事を陸相として視察に行き、しばらく目板の打ち付け作業をみていた。やがて「おれにも貸せ」といってハンマーとくぎをうけとり、兵士たちに混じって何枚か打ち付け、汗もぬぐわず意気軒昂《いきけんこう》として帰っていったという（読売新聞社編『昭和史の天皇〈ゴールド版〉①陛下と特攻隊』）。これは本人が若い時分の生活でつちかった「平民派」精神、平等志向なしにはできない「演技」だったろう。

ヒトラーと東條

一九三八（昭和一三）年三月一六日、衆議院本会議で西尾末広《にしおすえひろ》議員（社会大衆党）は近衛内閣の提出した国家総動員法案に賛成し「今日においては我国は未曾有の変革をなさんとしている時であります。〔中略、近衛首相は〕もっと大胆率直に日本の進むべき道はこれであると、ヒットラーの如く、ムッソリーニの如く、あるいはスターリンの如く大胆に、日本の進むべき道を進むべきであろうと思うのであります」と演説した（江上照彦『西尾末広伝』）。西尾は共産主義政治を推奨したとして議員を除名処分になった。一九三七年、近衛文麿が戯《たわむ》れにヒトラーの仮装をしたのは有名である。これらの挿話も外国に匹敵する力強い指導者を求めた国民心理の一端と考えてよいだろう。

東條はこうした同時代の列強指導者に倣《なら》い、自己を「カリスマ指導者」として演出しようとしたのではないか。東條はルーデンドルフいうところの「総帥」になろうとしたのである。

この自己演出の問題について、吉田裕は東條が移動や視察に際してオープンカーを常用していたことに注目し、それらのパフォーマンスの狙いは「果断に行動する戦時指導者というイメージを作り出すところにあった」とみている（吉田『シリーズ日本近現代史⑥　アジア・太平洋戦争』)。

　しかし、しょせん東條はヒトラーのようなカリスマ指導者にはなれなかった。軍を指揮してヨーロッパを制覇した実績も、聞き手を魅了する巧みな弁舌の才もなかったからである。では東條が「国民の給養」にも真剣に配慮、処置する「総力戦」の「総帥」となるにはどうすればよかったのか。

　この点を考える上で、かつて東條を電気仕掛けのような人物と述べた評論家・伊藤金次郎の東條首相論は興味深い。伊藤は、場末の国民学校や派出所、八百屋、ごみ溜に電撃的視察を繰り返し「民情検討に倦《う》むところを知らない」東條をみた「インテリー層」は「ヒットラーは、政治と軍事に関する工夫想念を、毎朝四時ごろまで練りに練りあげる」のだから、東條も「黎《れい》明《めい》の巷路《こうじ》視察というが如き末梢的《まつしょうてき》なことに時間を消費せず、今少し考うる時間を用意して、各般の戦争完勝の方途を、大局から構想してもらいたい」と声を発しているとする。しかしこれに反し「大衆層」は「従来の総理大臣に見られなかった東條首相の、気軽な、そして、きびきびした「町の探訪」に多大な好感を寄せている」と観察している（伊藤金次郎『六原道場』)。

　東條とて、自分の言動がインテリ層に受けないことぐらいわかっていただろう。東條はインテリを切り捨て、ヒトラーとはまた別の、「大衆層」に受ける「総帥」像作りに邁進《まいしん》していたのだ。本書冒頭で述べた各所への電撃訪問、庶民のゴミ箱視察も、少なくとも本人にとっては

「総帥」としての戦争指導の一環であった。

南方武力行使

東條は、近衛内閣の進める日米交渉に陸軍大臣、つまり陸軍の代表として参画した。一九四一（昭和一六）年四月中旬、陸海軍は「対南方施策要綱」案を策定、同月一七日までに合意した（『戦史叢書 大本営陸軍部 大東亜戦争開戦経緯〈3〉』）。同要綱の内容は、帝国の「綜合国防力」拡充のため仏印、タイとの間にすみやかに「軍事的結合関係」を設定する、英米蘭の対日禁輸により「帝国の自存を脅威」された場合や、米国単独ないしは英蘭中と共同して包囲態勢を加重し国防上忍び得なくなった場合は「自存自衛のため武力を行使す」るというものである。

もっとも陸軍内部でも、陸軍省と参謀本部が常に一致していたわけではなかった。四一年一月二五日の『機密戦争日誌』は先に省部でまとめた「対仏印泰処理要綱」について、陸軍省は南方武力行使を希望せず、政治的軍事的要求の提案も急がない、東條大臣は特にそうで、参謀本部が勝手に武力行使をやるのではないかとおそれ、「「廟議《びょうぎ》」を以て」と挿入するよう強調して参謀本部を牽制する、大臣は政治家なのか軍人なのか、用兵統帥が何であるかを理解していないと批判している。東條は武力行使はあくまでも「廟議」すなわち政府と統帥部の会議で決めるべきとしていた。前々からの統制志向のあらわれといえよう。

対米戦争はやりたくない？

一九四一（昭和一六）年七月二日、陸海軍と政府は御前会議で「情勢の推移に伴う帝国国策要綱」を決定した。この要綱は「大東亜共栄圏」の建設と、海軍の目指す「自存自衛の基礎」確立のための南方進出、陸軍の唱える「北方問題の解決」を両論併記していた。目的達成のためには「対英米戦を辞せず」との強硬な文言があったが、これは海軍にとって単なる予算獲得上の方便であり、本気で戦争する気などなかった（森山優『日米開戦の政治過程』）。

「大東亜共栄圏」は岩畔豪雄が堀場一雄と軍事課高級課員時の一九三八〜三九年に発案したと語る「大和民族の生存圏」、「経済、防衛、支配」の四つの圏を指す（岩畔『昭和陸軍謀略秘史』）。といってもこの時点では「饅頭のガワ」のようなもので明確な定義や区分けはなかった。

これに先立つ六月二一日、米国のハル国務長官はオーラル・ステートメントを発して、親独的な松岡洋右《まつおかようすけ》外相を名指しこそ避けたものの批判し、あわせて日本側が「内蒙及び北支の一定地域に日本軍隊の駐屯」を要望している点への疑念を示した。日本側、なかでも陸軍が絶対視する中国への駐兵は受けいれられないというのである。批判された松岡は激怒し、態度を硬化させた。

日本側は七月一二日の政府連絡懇談会でハルの批判を受けつけないと決めた。このとき東條は「望みがなくても〔交渉を〕最後までやりたい。難しい事は知っているが、大東亜共栄圏建設、支那事変処理、これができなければ駄目であって、三国同盟の関係からも米の参戦の表看板を表に掲げさせぬことだけでもできぬか。勿論《もちろん》〔ハルの〕「ステートメント」は国体の尊厳に関する事故《ゆえ》外相の判断通り拒否するは已《や》むを得ぬと思う。しかし乍《なが》ら日本人として正しいと思う事を真に伝えれば、精神的に気持が移るのではないか」と発言している（参謀本部編『杉山メモ 上』）。東條は、ハルの要求を天皇の主権（「国体」）への介入と見なし、反発していた。

松岡外相は「諸般の情勢上米大統領は引《ひき》ずって参戦に持って行こうとしている、但《ただし》それに米人がついて行かぬかも知れぬという一縷《いちる》の望あり。しかし大統領は非常に無理と思うことも何んとか漕ぎつけている。三選もとうとうやった。「ルーズベルト」は非常にデマゴーグなり、恐らく米の参戦を止めさせることは到底できぬだろう。帝国は三国同盟を一貫して進んで来ている」と発言した。どのみちルーズベルト率いる米国の対独宣戦は避けられないのだから、対米交渉や融和はやるだけ無駄だというのである。

平沼騏一郎内務大臣は「このままどんどん進んで行けば、五十年百年も戦争は続くかもしれぬ。〔中略〕日本は全体主義にもあらず、自由主義にもあらず、理想からいえば今の戦争を世界から除くことが皇道主義であると思う。米には分らぬかもしれぬが、戦争を止めることが日本の真に取るべき事であって、米をしてそのように仕向けることが、日本の取るべき態度ではないか。この精神の下に米を説いては如何《いかが》。〔中略〕外相は「ルーズベルト」が引っぱるから国民がついて行くというが、米人中には戦争反対のものもいる。日本の皇道精神のように持っていきたい」と発言した。

このやりとりからみて、東條や平沼は、ハルやルーズベルトではなく米国民に日本の立場を訴えることでその政府の強硬姿勢を引っ込めさせ、日独伊側に有利な情勢を作れないか、と言っているように思える。彼らは内心では対米戦争に乗り気ではなかったのである。しかしながら「大東亜共栄圏」の建設や、日本が何らかの利権を中国から得た上での日中戦争「解決」については、およそ譲る気はないのであった。

関東軍特種演習

一九四一（昭和一六）年七月、関東軍は独ソ戦に呼応して、関東軍特種演習《とくしゅえんしゅう》（関特演）と称し、対ソ戦の準備を始めた。同月四日ごろ、東條は陸相として、参謀本部の要求通り八五万人もの兵力動員に同意した。注目すべきは、当時の陸軍が対ソ宣戦布告は米国の中立法発動、石油の全面禁輸を招くと認識していたことである（『戦史叢書 大本営陸軍部 大東亜戦争開戦経緯〈4〉』）。日本は南方資源地帯への武力進出を行わざるを得ず、対米戦争を招く可能性が高い。

対ソ武力発動は「いわゆる南北二正面戦争を余儀なくされるわけ」であった。なぜそんな危険な賭けに東條があっさり同意したのか、率直に言って理解しかねる。

結局、極東ソ連軍の兵力が思ったほど欧州戦線に移動しなかったなどの理由で対ソ武力発動は見送られ、関特演は八月九日に「年内は中止」と決定された。

関東軍は演習中止と一言いえば済むが、陸軍省は準備にかかった巨額の経費の後始末をしなくてはならなかった。軍事課長の真田穣一郎《さなだじょういちろう》と予算班員の加登川幸太郎《かとがわこうたろう》が満洲へ出張して関東軍から出た二一億円の要求を一七億円まで圧縮したが、まったくの無駄金である（関東軍の経常費は年一〇億円ほど）。加登川が大臣の東條にその旨を報告すると「君たちは一体何をしていたんだ！　こんなに金を使わせて！」と目の玉が飛び出るほど叱られた。「あなたが動員に賛成したからではないか」とはもちろんいえなかった（加登川『陸軍の反省』）。

南部仏印進駐

関特演と併行して、陸軍はもう一つの重大な行動を起こしていた。七月二日の「情勢の推移に伴う帝国国策要綱」に沿った南部仏印への進駐である。七月二八日、進駐自体は平和裏に行われたが、これを日本側の重大な挑発行為とみた米国は七月二五日の在米日本資産凍結、八月一日の対日石油全面禁輸でこれに応じた。陸海軍ともに、これだけの強い反発を招くとは予想していなかった。石油は日中戦争遂行に絶対不可欠である。彼らは交渉による禁輸の解除か、南方武力行使による南方油田地帯の占領かの二者択一を強いられた。

八月四日、近衛は東條陸相と及川古志郎《おいかわこしろう》海相に日米巨頭会談を行いたいと告げた。近衛は米国へ行き、たとえ陸軍が中国からの撤兵などについて異議を唱えようとも、現地から直接天皇に電報で裁可を乞い、交渉をまとめるという非常手段をひそかに考えていたという。

及川がその日のうちに賛成したのに対し、東條は翌五日になって「なお米国大統領が帝国の真意を正解せず、依然現在採りつつある政策を履行せんとする場合は、断乎《だんこ》対米一戦の決意を以てこれに臨《のぞ》まるるにおいては、陸軍としても敢て異存を唱うる限りにあらず」と几帳面にも文書で述べ、いちおうの賛意を示した。

もっとも東條は同日の八月五日、杉山参謀総長に「自分の意見としては行って悪いとはいえない。しかし成功の見込みはないと思う。また直接会談によって三国枢軸を弱化することがあってはならない。またそれが不成功の場合といえども、帰国後近衛総理は勇気を奮い起こして、引き続き政局を担当して行くこと。引退を考えるがごときことは許すべからざることである。なお近衛総理は三国同盟を破棄することはしないというている」と述べていた（田中新一の回想、『戦史叢書 大本営陸軍部 大東亜戦争開戦経緯〈4〉』）。

この発言と、武藤軍務局長の「陸軍が巨頭会談に反対したから、行けぬということになれば、近衛は内閣を投げ出す、政変が来る。その責任は陸軍に来る。陸軍が全責任をもって時局を担当しなければならなくなるおそれがある。これは重大な仕事である。だから巨頭会談反対を表面からつっぱるのは考え物である」という発言とをあわせて考えると、東條には、内心では日米巨頭会談に成功の見込みはないが、会談実施に反対して近衛を引退に追い込んでしまうと、今度は陸軍が日米開戦内閣という重大な責任を背負わされるのでそれは許さない、という政治的な計算があったようである。この間、東條は、三国同盟を犠牲にしてまで日米交渉を妥結させる必要はないという強気な態度に終始していた。

東條は側近の佐藤賢了軍務課長に「政治家は事前に慎重熟慮せず、大事を軽々に決し、少し具合が悪くなると、弊履《へいり》のごとく捨ててもよいような気配さえみせる。大事を軽々に決するということでは、近衛公の大政翼賛会がその典型だ。三国同盟も、南部仏印進駐も慎重熟慮した筈《はず》だが、少し面倒になるとすぐグラつく」、「ルーズベルトとさえ会えば、話はかんたんにつくように考えて出かけるととんだ目に遭う。うまくいかなかったら内閣を投げだして知らぬ顔の半兵衛をきめられると、あとが大変だから釘を打ったのだ。が、君のいうとおり豆腐にカスガイかもしれぬ」と強気に語ったという（佐藤『東條英機と太平洋戦争』）。

東條は政治家を端《はな》から信用せず、一度決めたことはそれが日米開戦であれ何であれ、必ず実行すべきだという信念を持っていた。貴族や官僚と軍人とでは肌が合わないのである。とはいえ、陸軍がその後を引き受けて対米戦争という国家の大事を担おうなどとは考えておらず、あくまで近衛に全責任を負わせるつもりであった。

ところが興味深いことに、四一年八月二九日の参謀本部戦争指導班の日誌は、日米両巨頭の会談が実現すれば恐らく決裂はなく、一時の妥協調整による交渉が成立するだろう、それは対米屈伏の第一歩であり、帝国国策は全面的後退をたどるだろう、と観測していた（『機密戦争日誌』）。結果からいえば日米会談は実現せず、したがって対米妥協もなかったのだが、参謀本部は日米妥協は成立し、それを食い止めることはできないだろうと考えていたのである。日誌は続けて、だからといって（日米）戦争は欲しない、百年戦争は避けたい、そもそも帝国が力に余る大東亜新秩序建設に乗り出したのが誤りだったのではないか、「支那事変発足が不可」だったのではないかと嘆いている。

この時点の彼らは、米国との戦争は「百年」たっても続き、勝ち目はないと考えていた。東條も心中深くでは、日中戦争を始めたのが間違いだったと後悔していたかもしれない。しかし今さら後戻りはできなかった。

総力戦研究所

この前年の一九四〇（昭和一五）年一〇月一日、内閣に総力戦研究所が設けられた。「国家総力戦に関する基本的調査研究及び官吏その他の国家総力戦に関する教育研究を掌《つかさど》る」（官制）機関である。もともとは英国の帝国国防大学に関心を持った英国駐在武官の辰巳《たつみ》栄一《えいいち》少将が軍事課高級課員の西浦進と相談して設置されたものである（松下芳男『日本国防の悲劇』）が、これにゴーサインを出した一人は陸相東條である。研究所は多くの若手官僚や陸海軍人を集め、国家総力戦に関する教育研究を行った。

研究所は一九四一年夏、第一期研究生の机上演習を行った。研究生たちを首相や大臣に擬して「南方に油をとりに行ったらどうなるか」という発想のもと、思考訓練をしたものである。演習は六月中旬から八月二三日まで九期に分けて行われ、「海軍大臣」が「対米長期消耗戦は、国力上、必敗」と主張するなど議論は白熱した。大本営政府連絡会議（陸海軍統帥部と政府の代表が、国務と統帥の一致を目的に開く会議）で一二月二〇日に対米開戦を決定、対ソ開戦の決意に達したところで終了した（森松俊夫『総力戦研究所』）。

八月二七・二八日、演習の研究発表と講評が近衛首相や政府、統帥部関係者列席のもと、首相官邸で行われた。海軍の松田《まつだ》千秋《ちあき》大佐とともに演習の状況を想定した堀場一雄中佐は最後の講評で「南方作戦の推移は長期戦必至となり、あわせて北方問題の危険性を説き、結局青国（日本）の国力はその負担にたえられず、したがって敗北すると想定し、青国の国力充実を未だしとして、戦争の不可能なることを結論とした」という（芦澤紀之『ある作戦参謀の悲劇』）。

二日間にわたり最も熱心に傍聴していた東條陸相は、最後に「このたびの机上演習について、研究に関する諸君の努力は多とするが、これはあくまで演習と研究であって、実際の作戦とは全く異なることを銘記《めいき》しておいてもらいたい」と述べた（同）。演習と実戦はあくまで別物というのだ。

しかし、この東條の態度については「実は東條自身が対米英戦争開戦後の悲観的見通しを内心危惧しており、彼の発言は演習結果が自身の危惧を裏付けるものであったことを隠そうとする意識から生じたもの」といわれる（畑野勇「日本海軍の戦争指導と社会科学者・技術官僚の役割」）。

「帝国国策遂行要領」

一九四一（昭和一六）年八月三〇日、陸海軍は部局長会議を開いて「帝国国策遂行要領」案を策定、九月二日に最終決定した。そこには、帝国は自存自衛を全うするため、「対米（英、蘭）戦争を辞せざる決意」のもと、「概《おおむ》ね十月下旬を目途とし戦争準備を完整す」る、外交交渉によって十月上旬ごろに至ってもなお我が要求を貫徹できない場合は、ただちに対米（英、蘭）開戦を決意する、との文言があった。九月一日、東條は杉山参謀総長と会談して陸軍としての意思統一をはかった。東條がそのときに語った考えは、

一　支那事変を打毀《うちこわ》すが如きこと断じてせず。
二　三国同盟堅持
三　一切の責任を陸軍がとることに関し大臣は考慮中
四　大臣総長共に南方をやる決意は牢固たるものあり。
五　使用兵力（南方作戦使用兵力）等に対しては大臣別に異存なき模様なり。
六　大東亜共栄圏確立の堅持（田中新一の日記、『戦史叢書　大本営陸軍部　大東亜戦争開戦経緯〈4〉』）

というものだった。日中戦争を「打毀す」（＝成果なく撤兵する）くらいなら対米戦争に突入する、「一切の責任」は陸軍が取る（＝内閣を担当する）との確固たる決意を示したものである。東條は、のちに実現するところの陸軍が内閣を組織して戦争を行うという事態をあらかじめ予感していたようでもあるが、どこまで本気だったかはわからない。

「帝国国策遂行要領」は九月三日の大本営政府連絡会議（以下、連絡会議と略す）にかけられ、海軍大臣の提案で前出陸海軍案の「十月上旬頃に至るもなお我要求を貫徹し得ざる場合においては」ただちに対米（英、蘭）開戦を決意するとの個所が「十月上旬頃に至るもなお我要求を貫徹し得る目途なき場合は」決意する、と変更された。

一見、ただの言葉いじりのようだが、前者は一〇月上旬になったらただちに開戦を決意するのに対し、後者は一〇月上旬に改めて外交交渉に見込みがあるかを論議するというもので、つまりは決断の先送り、強硬派の陸軍側から見ると「骨抜き」そのものであった（『戦史叢書 大本営陸軍部 大東亜戦争開戦経緯〈4〉』）。

及川がこのような提案をしたのは、海軍省に開戦の決意がなかったからである。国力ではるかにまさる米国と長期戦になり建艦競争をすれば勝ち目がないと考えていたのである。

天皇、避戦を言い渡す

九月五日、近衛首相と杉山参謀総長、永野《ながの》修身《おさみ》軍令部総長は並んで天皇に「帝国国策遂行要領」を内奏した。よく知られている通り、天皇は杉山に「絶対に勝てるか」と大声で詰問し、「外交と戦争準備は並行せしめずに外交を先行せしめよ」と釘を刺したうえでようやく承認した。

天皇は翌六日の御前会議で、異例なことにみずから明治天皇の和歌「四方《よも》の海皆同胞《みなはらから》と思う代に　などあだ波の立騒《たちさわ》ぐらむ」を読み上げて「帝国国策遂行要領」を裁可した（ただし「あだ波」はもとの歌では「波風」）。これは天皇による避戦の意志表示である。

近衛は戦争回避に向けて、皇族の東久邇宮稔彦王《ひがしくにのみやなるひこ》大将に陸軍部内のとりまとめを依頼した。九月七日、その東久邇宮に東條は陸相として、仮に一時は妥協しても米英は独を撃滅したあとで日本打倒に向かってくる、仏印からの撤兵、中国全土からの撤兵による日中戦争前の状態への復帰、中国での門戸開放、機会均等を認めよとの米英の要求に応じることは「陸軍大臣として、また日本陸軍として、支那大陸にて生命を捧《ささ》げし尊き犠牲に対し絶対に認むる事」ができない、陛下のお考えはよくわかった、しかし陛下が日本の不利をしのんでまでも、どこまでも日米の国交を調整しようとお考えになり、自分がそれを国家百年のために不利と考えれば、「どこまでもお諫《いさ》め申し上ぐべし。それでもお聞きにならなければ辞職する外なし」、それが陛下に対して忠節を完うすることと考えるからだ、と長広舌を振るった（東久邇宮の日記、『戦史叢書 大本営陸軍部 大東亜戦争開戦経緯〈5〉』）。

東久邇宮によれば、東條ははじめのうち興奮していたが、次第に落ちついてきて終わりごろには平静になっていたという。こうしてみると、武藤も東條も天皇に非戦論を「諦め」てもらう口実作りのためだけに日米交渉に取り組んだようにみえるが、そうだったろうか。

アメリカ妥協せず

九月末になっても、米国が駐兵問題で妥協する気配はいっこうにみえなかった。武藤章軍務局長は「見透しとしては結局戦争ということかも知れぬ。だがねー、戦争は一歩を誤ると社稷《しゃしょく》を危うからしめる。俺はどうしても戦争の決断はできない。俺は戦争は嫌だ、殊《こと》に先般の御前会議で陛下はあの通りおっしゃったからなあ。とにかくわれわれは外交にベストを尽くさねば相済まぬ」と「もだえるように」言っていたという（石井秋穂中佐の回想、『戦史叢書 大本営陸軍部 大東亜戦争開戦経緯〈5〉』）。武藤は九月六日の段階では「どうせ戦争だ」とうそぶいていたとされるが、時間の経過と米国の一貫した強硬姿勢が安易な楽観ムードを吹き飛ばし、事態の深刻さを思い知らせたのかもしれない。

とはいえ武藤や東條にとって、米国の要求する中国撤兵を呑むことは「実質的には重慶への屈服であり、侮日《ぶにち》の風潮が支那を支配することは火を見るよりも明らかであって、到底忍び得るところではないとの見方には、誰の見解も変わらな」かった（同）。

一〇月五日、陸軍省内で武藤章軍務局長、田中新一第一部長以下の省部合同で、外交の目処についての研究が行われた。研究が一段落したころ陸相東條が突然現れ、米国側の態度について「これは四原則〔ハル米国務長官の唱える、すべての国家の領土保全と主権尊重などの四原則〕を無条件承認しろ、駐兵は許さぬ。三国同盟から脱退せよとの言い分につきる」と所見を述べた。佐藤賢了軍務課長が「独逸と〔対米英〕単独講和をしない旨の約束をとりつければ日本は大丈夫だから、この際は九月六日の決定に基づき開戦の決意をなすべきだ」と持論を主張すると、東條は「独逸が単独不講和の約束に応じなかったらどうするか」と「反ばく」した（同）。

佐藤が「私はその場合は開戦しない」と自信のない返答をすると、田中が「佐藤君それはいかん。僕はそんなのには反対だ」と「持ち前の地肌」をあらわした。東條は「独逸を当てに決心してはならぬ。そんなものを信用しても駄目だ。日本独力でやる」と佐藤の弱気を一蹴して室を出たという。

佐藤、そして東條も本心では「独逸を当てにし」た対米戦争に確信が持てなかったようだ。東條の脳裏には、独が米英と勝手に講和して日本を見捨てたら「どうするか」という懸念が常にちらついていたからである。しかし田中のような最強硬論者に煽られると、軍人としての心理や体面上、どうしても強硬論に引きずられてしまうのである。

東條の撤兵問題に関する基本的な考え方をうかがわせる発言を一つあげておきたい。時期は若干さかのぼるが、東條は一九四一（昭和一六）年四月五日の陸軍省局長会報で「戦争に犠牲を伴うは止むを得ない。広大な戦域で数年に亙《わた》る戦争となればなおさらなり。しかし、その尊い犠牲があってこそ始めて帝国永遠の繁栄の基礎が築かれるのである。また例えば、数十億の軍費といっても実際第一線で使用するのは二〇億にして他の総《す》べては国家百年のための予算である。こうした点は何等《なんら》［か］の形で一般の国民によく徹底せしめ無用の心配を起さしめぬようにしなければならぬ」と述べている（『金原節三 陸軍省業務日誌摘録 前編』）。

陸軍省育ちの東條の頭には、常に金のことがあった。陸軍が対中戦争に投じた巨額の予算は国の将来に対する投資である、国民にもそう説明し納得させねばならないというのである。しかし中国から撤兵すれば投資はすべて無駄金と化し、陸軍に対する国民の支持は完全に失われるだろう。それだけはできないと考えていたのである。

海軍、対米戦に自信なし

翌一〇月六日、陸海軍部局長会議が開かれた。海軍が日米交渉の続行を主張したため物別れに終わったが、ここで福留繁《ふくとめしげる》軍令部第一部長が「船舶の損耗《そんもう》に就《つ》き戦争第一年一四〇万トン撃沈せられ自信なし」と、岡敬純《おかたかずみ》海軍省軍務局長が「比島《ひとう》をやらずにやる方法を考えようではないか」と言い出した。対米戦争に自信がないため、開戦決断の引き延ばしに出たのである。

陸軍側は「今頃何事ぞや。御前会議において御聖断下りたるものを海軍は勝手に変更せんとするものなりや」と烈しく反発した（石井秋穂中佐の日記、『戦史叢書 大本営陸軍部 大東亜戦争開戦経緯〈5〉』）。

そこで東條は六日夜に杉山と会談、次の方針により海軍と総理を「説得」すると決めた。

1　陸軍は日米交渉の目途なしと判断す。
2　いずれにしても日本は〔ハルの〕四原則を承認せざるものなるを闡明《せんめい》す。
また駐兵に関しては一切（表現法をも含む）変更せず。
3　もし政府において見込ありというならば、〔一〇月〕十五日を限度とし外交を行うも差支なし。なお統帥部としては海軍統帥部に左記二点に就き駄目をおすこととす。
1　南方戦争に自信なきや。
2　御前会議決定を変更せんとするや。

ここで陸軍が海軍に対して南方戦争に自信がないのか、御前会議で決めた武力行使方針を変えるのか、と駄目を押そうというのは、前記の福留・岡が示した消極姿勢に反発したからである。東條は杉山に「もし海軍の新しき申出〔前出の船舶損耗の予想値〕が真ならば、この国策は危い基礎の上に立って作られたことになるから、われわれ四人の陸海軍長官は引責辞職しようではないか」と提案し、杉山は了承したという。

海軍側は一〇月六日午後五時半より、及川古志郎大臣や沢本頼雄《さわもとよりお》次官、岡敬純軍務局長、永野修身軍令部総長が集まって対応を協議した。「撤兵問題のみにて日米戦うは馬鹿げたことなり」という結論に達し、及川が「喧嘩となっても構わぬ覚悟にて交渉して宜《よろ》しゅうございますか」と「自己の決心を示し、半ば会議の了解を求むる」発言をした。ところが永野総長は「それはどうかネ」と賛成を保留し、「折角《せっかく》の海相決心の矛先を鈍《にぶ》ら」せた（「海軍大将沢本頼雄手記　大東亜戦争所見」）。海軍も東條と同様、腰が定まっていなかった。

対米戦は海軍次第

翌一〇月七日、東條は及川海相と会談した。東條は「申すまでもなく国策の中心は今は軍部にある。もし陸海軍が割れたら亡国である。必ず一致を欠くことがあってはならぬ」と釘を刺したうえで、米国の要求する三国同盟の否認、ハル四原則の承認、中国からの撤兵については妥協の余地はない、と迫った（本項は以下、『戦史叢書　大本営陸軍部　大東亜戦争開戦経緯〈5〉』による）。

さらに東條はハル四原則について「九ヵ国条約の再確認である。満洲事変、支那事変は何のためであったのか。いうまでもなく九ヵ国条約打倒のためであった。大東亜共栄圏の前提は九ヵ国条約の破壊にある。四原則は主義として認めるべきでない」とし、撤兵については「北支、蒙疆に駐兵して防共を完うする、そして日本の権益を保護することは当然至極である。北支、蒙疆から撤兵してしまうことは満洲国の存立にも影響してくる。永久に禍根を残すことになる」と述べた。米国が中国駐兵を認めないならいずれは満洲国も危うい、それくらいなら戦争に打って出て、言うことを聞かせるべきだ、というのである。

及川は「米国の態度は必ずしも敵意に充ちたものとは認められない。従って一部分のことではあるが、外交上の見込はあると思う。御前会議の趣旨に基いて一層手を尽すべきだ。望みはある。外交は続けるのが宜しい。統帥関係は十月十五日を目標にしているが、必ずしも限定的のものではない、余裕があるはずである」と答えた。

東條が「九月六日御前会議決定の際の考えは、いまも変っていないかどうか」と聞くと、及川は「それは変っていない。戦争の決意ということについても別に異論はない」と肝心なところで逃げを打った。

東條が戦争の勝利の自信はどうかと聞くと、及川は「それはない。但《ただ》し統帥部は緒戦の作戦のことを主としていっていただけである。二年三年となると果してどうなるかは、今研究中である。戦争の責任は政府にある。以上はこの場限りにしておいてくれ」と答えた。

東條は「九月六日の決定は、政府統帥部の共同責任で決定されたものである。かりに海軍に自信がないというならば考え直さねばならない。勿論重大な責任において変更すべきものは変更しなければならない」と述べた。肝心の海軍に自信なしと聞かされて、東條の心中に微妙な変化が生じたようにみえる。

田中新一の日記によると、東條は一〇月七日、参謀総長室で「陸海の位置」について「国策

の中心は軍部　われたら国亡ぶと思う　必ず一致を要す　中心を割る策動あり（陸海分裂）」という意見を述べたところ「海相同意」し、「閣内にも起るべし（陸海を利用すべし）　陸海の意見を必ず纏《まと》むるを要す（海軍同感）」と述べたという。

海軍に対する東條の基本的なスタンスは、陸軍が意見（国策）を通すためには必ず海軍と一致しなくてはならない、まして陸海離間《りかん》の策動がある今はなおさらだ、というものだった。よって、海軍に自らの開戦論をごり押しするのは適当ではないと考えた可能性が高い。

しかし東條はその後の一般閣僚も交えた閣議では、一転して強気な顔を見せた。小倉正恒《おぐらまさつね》蔵相に「国内の状況は正に窮境《きゅうきょう》にあり」、村田省蔵逓信《むらたしょうぞうていしん》相に「民需船は一九〇万トン内外となり今より半減する危険あり」と暗に戦争反対をほのめかされると、数字を挙げて（ノートを取り寄せたという）反ばくし「今や戦い抜かねばならぬ時代である」と述べたという。

戦史叢書は石井秋穂《いしいあきほ》中佐の「週間に得た重要案件や重要数量を緻密《ちみつ》にノートに整理するのが、日曜の趣味とまでいわれた人」という東條評を引いて、「閣議席上その東條陸相と正面切って太刀打《たちう》ちできるものではなかった」としている。陸軍が閣議で主張を押し通すには、たとえ自信がなくとも代表者たる大臣が常に強気で臨む必要があった。東條の性格はその役回りに最適任だった。

近衛・東條会談

東條と近衛は一〇月七日夜、首相官邸で会談した。駐兵問題に関して譲歩の余地はないのか、と問う近衛に、東條は「交渉は見込があれば今後交渉を続行することに異存はない。しかしずるずる何時《いつ》までもやるのではなく、統帥部要請通り十月十五日を期限としなければならない」と応じた。

近衛は「交渉は続行するとして、駐兵に関しては撤兵を原則とすることにし、その運用によって駐兵の実質をとることにできないか」と先の会談と同じことを聞いたが、東條は「絶対にできない」と突っぱねている。

近衛が「戦争の決意に心配がある。作戦について十分の自信がもてないと考える」と言うと、東條は「戦争、作戦といわれるが、九月六日の決定は政府と作戦当局である統帥部の共同責任でできたのである。戦争も作戦も考えての上のことである」と反論した。御前会議の決定を楯にとって一歩も退かぬ構えであった（田中新一の日記に基づく回想、『戦史叢書 大本営陸軍部大東亜戦争開戦経緯〈5〉』）。

近衛の回想によれば、一連の会談で東條は「人間、たまには清水の舞台から目をつぶって飛び降りることも必要だ」という有名な台詞《せりふ》を吐いた（朝日新聞社編『失はれし政治』）。なお田中新一の回想には「国家存亡の場合には目をつぶって飛びおりることもやらねばならぬこともある」とある。

もっとも石井は、一〇月一七日に自分が書いた駐兵の必要性を論じた上奏文を東條が「天子様がこうだといわれるならば自分はそれまでだ」と拒否した点からみて、「東條陸相は駐兵を固守する決意だったが、優諚《ゆうじょう》〔天皇の言葉〕あれば別だと考えていたのであろう」と指摘する。この指摘があたっているとすれば、東條は天皇が駐兵問題についても米国に妥協せよと命じれば従うつもりだった、ということになる。

東條の微妙な態度の変化は、陸軍省の局長会報からもうかがえる。東條は一九四一（昭和一六）年一〇月二二日の局長会報で「場合によっては戦争以外の調整方途なきに非らず。すなわち両国の趣旨が相異るから直ちに開戦というわけではない。外交々渉によって戦わずして目的を達することができればそれに越したことはない」と述べている（『金原節三　陸軍省業務日誌摘録　前編』）。東條は開戦一本槍の強硬姿勢を微妙な言い回しで捨てたのである。

「駐兵問題は心臓だ」

一〇月一二日、近衛首相、東條陸相、及川海相、豊田貞次郎《とよだていじろう》外相、鈴木貞一企画院総裁は近衛の私邸・荻外荘《てきがいそう》で会談を行った。このときかなり激しい応酬が繰り広げられた。東條は「総理が決心しても陸軍大臣としてはこれに盲従はできない。我輩が納得する確信（外交打開の確信）でなければならない。納得できる確信があるなら戦争準備は止める。確信をもたなければ総理が決断をしても同意はできぬ」と言い、近衛が「戦争に私は自信ない。自信ある人にやって貰わねばならぬ」というと「これは意外だ。戦争に自信がないとは何ですか。それは「国策遂行要領」を決定する時に論ずべき問題でしょう。外交に見透しありという態度でなければいけない。確信がなければいけない」と述べ、近衛も御前会議で戦争に賛成したではないか、と追及した。

そして東條は「駐兵問題は陸軍としては一歩も譲《ゆず》れない。所要期間は二年三年では問題にならぬ。第一撤兵を主体とすることが間違いである。退却を基礎とすることはできぬ。陸軍はがたがたになる。支那事変の終末を駐兵に求める必要があるのだ」、「所要期間とは永久の考えなり」と、一歩も退かぬ姿勢をあらためて鮮明にしたのであった（有末次《ありすえやどる》・参謀本部第二〇班長の記録、『戦史叢書 大本営陸軍部 大東亜戦争開戦経緯〈5〉』）。

一方、和戦の鍵を握る形の及川海相は「その決は総理が判断してなすべきものなり。もし外交でやり戦争をやめるならばそれでもよし」と、総理一任の無責任な態度に終始した。戦史叢書は、戦前の政治体制では内閣は全会一致が建前（できなければ総辞職しかない）なので、和戦は近衛一人で決められるものではなく、及川は東條を粘り強く説得すべきであったという

（同）。

一九四一（昭和一六）年一〇月一三日の『機密戦争日誌』は、（東條）陸相が持ってきた外務省起案の対米回答は問題にならない、駐兵の放棄、日支基本条約の無視、（ハル）四原則の承認などなど「聖戦を放棄せんとする亡国的外交」であり、「支那事変前乃至《ないし》は「ワシントン」会議後の小日本に還元」しようとするものだと書いている。

これは、米国の要求に応じて駐兵を放棄すれば日中戦争の成果はゼロになってしまう、それは「聖戦」を冒瀆した斎藤隆夫の「反軍演説」と同じく、陸軍に対する国民の信頼を決定的に傷つけるから認められない、という意味である。東條が身内の陸軍部内からこの論理で突き上げられれば、それでも米国に妥協するというのは難しかったはずだ。

東條は一〇月一四日の会談でも、陸軍としての立場を改めて叫んだ。近衛が「日米交渉はむつかしいが、駐兵問題に何とか色つやをつければ外交の見込ありと思う」と述べたのに対し、「要するに陸軍としては駐兵問題を譲ることはできない」と反論した。そして、

撤兵問題は心臓だ。撤兵を何と考えるか、陸軍としてはこれは重大視しているものだ。米国の主張にそのまま服したら支那事変の成果を壊滅するものだ。満洲国をも危くする。更に朝鮮統治も危くなる。帝国は聖戦目的に鑑《かんが》み非併合、無賠償としておる。支那事変は数

十万の戦死者、これに数倍する遺家族、数十万の負傷兵、数百万の軍隊と一億国民を戦場及内地で辛苦《しんく》をつましており、なお数百億の国帑《こくど》を費しておるものであり、普通世界列国なれば領土割譲の要求をやるのは寧《むし》ろ当然なのである。然《しか》るに帝国は寛容な態度を以て臨んでおるのである。駐兵により事変の成果を結果づけることは当然であって、世界に対し何等遠慮する必要はない。巧妙なる米国の圧迫に服する必要はない。（有末次・参謀本部第二〇班長の記録、『戦史叢書 大本営陸軍部 大東亜戦争開戦経緯〈5〉』）

と述べ、その後の閣議でも同様の主張を「興奮的態度で力説」した。東條がここまで大陸駐兵に固執したのは、先に衆議院や枢密院でなぜ陸軍は中国から賠償金や領土をぶん取らないのかと突き上げられており、せめて駐兵だけでも「事変の成果」として国民に示す必要があったからである。何もとらず、おめおめと米国に屈することはできないというのだ。

この演説に「他の閣僚はいささかあっけにとられ、これにたいして発言するものがな」いまま、閣議は他の議題を決定したのち散会した（朝日新聞社編『失はれし政治』）。東條は一四日の閣議終了後、参謀本部首脳に「陸軍は引導を渡したる積りなり」と語った。自分の強気な発言により近衛内閣は閣内不一致、総辞職を余儀なくされるだろう、という意味である。

微妙な心境の変化

ところが、同じ一〇月一四日午後、東條は木戸幸一《きどこういち》内大臣と会談し、次のやりとりをかわしていた。

木戸　次の内閣はむずかしい。陸軍は九月六日の御前会議を基礎として戦争できると言うておるが、海軍には不安がある。この点が総理が踏切《ふみき》れぬ処だと思う。政治家として考えさせられるだろう。
東條　海軍大臣に「海軍は九月六日に定められた決心に何か変化ができたのか、もしこれが変化したのならそれによって進もう」と問うたが、海軍は「変化なし」と言うた。
木戸　次の総理の〔決定？〕時はこの点をもっとよく考えるように近衛公に話しておいた。
陸軍としては海軍ともっと打ちあけてやって貰えぬか、陸海軍が中心だから何とか融合することはできぬか。この陸海の合一ができてから内閣が交代するのならよいが、現在では纏まっておらぬから困る。
東條　従来の事に対する責任問題のことなどは打切って、既に定まった国策がそのままやれるかやれぬかを考えるより外はない。（『杉山メモ　上』）

これは東條の微妙な心境の変化を示している。海軍が戦争はできないと明言するのであれば、これまでの行きがかりは捨てて九月六日に「既に定まった」対米戦という国策の再検討もありうる、というのである。総力戦研究所で聞いた対米戦シミュレーションの結果も念頭にあっただろう。東條は強気と弱気の間で揺れつづけた結果、海軍に対米屈服の責任を押しつけて退却をはかったようにみえる。東條は杉山に木戸とのやりとりを説明したのち、次の会話を交わした。

東條　海軍大臣は自信がないとは言わぬが、何か自信のないような口のきき方をする。判然言わぬのでものがきまらぬ。海軍が踏み切れないのなら、それを基礎として別のやり方を考えねばならぬ。
杉山　宮中大本営で永野が次のことを言っておった。富田《とみた》〔健治《けんじ》、内閣書記官長〕が海軍に、海軍から戦争はできぬと言うてくれんかと言うてきた。それに対し永野は、そんなことが言えるものかと言った由。
東條　三国同盟の時も同じ筆法だった。七十何回もやってできなかったものが、及川が大臣になってからすぐできた。これに関し某氏は次のように言うた由「及川は国内問題とし

て三国同盟はつくるがよいと思ったからつくったのだと言うておるとの事だが無責任なことだ」と。(同)

東條と杉山は、海軍が自分の面子《めんつ》や利益ばかり考えて、対米戦はできないから反対とはっきり言わないのは「無責任」だと批判している。つまりは海軍にそう言ってほしいのである。二人が密談しているのは、対米屈服という政治的大失点の責任をすべて海軍に押しつけ、自分たちは陸相と参謀総長の責任から退却するという〝政治〟である。

内閣総辞職を主張

こののち、東條は内閣総辞職による事態打開を考えていく。当然東條も陸相を辞職し、誰か別の人間が対米開戦と屈服のいずれかを選ぶ責任を負うことになる。これは東條にとって、主観的には九月六日の決定が軽率だったことの引責辞任かもしれないが、客観的には対米屈服の責任を海軍にぜんぶ押しつけたうえでの退却である。

一〇月一四日夜、鈴木貞一企画院総裁が近衛首相を訪ね、

海軍大臣からはっきり話があれば自分としてもまた考えなければならんのである。然るに

海軍大臣は全部責任を総理に任せている形がある。これは洵《まこと》に遺憾である、海軍がそういうように肚《はら》がきまらないならば、九月六日の御前会議は根本的に覆《くつが》えるのだ。随《したが》って御前会議に列席した首相初め陸海軍大臣も統帥府の総長も、皆輔弼《ほひつ》の責を充分に尽さなかったということになるのであるから、この際は全部辞職して今までのことを御破算にして、もう一度案を練り直すということ以外にないと思う。

という東條の意見を伝えた（朝日新聞社編『失はれし政治』）。海軍が対米英戦争はできないというならそれはもうできないのだから、全員辞職して新規まき直しをはかるしかない、という撤退論である。今まで近衛に強気で通してきた東條が、自分の口からは言いたくないことを、代理の鈴木に言わせた形である。

この場合「練り直す」べき「案」には、対米屈服も含まれるはずだ。というのは、東條は一〇月八日、及川海相に「支那事変にて数万の生霊を失い、見す見す之（中国）を去るは何とも忍びず、但し日米戦とならば更に数万の人員を失うことを思えば、撤兵も考えざるべからざるも、決し兼ぬる所なり」と述べていたからだ（伊藤隆ほか共同研究・解説「沢本頼雄海軍次官日記　日米開戦前夜」）。

そして鈴木は近衛に「陸海軍を抑えてもう一度この案を練り直すという力のあるものは、今臣下にはない」ので、次の首相は東久邇宮殿下が最も適任と思う、と述べた。皇族の権威で陸海軍内の対米強硬派を抑え、政策を一からやり直そうという提案である。

しかし木戸内大臣は皇族内閣案に「万一皇族内閣にて日米戦に突入するが如き場合にはこれは重大にて、即ち近衛首相が御前会議にて決定したる方針を敢《あえ》て実行し能《あた》わざりし程重要なる何等かの理由あるこの問題を、皇室の一員たる皇族をして実行せしめられ、万一予期の結果を得られざるときは皇室は国民の怨府《えんぷ》となるの虞《おそ》れあり」と反対した（『木戸幸一日記 下巻』一〇月一六日条）。必ず勝てるとは限らない日米戦争に皇族の首相のもとで突入し、万一負けた場合は皇室が国民に恨まれるからだめだというのである。東条は木戸の手で、自らの辞職と皇族内閣による事態打開という退路を断たれた形となった。そんな東条にさらなる運命の変転が訪れる。

＊

本章でみてきたように、東條は中国の分割統治に熱心だった。日中戦争では早期和平論と徹底対決し、圧倒した。永田の遺訓ともいえる、中国に資源を求めるという姿勢は一貫していた。侵略との批判を回避しながら大陸での発言権を維持するため、「駐兵」に固執した。相変わらず派閥抗争に熱心であったが、航空総監に移動させられると、航空戦備の拡充に猛進した。このように大陸資源の確保と航空戦備充実という陸軍の課題に熱心に取り組んだことが東條の威信を高め、陸軍大臣就任につながる。彼らの大陸駐兵への固執は、同じく中国での経済活動を重視する米英との対立を深めていく。しかし東條は強気にみえて実は米英との戦争に及び腰だったようにみえる。近衛内閣総辞職は対米開戦ないしは屈服責任からの退却ともいえるのである。

第四章　東條内閣と太平洋戦争

東條、首相に推挙される

木戸幸一内大臣は、東條を首相に推し、東條自身の手で時局を収拾させるという奇策を考え出した。強硬派の東條に一九四一（昭和一六）年九月六日の対英米戦争の決定を再検討するよう命じれば、陸軍部内を抑えて実行するだろう、という読みであった。

一〇月一七日、宮中に参内した東條は天皇より組閣を命じられた。その後、東條と及川に木戸は「国策の大本を決定せられますに就《つい》ては、九月六日の御前会議の決定にとらわるるところなく、内外の情勢を更に広く検討し、慎重なる考究《こうきゅう》を加うることを要すとの思召《おぼしめし》」を伝えた（『木戸幸一日記 下巻』）。先の御前会議決定を白紙に戻して再検討せよという指示である。

東條は組閣の大命《たいめい》どころか近衛内閣倒壊の件を叱責されると思って参内したため、突然のことに茫然となったという。この時点での東條が、みずからの使命を文字通りの白紙還元（なので戦争突入もありうる）と、さらに一歩踏み込んだ、天皇や近衛らの意を汲《く》んでの非戦のどちらと理解していたかは判然としない。

東條が茫然としたのは、組閣は「陸軍自らが政治の全責任を引き受けたことを意味するが、それは、対米英戦争が不可避となり抜き差しならぬ状況に追いつめられていた陸軍が、元老・重臣勢力に政権を半ば押しつけられたものともいえ」たからである（堀田慎一郎「一九三〇年代における日本陸軍の政治的台頭」）。

戦後「陸軍は軍部独裁を目指した」といわれることがある。こうした観点からは、東條の首相就任は独裁の完成とみえる。しかし、かつて永田鉄山は「軍がサポートする強力内閣であれば」「内閣首班は文民の政府でもよい」といっていたし、武藤章も「文民政府を許容しつつ、これを合法性の枠内において介入し、自らの代理人と化す方策」を取っていた（永井和『近代日本の軍部と政治』）。それは東條も同じだったろう。かつての陸軍は自らは責任をとることなく、内閣で自分の利益のみを主張していればよかったが、現役の陸軍将官たる東條の首相就任は、そうした無責任な態度を許さなくなったのだ。

組閣へ

東條は「正直」にも大命を拝辞せず、組閣に取り組んだ。その心中には山中峯太郎いうところの「「勅《ちょく》なればいともかしこし」の感激と厳粛の意気、さらになお、おれの辞書に不可能の字はない、攻撃精神と必勝の信念と自負の一念」（山中『落陽』）があっただろう。武藤章や佐藤賢了の作った陸軍の組閣名簿を見ようとしなかったのは、日米交渉を衆議を尽くしてまとめる、そのためには陸軍の個別利害に固執してはならぬという考え方によったのだろう。そこで満洲で旧知の星野直樹を呼び、内閣書記官長として組閣にあたらせた。

東條は特例で大将に昇任し、自ら陸軍大臣と内務大臣を兼任した。陸軍大臣を兼任したのは日米交渉にあたり陸軍内を統制するため、より大局的に言えば、国務（政治）と統帥（作戦）の一致をはかるためである。内相まで兼任したのは、のちに本人が語ったところでは「このまま戦争をせず米国の申出に屈した場合には、二・二六事件以上の暴動も起るやも知れず、その際には断乎《だんこ》涙をふるってこれを弾圧する必要あり、これがためには、陸相と警察権を有する内相とを兼任する必要があったからだ」った（『東條内閣総理大臣機密記録』）。東條は統制を受け入れない一部軍人や国民のテロを恐れていたのだ。

海軍は及川海相の後任に陸軍嫌いで知られる呉鎮守府《くれちんじゅふ》司令長官・豊田副武《とよだそえむ》大将を推したが、東條は陸軍との折り合いが悪いという理由でこれを拒絶した。豊田のほうでも東條を拒絶した。代わりに選ばれたのが横須賀鎮守府司令長官・嶋田繁太郎《しまだしげたろう》大将であった。嶋田には軍政の経験がほとんどなく、日米交渉の経緯も聞かされていなかった。

東條は対米戦争上のキーマンとなる嶋田に、及川より推薦があったので、海軍大臣をお引き受け願いたい、と頼んだ。嶋田はお話をうかがわねば決心できないといい「海軍軍備戦備の急速充実」と外交の活発化を要求した。

東條は、海軍軍備の大切なことはかねてから承りよく了解している、国力の許す限り完備に努めるものと考えている、と請け合った。嶋田は念を押すかのように「最悪の事態に立到る場合をも考えるとき、海軍の立場は極めて重大なるもの」がある、そのへんをよくご了解いただけるか、と述べた。このやりとりは、東條はじめ陸軍側からみると、嶋田が海相就任の交換条件として、海軍への予算と物資の手厚い配分を持ち出しているようにみえる。かねてより陸海一致を重視し、今は首相として天皇の期待に添い組閣を完了せねばならない東條は、この条件を飲まざるをえない。

東條は一〇月二三日、靖国神社大祭の帰路、同行した嶋田に「今更後退しては支那事変二十万の精霊に対し誠に申訳《もうしわけ》なし。されども、日米戦争ともなれば更に多数の貔貅《ひきゅう》を犠牲とするを要し、誠に思案に暮れている」と述べた（「海軍大将 沢本頼雄手記 大東亜戦争所見」）。

ただし沢本の一〇月二四日の日記には「〔東条総理は〕特に戦争を避くる如き口吻《こうふん》なかりしと」嶋田から聞いたとある（「沢本頼雄海軍次官日記 日米開戦前夜」）ので、この手記はのちに何らかの追加情報を踏まえて書いたのかもしれない。

沢本の手記には、一〇月二一日、武藤章軍務局長が「総理は戦争をなし得ざる境遇にあり

――多分陛下の大御心《おおみこころ》を体現するためなるべしと認むるも理由は不明――然も参謀本部はますます硬化し、収拾に困却す。むしろ武藤も職を退き、参本要職を道連れとして考えを入れ代えしむる要あるやに認む」と話したという、岡敬純海軍省軍務局長からの伝聞も記されている。あくまで伝聞だが、沢本が「或《あ》いは何か海軍に対する要求を秘めありや」と観たのは興味深い。陸海軍省のトップがともに自爆して統帥部の目を覚まさせようという「要求」ともとれるからだ。

東條は常に強気で、対米戦争に負けるなどとは思っていなかったといわれる。しかし本心では中国撤兵と日米戦争を秤《はかり》にかけて煩悶《はんもん》していたのであった。そもそも東條や武藤のようによく勉強する人が、米国に負ける、あるいは日中戦争と同じく泥沼化する可能性を全然感じていなかったとは思えないのだ。本心では、嶋田や沢本、岡に対米戦争はできない、といってほしかったのではなかろうか。

海軍の態度変化

ところが一〇月三〇日、嶋田は海軍省で沢本海軍次官と岡軍務局長に「自分は突然場末より飛び込み、未だ中央のこともよくわからざるも、数日来の空気より総合《そうごう》すれば、この大勢は容易に挽回すべくも非ず。無理に下手をやれば大害をなすに至るべし。故にこの際戦争の決意をなし、今後の外交は大義名分の立つ如くし、国民一般が正義の戦なりと納得するよう導く要あり」と語った。前任の及川と違い、対米英戦争も止むなしと明言したのだ。海軍は海軍で、対米屈服の全責任を押しつけられるのを拒絶したのであった。

そして嶋田は三〇日ごろ記した「決心」と題する文書に「極力外交交渉を促進すると同時に作戦準備を進む」、「外交交渉の妥結確実とならば作戦準備を止む」と記した。

この「決心」には「本戦争における物（特に空油、飛行機）の重要性に鑑《かんが》み、戦争遂行上大局の見地より物の公平配分に遺憾なからしめ、この点特に陸海軍の真の協力を行う」との申し入れを首相東條に行う旨の一文が付いていた。

嶋田は一〇月三一日夜、東條にこの趣旨に基づく要求を示した。昭和一六年度の鉄の生産見込みは四三〇万トン、その割り当ては海軍八五万トン、陸軍は八一万トン、残り二六四万トンが民需《みんじゅ》である、本来海軍は一六年度に一三五万トンを必要とするが、これを一一〇万トンまで圧縮する、ついては割り当てとの差である二五万トンを陸軍から出してもらいたい、という要求である。東條は民需から九万トン、陸軍から八万トンを譲るから、合計一〇二万トンで我慢できないか、と答えた（『杉山メモ　上』）。東條は海軍の要求を呑んだのである。

こうした海軍の態度は、陸軍の眼には、陸軍と政府が物資を用意しないから対米戦争はできないという責任逃れ、もしくは戦争するにあたりなるべく多くの物資（特に鉄）を陸軍からかすめ取ろうとしている、とみえた（同）。だが、陸軍にとっては意外なことに、海軍は戦争回避の責任逃れどころか開戦に正式同意するのである。

下からの突き上げ

一一月一〜二日にかけて、連絡会議は「帝国国策遂行要領」を採択し、対米英戦争準備と外交の並行を決定した。武力発動の時機を一二月初頭と定めて陸海軍は作戦準備を完整するが、対米交渉が一二月一日午前零時までに成功すれば武力発動を中止する、というものである。

軍事史学会編『機密戦争日誌』の一九四一（昭和一六）年一一月一日の条では「作戦準備と外交の二本建案」を唱えた東條の態度を「大臣の変節なり」と批判した。戦争準備と外交の二本立ては確かに天皇の希望である。しかし、東條はそれをいいことに腹をくろうとせず、「陣頭指揮宰相」といいながら、開戦に向けて他の閣僚を説得し所信を断行する誠意と節操と努力を忘れているというのだ。東條がこうした身内からの突き上げにさらされていたのは留意されてよい。

翌二日の『機密戦争日誌』は「会議席上海軍は鉄一一〇万（これに対し陸軍七九万屯《トン》なり）貰うことを条件として開戦決意を表明せるが如し　総長「鉄を貰えば島〔嶋〕田さん決意しますか」と尋ね海相うなずけり　海軍の決意は鉄三〇万屯の代償なり　哀むべき海軍の姿かな

是れ永久に吾人は銘記するを要す」と海軍の悪口を記した。それでも、参謀本部の若手にとって海軍の翻意は、鉄の分け前が減ったとしてもなお、歓迎すべきことだった。

しかしまとめ役である東條は海軍の態度に大いに困惑させられた。永野修身軍令部総長が席上で「戦争第一、第二年確算あるも第三年以降確算なしと明言」し、それを聞いた文官の賀屋《かや》興宣《おきのり》蔵相、東郷茂徳《とうごうしげのり》外相が「理屈上どうしても決意はできぬ」といって賛成しなかったからだ。結局、激論のすえに東郷が出してきた新しい対米交渉案「乙案《おつ》」（事態を南部仏印進駐前に戻して米側の対日石油輸出を復活させる案）を陸海軍が呑む形で会議は乗り切ったが、東條にとってこの会議は胃の痛くなるような時間だったのではないだろうか。

ちなみに陸海軍統帥部は乙案に米国の「援蔣行為」つまり対中援助の停止を要求するという修正を加えた。米国側はこれに難色を示し、交渉は進展しなかった。

人種戦争は回避せよ

一一月五日の御前会議で「帝国国策遂行要領」が審議された（本項は『戦史叢書　大本営陸軍部大東亜戦争開戦経緯〈5〉』による）。

原嘉道《はらよしみち》枢密院議長は九月六日の御前会議のあと、日米交渉はどうなっているのか、と質問した。東條は、一〇月二日に受取った米側の回答は要するに四原則（①領土保全主権尊重、②内政不干渉、③無差別通商、④武力的現状打破不承認）を日本に強要せんとするもので、この四原則は「九ヵ国条約の集約」である、一〇月二日の米提案は言辞こそ美しいが、その精神と態度には変化なく一歩も譲らない、ただ日本に対して強要しているだけである、と答えた。東條が九ヵ国条約を日本に課せられた不当な足かせとして敵意を燃やしていたことがわかる。

東條は日米間の「重大問題」である中国への駐兵・撤兵について、「彼〔米国〕のいうのは撤兵本位でこれを中外に宣明し、駐兵は蔭の約束ではとのことなり」と述べている。米側は表向き日本に撤兵を約束させ、陰で駐兵を話し合うという態度のようにみえる、というのだが、むろんこれは日本側の希望的観測に過ぎない。そして「惟《おも》うに撤兵は退却なり。百万の大兵を出し、十数万の戦死者、遺家族、負傷者、四年間の忍苦、数百億の国帑《こくど》（国費）を費したり。この結果はどうしてもこれを結実せざるべからず」と、撤兵問題は譲れないと改めて強調した。正式な会議の場では、東條は強気一辺倒である。

原は東條に対し、戦争の大義名分について、この戦争が「人種戦」にならないようにと指摘した。日本が戦争の図式を〈黄色人種対白色人種〉と設定してしまうと、同盟国である独伊が米英の側に回って日本は孤立し、「名実共にふくろだたき」となる可能性が出てくるからである。枢密院議長の質問・発言は天皇の意をうけてなされるので、これは天皇の意向である。

東條はこの指摘に、大義名分については、英米が日本の生存を強く脅かしているなどと闡明《せんめい》する（明らかにする）ことで若干のききめはあるだろう、いずれにしても人種戦にならぬよう十分注意する、と応じている。

のちの一二月八日に出された開戦の詔書における開戦目的は「自存自衛」の一本に絞られ、白人支配からの黄色人種解放の色合いを含む大東亜共栄圏建設は入らなかった。これには御前会議における議論の影響があるとみられる。対米英戦争は、勝算はおろか、その大義名分の決定ですら、きわめて困難なものだった。

原は会議の終盤、米国が日本の決意をみて屈すれば結構だが絶望と思う、はなはだやむを得ぬと思う、だからといってこのまま行くことはできぬ、今をおいて戦機を逃しては米の頤使《いし》（あごで使うこと）に屈するのもやむなしということになる、したがって米に対し開戦の決意をするもやむなきものと認める、初期作戦はよいけれども、先になると困難も増す、だがなんとか見込みあるというので信頼する、と発言した。

東條は「彼〔米国〕は元来日本は経済的降伏すると思っているのであろうが、日本が決意したと認めれば、その時機こそ外交的の手段を打つべき時だと思う。私はこの方法だけが残っていると思う」と応じた。日本が強い決意を示せば撤兵（駐兵）問題で米側が折れるはずと、一一月五日段階の東條は、なお外交交渉に一縷《いちる》の望みを託していたのであった。

同じ一一月五日の『機密戦争日誌』が、外交と戦争の二本立てながら対米英蘭戦争決意が公式に「確定」したことを喜び、「希《ねが》わくば外交不調に終り対米開戦の「さい」投ぜられんことを」とまで書いていたのとは大いにトーンが違っていた。

東條のおびえ

一九四一（昭和一六）年一一月一五日の陸軍省局長会報で、中村明人憲兵司令官が「近頃陸軍の高級将校にして新総理を積極的に援助せぬ者あり等というデマが行われている。手を打たるる要ありと思う」と発言した。すると東條は「顔色を変」えて「大将会を開らいてよく了解を求めたが。自分としては手を打つことをせぬわけではない。忙しいのだ。いずれにしても自分は　天皇の御親任を受けた大将である。わが向うところは明らかである。国民は自分について来るべきであると思うが、ついて来ぬものがありとすれば、それは放って置いても良いと思う」と述べた。中村が「これはデマであって実際陸軍の高級将校がそうであると自分は言うのではない」というと、東條の顔色はもとに戻った（『金原節三　陸軍省業務日誌摘録　前編』）。

常に強気な指導者ぶりを示していた東條の異様な姿であった。東條がかくもおびえていたものは、一体何だったのか。東條はこの会議で「現内閣は総理が陸軍、内務両大臣を兼ねることが特長であって、この事ある故、必要なる手を必要なる場合、迅速《じんそく》的確に打てるのである。しかし、これに対し、他の方面からはこれを切離すよう手を打ってくるかもしれぬ。現にその徴候が見え始めている。これは何としても撲滅《ぼくめつ》する必要がある」と、何らかの勢力が陸海軍離間の陰謀をたくらんでいると警戒心をみせていた。

その勢力とは何だったのか。高級将校云々の発言からみれば、すでに壊滅した皇道派将官であろう。東條が口にした「大将会」は、予備役も含めた陸軍大将の会合である。東條が「よく了解を求めた」という会がいつ開催されたのか確認できないが、真崎甚三郎の日記によれば、大将会はこの会報から一二日後の一一月二七日にも陸相官邸で開かれ、真崎も出席している(『真崎甚三郎日記 昭和十六年一月～昭和十八年四月』)。

東條は席上、日米交渉における米側の主張が「九ヶ国条約を基」とするもので到底承諾できないと説明し、我が軍備はほとんど完成し「人間、物資においても損耗の補充に差支なしと表を示し」た。しかし真崎は「十分に之を納得する能《あた》わざりし。説明も曖昧なりし」と感じた。高射砲が全国に五〇〇門、東京に九二門しかないことも「心細し」と書いている。

驚くのは、東條がこの席上で「スターリン政権は崩壊せず民族戦にて長引くべく、英独戦も同様英国の恢復《かいふく》により長引くと断」じ、真崎も「新聞にて各人の判断しあるものと大差な」いと書いていることだ。つまり、独国頼りの日米戦の勝算について、東條は旧皇道派を含む大将たちを全然「了解」させられていないのである。真崎が納得できないことを、東條のような細かい人が納得できるとは思えない。戦に勝てばよいが、負ければ皇道派が息を吹き返し、自分を攻撃してくるかもしれない。こうした前途への不安も、東條のおびえにつながっている。

テロの恐怖

中村憲兵司令官は一九四一（昭和一六）年九月一日の局長会報で「内地の治安状況は何となく懸念すべき状況に推移しあるが如し。取締を強化しあるをもって集団行動の虞《おそれ》なきもテロの発生を恐る。不穏文書は大阪方面に特に多し。すなわち、宇垣〔一成〕を出せ、平沼〔騏一郎〕、柳川〔平助〕輩をそのままにしておくは不可、現内閣が米の援ソ行為をそのままにしておくならば内閣は危うし等々なり」と述べたように、右翼だった。この年の八月一四日、右翼のはずの平沼騏一郎が右翼団体の構成員に銃撃され、重傷を負っている。対米妥協に走る近衛内閣の大物として命を狙われたのだった。

もっとも右翼の問題については、武藤軍務局長が「注意を要するのは左翼である。彼等は近来強硬論を唱え政府と国民とを離間せしめんと図りあり。右翼の方はそんな頭のまわる謀略をやらぬから心配は要らぬ」とまぜっかえすような発言をしている。

中村憲兵司令官は四一年一〇月一日の局長会報で「一〇月における治安の状況は最も注意を要すべし。特に日米交渉成立の場合の注意が肝要なり。すなわち交渉成立する時は右翼が日本の軟弱外交を攻撃し相当の騒ぎとなるべし。これに反し決裂したる場合に、民心は対外的に指向し、団結強くなり治安上はかえって心配なし」と述べ、東條は「全然同感なり」と応じている。日米交渉「決裂」のほうが国内政治上は望ましい事態のように聞こえる。

四一年一〇月二二日の局長会報で、中村憲兵司令官は「右翼の一部、政界の一部にはなお近衛内閣に未練同情を有するものあり。軍の進出についても一部冷眼視するものあるも多数のものは新内閣を衷心歓迎しあり。井上日召《いのうえにっしょう》、平沼〔騏一郎〕一派は心から新内閣を支持する様子でない。これはこの両者共、近衛氏と密接な関係にあるをもってなり」と述べた。ここで警戒されているのは平沼や井上といった右翼、そしてそれと裏でつながる近衛である。近衛が皇道派と仲がよかった点はすでに述べた。

ちなみに中村憲兵司令官は一〇月二二日の局長会報で「新内閣は総理以外は小粒揃《こつぶぞろ》いと評価しあるも、これも已《や》むを得ぬとなしあるものあり」、「また新内閣は満州浪人を集め過ぎたというものあり。また札附《ふだつ》きのものを集めたというものあり」と不用意な発言をして、東條に「札附きというのは誰だ」と突っ込まれている。東條が眼鏡越しにじろりと睨《にら》む様子が目に浮かぶ。

中村は答えず、かわりに田中隆吉《たなかりゅうきち》兵務局長が「星野〔直樹〕、鈴木〔貞一〕なるべし」と引き取った。これに中村は「言論界では前述の如く小物揃、札附云々《うんぬん》の言をなすものあるも大体において新内閣は時宜に適《かな》える内閣なりとなしあり。治安は新内閣の出現は上述の如く右翼方面の気受けよく、わが意を得たりという状況なので好転せり」と、東條におもねるような発言をしている。中村は四〇年の北部仏印進駐時に現地の師団長をしており、独断越境の責任を問われ東條に一時左遷された経歴を持つ。再度の叱責、左遷が怖かったのかもしれない。

このようにみると、東條がおびえていたのは主に皇道派と右翼およびそのテロ、そして首相退任後もなお隠然たる存在感を持つ近衛だったようにみえる。

陰謀論？

しかし実際には、東條のおびえの対象は右翼や近衛だけではなかった。

というのは、東條は一九四一（昭和一六）年一〇月八日の局長会報で「今日の重大な時局に当り、陸海軍が感情上でも相反するような事態が起れば、それは国家の破滅を意味する。陸海さえ一心同体、その意見が一致しておるならば、他に多少の問題があろうとも心配の要なし。現在の状況を外部から見る時は、政治の中心は軍部にあるといってよいが、このことは平和主義者、自由主義者、共産主義者等から見ると甚《はなは》だ邪魔なことで、何とかして、両者の仲が割れんことを願いました、そのようにあらゆる努力をしておるところである」、「甚だしきは閣内においてもこの種のことが行われておるやを虞《おそ》れておる」と述べ、平和主義者などへの警戒を示していたからである（『金原節三　陸軍省業務日誌摘録 前編』）。

東條の中では、国家の維持存立には陸海軍の一致が必要だが、それを壊そうと「平和主義者、自由主義者、共産主義者」が狙っており、その勢力は閣僚にまで及んでいたというのである。これはもはや陰謀論である。後世の目からは、東條と陸軍は憲兵を駆使して盤石《ばんじゃく》の権力を誇っていたようにみえるが、当の東條はどこかで企てられているかもしれない策謀の影におびえていた。このおびえが戦時下での政府批判弾圧を厳しいものにしていく。

戦争をどう終わらせるか

一二月一日午後、御前会議が開かれて対米英蘭開戦が最終決定された（本項は『戦史叢書 大本営陸軍部 大東亜戦争開戦経緯〈5〉』による）。

冒頭、東條は首相として、もし米国の要求に屈従すれば、帝国の権威を失墜し「支那事変の完遂」を期《き》することができなくなるうえ、ついには帝国の存立《そんりつ》をも危殆《きたい》に陥らしめる結果になる、よって開戦は止むなしと述べて審議を求めた。

原枢密院議長が、本土が空襲された場合、東京のような建築物で火を消し止めることができるか、万一東京に大規模の火災が起きた場合にはどうするかと質問した。かつて東條に批判的だったが、このころには一転その側近となっていた鈴木貞一企画院総裁が食糧は充分に準備してある、焼け出された住民は一部他に避難させるように考えている、と答えると、原は「考えだけでは適当ではありませぬ。準備は不完全だと考えます」と強く述べた。先の真崎もそうだったが、開戦決定に際しては空襲への強い懸念があった。

原はそのうえで、このままでは「帝国の存立をも脅かされ、明治天皇御事蹟《ごじせき》をも全く失うことになりまして、この上手を尽すも無駄であることは明か」として、開戦も止むなき次第と述べ、東條の方針に賛同した。

原は続いて、長期戦の場合には一方に勝利を得つつ他方には民心の安定を得ることが必要である、長期にわたるときは時として考え違いの者もある、また他国の策動も絶えず行われ「内部的崩壊」を企図《きと》することがあるだろう、愛国心に燃えている者でも時としてこの「内部的崩壊」を企図することがないとも限らない、この者どもの始末は誠にやりにくい、「民心の攪《かく》乱《らん》」については失敗のないように、と述べて「人心の安定」に努力するよう要望した。

原、そして天皇にとっては生活苦にともなう「人心」の動揺が「最も憂《うれ》うべきこと」であった。それは革命につながりかねないからである。東條は、長期戦の場合に人心の安定、特に秩序維持、動揺防止、外国の謀略防止などに関し、充分に努力を尽したいと応じた。

翌二日、開戦日は一二月八日と確定され、進攻作戦開始が発令された。

会議を重視した東條

開戦過程における首相東條の基本的な態度は、少なくとも主観的には公式の会議を重んじることだった。西浦進は一一月三日の軍事参議官会議で「軍事参議官会議なんかに諮詢《しじゅん》をすると機密漏洩《ろうえい》になるから」といった田中新一第一部長が廊下で東條にひどく叱られたのをみている。会議は「東条さんのあれで、とにかく開戦は大事だから本当に衆議を尽くしてやらなければいかん」という趣旨で開かれたものだった（西浦『昭和陸軍秘録』）。

佐藤賢了は九月六日の御前会議後、戦争に自信がないそぶりを見せた海軍の姿をみて「私がひとつ席を設けますからドテラがけで一パイ盃《さかずき》を持ちながら、本当に陸海軍の首脳が懇談したらどうですか」と東條に勧め、「国家の大事を待合《まちあい》政治で決めろというのか」、「海軍大臣・軍令部総長という海軍の最高責任者が、国家の大事を御前会議の席で、ほんとうのことがいえないで、ドテラがけの席でなら本音が吐けるという馬鹿なことがあり得るかッ」と叱られた（佐藤『軍務局長の賭け　佐藤賢了の証言』）。

佐藤は「東條さんという人には、そういうところの幅がない」と批判するのだが、「国家の大事」を会議（「廟議」）で「衆議を尽くして」決めるのは、明治以来、大日本帝国のあるべき国家意志の決定方法であった。その国家意志を、ドテラがけで酒を飲みながら決めるなどもってのほかという東條の気持ちも理解できなくはない。東條は天皇の忠実な軍事官僚として、天皇の前で全会一致の手続きを重んじたのである。

東條は、その会議で華北駐兵という〝お家〟の利益は強硬に主張したが、それを主君や他の

〝家〟に説得はしても、力で押しつけるようなことまではしなかった。天皇が会議で対米英戦は白紙に戻せといえば戻したし、仮に海軍が戦争はできないと明言すれば、話はそれまでで戦争はなかったろう。会議で合意がとれないからである。もっとも、天皇は対米英戦絶対不可とまでは発言しなかったし、海軍はある段階から戦争はできると言い出した。

鈴木貞一は敗戦後、「開戦は国内政治だった」と述べた。これは当たっているところがある。まず陸軍の日中戦争早期終結という政治事情があった。陸軍の強硬姿勢が主として国民の不満の爆発を警戒してのものだったことを思えば、それは国内政治の問題である。この問題はやがて、対米戦備を口実に予算や物資を獲得してきた海軍の利害や面子、つまり政治問題を浮き上がらせた。対米開戦は、短期的には両者の抱える問題をもっともすみやかに解決しうる手段だった。そこへハル・ノートが到来し、全会一致での開戦決断に至ったのである。

この間、歴代首相公用車の運転手をしていた柄澤好三郎《からさわこうざぶろう》によると、首相東條は「緊張の極、というんでしょうか、ひきつったような顔をしていました」という（NHK取材班『バックミラーの証言』）。日米交渉のあいだ、すさまじい緊張にさらされていたのだろう。悲愴な顔をしていた東條は、「一度、宣戦を布告してしまったら、ずっと柔和な顔になりましたね。真珠湾の攻撃が成功したという報告を聞いた直後は本当にほがらかな、うれしそうな顔をしていました」。開戦か臥薪嘗胆《がしんしょうたん》かを決める責任を負わされた東條にとって、一番苦痛だったのは、〝決められない〟ことだった。どちらでもいいから早く決めてしまって楽になりたいという思いが、開戦という最終的な選択に影響していたかもしれない。この気持ちは東條一人のものではなく、天皇や他の指導者、そして国民も同じだったろう。

対米英戦争の目的は何か

一九四一（昭和一六）年一二月八日、海軍の真珠湾攻撃、陸軍のマレー半島上陸によって対米英戦争の火ぶたが切られる。この戦争には名称をめぐる陸海軍間の食い違いがあった。陸軍は「大東亜戦争」と称し、強い正面である太平洋方面では持久戦を、薄弱な正面で屈敵《くってき》の見込みのある重慶・インド洋方面では日独伊連繫による「決戦的方策を講ず」るとした。いっぽうの海軍側は「太平洋戦争」「対米英戦争」を提案し、太平洋正面で「決定的に戦」う、つまり短期決戦をめざす、という「戦争指導の根本観念上の相剋《そうこく》が潜在」していた。そしてその相剋は解消されないまま戦争に突入していったのである（『戦史叢書 大本営陸軍部〈3〉昭和十七年四月まで』）。

東條個人は、石井秋穂大佐が「東條氏は大臣就任当初より松岡〔外相〕の唱える大東亜共栄圏に共鳴していた。私は各種国策案の中間報告に当り東條氏より「大東亜共栄圏建設が基本だからね」と一再ならず小声でつぶやかれたのを記憶している。この人は大東亜共栄圏思想が強いという印象を受けている」(『戦史叢書 大本営陸軍部 大東亜戦争開戦経緯〈5〉』)と回想したように、「大東亜共栄圏」すなわち東南アジアにおける日本の政治的・経済的勢力圏の建設を戦争目的としていた。もともと陸軍の南方進出は、各種の資源を押さえるのが目的だから、このような考え方になった。このあたりは統制派本流らしいといえるが、戦争の目的に関する統一認識が日本の戦争指導者間になかったともいえる。

連絡会議は一九四二年一月一〇日、「情勢の進展に伴う当面の施策に関する件」を決定、四一年一一月一五日決定の「対米英蘭蔣戦争終末促進に関する腹案」にもとづき、米英などの敵国に対しては国内に厭戦気分を醞醸《うんじょう》(醸成)して継戦意志を喪失させるよう努める、インドに対しては英米との交通遮断と対英協力の拒否、反英運動の積極化を目標とする、濠洲《ごうしゅう》(ニュージーランドを含む)には英米との交通遮断など重圧の態勢を強化しつつ英米の羈絆《きはん》(束縛)より離脱させるよう努める、とした。

そもそも対米英蘭戦争は「日本政府は、民族解放や植民地支配の是非を争点に戦争に突入したのではなかったが、国防資源の獲得や経済的「搾取」という実質的な目的をカムフラージュする必要性、さらに戦争終結の直接的な契機が対英戦争に求められたことによって、マレー半島からビルマ、さらにインドをうかがう軍事攻勢の大義名分を求めるとすれば、それは「自存自衛」の枠組には収まらず、英帝国下に呻吟《しんぎん》する民族の「解放」のほかにはなかった」とされる（波多野澄雄『太平洋戦争とアジア外交』）。

東郷外相の大東亜共栄圏のイメージは「政治的には主権尊重の立場から早期の軍政撤廃と自治や独立の容認、経済的には圏外との交流を前提とした開放体制」であり、東條とは全く逆のイメージであった（同）。

東條は一九四二年一月一五日の連絡会議にフィリピンを独立させ、それは蘭印、ビルマなどについても変わらない、という施政方針演説案を示した。フィリピンとビルマの独立は既定路線であったが、石油などの重要資源地帯である蘭印については参謀本部から反対論が出て、蘭印の独立にはふれないことになった。

早くも船舶が問題に

一九四二（昭和一七）年二月四日の連絡会議において、首相東條は今後の戦争指導方策について、予定の作戦の一段落後、今後いかに戦争を指導していくべきか、後方の建設をどうするか、議会終了後国内をいかに指導していくかを研究すべきであると発言した。これについて大本営、陸軍省、海軍省、企画院などが一五の問題を分担して研究にあたることになった（『戦史叢書 大本営陸軍部〈3〉』）。そのうち注目すべきは第一二問題「国民生活最低限度の確保及び国民士気昂揚の具体的方策」、第一三問題「船腹の現状ならびにこれが増強対策」である。

三月二日の連絡会議で、田辺盛武《たなべもりたけ》参謀次長は陸軍の徴用船舶一五四万トンのうち、七月以降五〇万トンを解傭《かいよう》して米などの民需物資輸入に振り向けるとされたことに反発、三〇万トンは作戦上なお確保すべきであり、できないなら「ビルマ作戦を中止するほかない」と発言した。東條が「これは一応〔企画院のいうとおり〕一〇四万トンと決めて置いて、あとでまた決定することにしてはどうか」と割って入ると、田辺は「それではビルマ作戦をやめる」と応戦した。東條は「それは困る」、「何とか骨を折ることにする」となだめすかさざるをえなかった（同）。この船舶問題は、首相兼陸相たる東條にとって深刻な悩みの種となる。

連絡会議は二月二五日から第一問題「世界情勢判断」の検討に入り、三月九日に一部を保留のうえ決定した。米英が「大規模攻勢を企図し得べき時機《じき》は概《おおむ》ね昭和十八年以降なるべし」と予測した。米英の弱点として、人的戦力は物的戦力にともなわない（物は増やせてもそれを使う人はそう増やせないということ）、米英間の遮断分離がその戦争遂行能力に及ぼす影響は日独間遮断分離の比ではない、英国は自治領植民地などとの遮断分離により崩壊を来す可能性がある、米英国民は生活程度が高くその低下はすこぶる苦痛とするところで、戦勝の希望なき戦争継続は社会不安を醸成し一般の士気の衰頽《すいたい》を招くだろう、ことに英の敗戦が米に及ぼす影響は極めて大である、としている。

こうした見方を、日独伊の連繫で米英を分断、戦意を低下させるという従来の戦略を踏まえた希望的観測に過ぎないといえばそれまでだが、第一次大戦時の独国が国内の戦意低下で屈服に追い込まれた歴史から導かれた予測ともいえる。一方、「帝国が人的戦力において彼に比し優勢なるは贅言《ぜいげん》を要せざる所」としている（同）。

この判断は主として陸軍側の戦略にもとづくものであった。海軍は陸軍の唱える長期不敗の態勢確保に同意せず、太平洋正面における積極的な攻勢、米軍の各個撃破を主張し続けた。

以上の討議を経て連絡会議は三月七日、「今後採るべき戦争指導の大綱」を決定した。今後の方針を「英を屈伏し米の戦意を喪失せしむるため引続き既得の戦果を拡充して長期不敗の政戦態勢を整えつつ機を見て積極的の方策を講ず」、「占領地域及主要交通線を確保して国防重要資源の開発利用を促進し自給自足の態勢の確立及国家戦力の増強に努む」とするなど、陸軍の長期戦、海軍の短期決戦の主張を両方取り入れた玉虫色《たまむしいろ》のものとなった（同）。

東條首相と杉山、永野両統帥部長は三月一三日、「大綱」について天皇に「長期不敗の態勢を整うると共に米英をして常に消極防守の態勢に陥《おちい》らしむる如く国力の許す限り有《あ》らゆる手段を講ずるの必要があると存じます」と上奏した。長期戦と短期戦のどちらをとるのかはよく分からないままであった。

凱旋将軍の左遷

東條は一九四二（昭和一七）年四月、武藤章軍務局長をスマトラの近衛師団長に突如異動させ、後任に腹心の佐藤賢了軍務課長をすえた。武藤が和平に向けて進めていた新内閣樹立工作が原因とされる（川田稔『昭和陸軍全史3 太平洋戦争』）。

同年七月三日、シンガポール占領の戦功を挙げた山下奉文中将が凱旋して天皇に拝謁することなく、直接南方から満洲へ第一方面軍司令官として赴任することになった。陸相として人事権を握る東條が山下を遠ざけようとしたとして噂になった。山下は皇道派で、東條とは対立関係にあった。田中新一第一部長は戦後、山下の満洲行きは「山下将軍の帝都凱旋を利用して、従来くすぶりつづけている重臣方面の反東條策謀が一段と活気を増すことになることを警戒するという理由からであったと確信している」と述べたが、この時点で重臣の反東條気運がどれほどあったかは疑問である（『戦史叢書 大本営陸軍部〈4〉昭和十七年八月まで』）。

四二年一〇月二九日の連絡会議で、東條は議事に先立ち「「ソロモン」方面の作戦は過失なりと言う等種々の「デマ」を飛ばして「それ見たことか」と言う態度を採り密かに連絡して局面の転換を図らんとしあるいは重慶との和平を策せんとする空気を醸成しつつある等不愉快なること多し」と述べ、戦局不振にともなう反東條運動への警戒感を示した。相変わらず、どこかで企てられている陰謀におびえていたようだ。

永野軍令部総長が「左様《さよう》なことを言う奴は片端《かたはし》からふん縛ったらいいではないか」というと、

東條は「確証を握らねば不可能なり」と答えている（『戦史叢書　大本営陸軍部〈5〉昭和十七年十二月まで』）。戦争指導への批判は許し難いが、法的秩序は守るという姿勢であった。しかし戦局悪化とともに東條はこうした余裕を失っていく。

連合国捕虜の処遇

第二次大戦中、日本軍の非人道的行為として糾弾されたのが、捕虜虐待である。一九九四（平成六）年に米国の民間抑留者が行った調査では、日本軍の捕虜となった米国人三万三五八七人のうち、一万二五二六人が拘留期間中に死亡した。三七・三パーセントの死亡率は、ドイツ軍の捕虜となった米国人の死亡率一・一パーセントと比べてはるかに高い（以下、内海愛子『日本軍の捕虜政策』による）。

この悲惨な数字の背景には、日本側の自軍に対する捕虜禁止の姿勢があった。しかしそれは一九四一（昭和一六）年の戦陣訓でにわかに周知徹底されたものではない。日本は捕虜の待遇を具体的に定めた一九二九年のジュネーブ条約の批准を拒んでいた。その理由は、戦後の東京裁判における東條の「寿府〔ジュネーブ〕条約を批准することは俘虜となることを奨励する如き誤解を生じ」るという言葉（東京裁判研究会編『東條英機宣誓供述書』）に尽きるだろう。単に軍の伝統だからというだけでなく、降伏を認めれば部隊や兵士がろくに戦わず降伏するのではないかという不信感が根底にあった。

対米英戦争開始後の四二年一月、日本は米英にジュネーブ条約の規定を「準用」すると通告した。条約に従うことはないが、それに準じて捕虜を待遇するというのである。

南方各地で大量の米英蘭濠将兵が日本軍の捕虜となった。その数は南方作戦が一段落した時点で二五万人にものぼった。

陸軍は外地・本国の各地に俘虜《ふりょ》収容所を作るとともに、陸軍省内に捕虜について調査し、結果を本国へ通報する俘虜情報局、捕虜を管理する俘虜管理部を置いた。いずれも監督責任は陸相たる東條にあった。しかし、収容所へ入るまでの捕虜の監督権は参謀総長の管轄下にある各部隊にあったため、陸軍省はその状況を十分把握できなかった。

東條は捕虜労働について、「俘虜は人道に反しない限り厳重に取締り苟《いやしく》も誤れる人道主義に陥りまたは収容久しきに亘《わた》る結果情実に陥るが如きことのないよう注意を要します。また我国現下の情勢は一人として無為徒食《むいとしょく》するもののあるを許さないのでありますから、俘虜もまたこの趣旨に鑑《かんが》み、大にこれを活用せらるるよう注意を望みます」（四二年五月三〇日、善通寺収容所を管理する師団長への訓示）、「人道に反せざる限り厳重にこれを取締りかつ一日といえども無為徒食せしむることなくその労力、特技を我が生産拡充に活用する等総力を挙げて大東亜戦争遂行に資せんことを努むべし」（同年七月七日、「新任俘虜収容所長に与うる陸軍大臣訓示」）

と、厳しく臨む姿勢をみせていた。

総力戦遂行のため捕虜を「無為徒食」させまいとする東條の態度が、部下や出先に強調されて受け止められ、結果として虐待につながったのは否定できない。この問題に関する連合国からのたび重なる抗議は軽視、ないしは無視された。

本土空襲飛行士の処罰

一九四二（昭和一七）年春、捕虜の処罰をめぐる一大問題が発生した。四月一八日、日本近海に忍び寄った米軍の航空母艦から発進したB－25爆撃機一六機が日本本土各地を爆撃した。そのうち一機がウラジオストクに向かい不時着、残りは中国大陸に離脱して空中脱出などを行ったが、乗員八名が日本軍に捕獲されたのである。彼らを捕虜として待遇するのか、戦争犯罪人として厳罰に処するのかが問題となった。参謀本部はただちに処刑せよと主張したが、東條は参謀本部と協議して、処罰のための規則を作ることにした。「捕虜は丁寧に取扱いせよ」という天皇の意向に沿ったとみられる（以下、内海『日本軍の捕虜政策』による）。

法令では事後法となり処罰できないので、各軍（この場合、乗員を捕らえた支那派遣軍）に「軍律」を制定させて遡及適用させ、無差別爆撃を行ったと認定した者を国際法違反の戦争犯罪人として処罰、そうでない者を捕虜とすることにした。原案では死罪のみだったが、東條の修正で監禁罰が追加された。支那派遣軍の軍律会議は八人全員を死刑としたが、東條は「天皇のお心持を考え」て小学生を機銃掃射した三人を死刑とした。

しかし、東條自身がどこまで「捕虜は丁寧に取扱」う姿勢をもっていたかは疑問なしとしない。国内外各地の捕虜収容所で、虐待問題が多発したからである。

もっとも悲惨な捕虜の強制労働例とされるのが、一九四二年七月から四三年一〇月にかけて行われた、タイとビルマを結ぶ泰緬《たいめん》鉄道の建設工事である。外地（「帝国外」）の捕虜の労務動員は現地軍司令官の許可・命令で行い、陸軍大臣に報告するのみであったが、この工事のように多くの捕虜を使用する重要な決定は、杉山元の参謀本部と東條の陸軍省が協議してなされた。

高温多湿かつ不衛生な環境のもとで大量のアジア人労働者、白人捕虜が突貫工事に動員され、苛酷な労働を強いられた。東條は四三年五月に俘虜管理部長と医官を現地に派遣し、虐待を行った鉄道中隊長を軍法会議にかけたが、それ以上の手は打たなかった。

「泰緬鉄道の死者は、捕虜一万一二三四人から約一万六〇〇〇人、日本軍約一〇〇〇人、アジア人労働者約三万人から六万人という数字がある」という（内海前掲書）。日本側が戦後に設置した俘虜関係調査中央委員会は、鉄道建設で「多数の死者を出した責任は、建設を命じた参謀総長杉山元大将、捕虜の使用を許可した陸軍大臣東条英機大将、建設の責に任じた南方軍総司令官寺内寿一《てらうちひさいち》大将が負うべきである」としている。連合国側は彼らの責任を追及するとともに、捕虜収容所や鉄道隊の関係者を捕虜虐待の罪で裁判にかけ、処罰した。しかし、実際に計画を立案指導した南方軍幕僚たちの責任が問われることはなかった。

ところで、本土初空襲から八ヵ月後の四二年一二月、「実戦に即応せる武技錬成に関する協議会」が軍の肝いりで民間向けに開かれた。その席で陸軍省兵務課の山本中佐が「全国民は銃剣術等の武技をラジオ体操の如く普及し敵の落下傘兵ぐらいは竹槍で突き伏せる覚悟が必要だ」と力説した（『朝日新聞』一二月五日朝刊）。以後各地で竹槍訓練が実施されたが、作家の永井荷風《ながいかふう》はその噂を聞き「米兵落下傘にて地上に降立つ時、竹槍にて米兵の眉間を突く計略なりという。〔中略〕良家の妻女に槍でつく稽古をさせるとは滑稽至極《こっけいしごく》」と揶揄《やゆ》的に記している（永井『新版 断腸亭日乗 第五巻』一九四三年二月一九日条）。

敗戦後、竹槍（訓練）は無謀無能な指導者としての東條の代名詞となるが、少なくともその始まりは、本土上空に侵入した飛行機から降下した米軍パラシュート部隊ならば女性といえども彼らを地上で待ちかまえ、突き伏せるくらいのことはできるだろう、という程度の発想によるものだった。

「世界の英傑」？

開戦後の東條は、軍事的権威を背景とした「総帥」として国民に臨んだ。東條は「国民の大多数は灰色である。一部少数の者がとかく批判的言動を弄するものである。そこで国民を率いてゆく者としては、この大多数の灰色の国民をしっかり摑《つか》んでぐんぐん引きずってゆくことが大切である。大多数の灰色は指導者が白といえばまた右といえばその通りに付いてくる」と述べ（『東條内閣総理大臣機密記録』）、戦時下における指導者の果断さを重視していた。

こうして東條は力強い指導者としてたびたびメディアに登場した。政府発行の国策宣伝雑誌『寫眞《しやしん》週報』「大東亜戦争一周年」号（第二四九号、一九四二年一二月二日）は、表紙に軍装、勲章満艦飾《まんかんしよく》の東條のカラー写真を使っている。写真は「三色同時撮影による天然色写真原板から、印刷用赤青黄黒の原板四枚を作り、これによってオフセット四色刷として天然色に再現したもので、わが国のグラフ雑誌の表紙としては最初の試み」とされる（高野龍雄『智慧の部隊』）。

この表紙をめくると開戦の詔書、宮城前にぬかずく民草の写真についでカムフラージュをまとった陸軍将兵、空母上の零戦群、製鋼所、戦車工場、造船所、量産されるトラックなどの写真を見開きでそれぞれ掲載している。これは同誌編集者、そして自己の肖像の使用を許可した東條が抱いていたであろう、強力な「総帥」率いる物量戦としての総力戦像を国民に図示してみせたものに他ならない。同様の構成・表現手法は、のちの朝日新聞東京本社編『勝たずして何の我等ぞ』（一九四四年）などでも踏襲されている。

戦時中に複数刊行された東條の半生記も、東條が自己を他国の指導者に比肩する力強い航空戦の指導者、「総帥」として宣伝しようと試みたことの表れである。小田俊與《おだしゅんよ》『電撃宰相 東條英機』（一九四二年）や篁東陽《たかむらとうよう》『世界の英傑 東條英機』（一九四二年）などの一般向け評伝は、東條を「無敵空軍完成への火の如き熱意を持つ将軍」、「外面甚だ地味でヒットラーに見るような華々しさはないが、櫛風沐雨《しっぷうもくう》の試練の中にたたき上げた金剛不壊《こんごうふえ》の力を有《も》っている」（小田前掲書）などと、力強い指導者として大いに持ち上げている。

東條本人も戦勝で明けた一九四二年の元旦、宴会が終わった後一人で「ウウウーッ、ウウーッ、ウウウーッ」と突然吠えだし、その「酔っている顔は充血し、吼《ほ》えながら眼を見すえて、まさに闘魂の権化《ごんげ》そのものだった」というから（山中峯太郎『落陽』）、その気になっていたのかもしれない。

「人情宰相」

東條が威厳や軍事的権威をひけらかすだけでは、国民の全面的な信頼は得られないだろう。そこで東條の部下たちは、児童向けの図書などで「東條さんは、外見、勇猛果敢ですが、一面、非常に人情深く、一部からは「人情東條」等と呼ばれています。朝まだき、田野に微行して、牛糞をあつめる老婆に呼びかけ、あるいは、突然、馬を深川の魚河岸に馳せて、魚市場の哥兄《あにき》に質問の矢を放つ、〔中略〕その活動の目まぐるしさは、洵《まこと》に電撃宰相の名に恥じないものがあります」と東條の「人情」家ぶり、親しみやすさの宣伝に努めた（平櫛孝ほか『少国民の大東亜一年史』）。そうした「人情東條」「電撃宰相」のパフォーマンスは、紙の上のみならず、視察先でもたびたび演じられ、国民に向けて報道されていた。

東條は、雑誌や新聞などで盛んに「人情宰相」とよばれた。これは原敬と若槻礼次郎《わかつきれいじろう》の「平民宰相」（一九二六年に尼子止『平民宰相 若槻礼次郎』という本が出ている）、田中義一の「おらが宰相」、浜口雄幸《はまぐちおさち》の「ライオン宰相」というニックネームの系譜を継ぐ。みな選挙で選ばれた政党の指導者である。東條は選挙で選ばれた指導者ではないが、軍が排撃した政党指導者にならい、民意を基盤とした政治をしようとしていたのは間違いない。逆に言えば、東條にとっても民意を無視した政治は不可能になっていた。

さらにいえば、一九三〇年代の政治は、国民生活の安定に正当性を求めるものとなっていた。多くの政党政治家が不況のなかで選挙のため国民生活の救済、安定を唱え、その手段として満洲問題の解決を訴えていた。民政党の永井柳太郎《ながいりゅうたろう》は一九三二（昭和七）年、「現下の非常重大の国難を救うものは、内に経済統制の新機構を実現し、全国民生活の再建を目標とし、外に日本国民の全世界における生活権確立をその外交理想として戦い得る政党でなければならぬ」と主張していた（有馬学『日本の歴史23 帝国の昭和』）。

永井のいう「国民の全世界における生活権確立」は、この時点では満洲権益の死守を指す。前出の陸軍パンフレット『国防の本義と其強化の提唱』(一九三四年)も、「統制経済の提唱」とともに、永井たちと同様、「国民全部の活動を促進し、勤労に応ずる所得を得しめ、国民大衆の生活安定をもたらすものなること」という政策を掲げていた。

東條のニックネームは一見陳腐なようだが、こうした三〇年代政治の延長線上に位置づけられるもので、決してそこからの逸脱ではない。ちなみに、「人情宰相」なるニックネーム自体、必ずしも東條とその部下の独創ではない。すでに満洲事変時、戦死者遺族宅を見舞った荒木貞夫陸相を新聞が「人情陸相」と呼んでいるからだ(「戦死兵の家に老父をいたわる 岡山訪問の人情陸相」『東京朝日新聞』一九三三年八月一四日夕刊)。

「人情」という名の政治

東條が「電撃」的かつ重点的に慰問・視察したのは、転廃業者や戦死者遺族など、戦争で人生を狂わされた人々とその関係者であった。東條は一九四二(昭和一七)年六月一一日、国民勤労訓練所を背広姿で視察している。同訓練所は戦争で転廃業を強いられた人々の職業訓練施設であるが、ここで東條は元豆腐製造業の五八歳男性と「問 何をするつもりかね。」「答 私は老人だから郷里へ帰って守衛でもしたいと思います。」「首相 老人ではない。僕より若いよ。

まだ若いよ、しっかりやりなさい」との会話を交わした（飼手眞吾編『逞しき前進 産業戦士への道』）。この視察報告はついで「所長の案内予定は無視して電撃的に第二寮舎に入」り、「こうした仕事に当るものは役人式になってはいけません、「親切に、親切に」と繰返し指示」したという「人情」家東條の姿をことさらに強調した。

東條は一九四二年四月一日、視察先の大分県別府市で来訪した一五歳の「靖国の遺児（母も死去）」に「御供料《ごくうりよう》を呈《てい》し、同宿舎に一泊の世話」をしている（『東條内閣総理大臣機密記録』）。その後も戦死者遺児に「御霊前」「御香料」を与えている。

たしかに東條の「人情」家的振る舞いは、本人の「庶民派」的な気質に由来する面もあったのだろう。一九四二年二月二一日、東京市内の警察署や派出所、配給所などを視察した東條は「一般に関係下級官憲においてまた業者において親切気乏しく物足らざるものあり」と感想を述べている（同）。

だが、東條の視察・慰藉《いしや》が配給所や戦死者遺族に集中していたのは、それが総力戦体制に対する国民大衆の不満抑制、すなわち政治のための〝演技〟であったことを示す。

東條に間近で接していた運転手の柄澤好三郎によると、東條は民情視察に行くとき、わざと私服にハンチングをかぶって配給所に並び、近所のおかみさんとうちとけて不満や苦情を聞いていた。自分の子どもが通っている永田町の小学校の子どもたちにもニコニコと話しかけ、人気があった。「それが自然にできる人でした」という（NHK取材班『バックミラーの証言』）。

大正から昭和初期にかけて陸軍を主導した宇垣一成は敗戦後、組閣当時の東條の印象を「何かと芝居がかりの点が多い。かねて聞いていたが、東條の家は元々能狂言の筋だというから、これも尤《もっと》もだろう」（角田順校訂『宇垣一成日記 3』）と日記に記している。血筋はともかく、東條政治の「芝居がかり」は傍目《はため》にも明白だった。若いころに学んだ剣舞の影響もあってか、東條は近所のおかみさん相手の〝演技〟を苦にしなかった。

石原莞爾はよく東條とライバル視される。石原が一国の指導者として起《た》っていれば戦争は別の結果を迎えたのでは、と考える人もあろう。しかし、日本の総力戦指導者は東條以外にあり得なかったことが、ここまでの記述からわかるはずだ。傲岸不遜《ごうがんふそん》な石原にゴミ箱のぞきの演技は無理だからだ。もし永田鉄山が生きていれば、案外器用にこなしたかもしれない。

ゴミ箱のぞきも政治

本書冒頭で述べた、一九四二（昭和一七）年七月一一日の（ゴミ箱のぞきを含む）札幌視察の結果は、昭和天皇に上奏されている。東條の秘書官が作った「北海道視察に関する内奏及閣議報告資料（案）（昭和十七年七月十三日）」と題する資料には「食料はかすかす間に合いおる状況に在りと認めらる」、「石炭、炭、薪《たきぎ》等燃料の準備は充分なりと認めらる」とある（『東條内閣総理大臣機密記録』)。

東條が「上奏癖」といわれるほどに天皇への報告を怠らなかったことにより、その信任をかちえていたことは有名である。東條がゴミ箱視察の結果をわざわざ報告したのはなぜだろうか。

それは、天皇が国民の生活困窮を治安維持にかかわる重大問題とみなしていたからである。天皇が皇太子となった翌年の一九一七年にロシア革命が起こり、日本国内でも左翼運動が活発化した。一九二三(大正一二)年には無政府主義者による皇太子暗殺未遂事件(虎《と》ノ門《もん》事件)が起こっている。時の政府は治安維持法を制定して彼らを厳しく弾圧した。そのような時代に即位した天皇は治安問題に強い関心を持ち、内務大臣などにしばしば状況を報告させていた(荻野富士夫『昭和天皇と治安体制』)。開戦直前の一九四一年一二月一日の御前会議でも、原枢相が長期戦にともなう「民心の攪乱」を「最も憂うべきこと」と発言していたことは前述した。

東條自身も、第一次大戦時の独国民の飢えが敗戦につながったことを重要視していた。そんな二人にとって、民が飢えているかどうかは重大問題であった。東條はその視察を部下任せにせず、自分でやっていた。天皇にはそんな東條が好ましく見えたのだろう。

東條の別の顔

東條は、国民の目の届かない枢密院では「人情宰相」とは別の顔を見せていた。一九四二

（昭和一七）年九月二二日の行政簡素化に関する官制改正案委員会で、南弘《みなみひろし》枢密顧問官が「戦局の現状及び将来において困難あるべしと思わるる諸点」について政府に質問した（深井英五『枢密院重要議事覚書』）。「困難」の一つが国民生活に関するものだった。

東條はこの質問に「国民生活は考慮するも、その平時の標準は拒否す。限度まで耐えて貰わざるべからず。日本の国民生活状態は独逸に比して劣りおらず」と答弁した。軍人東條にとって優先すべきは戦争に勝つことであり、国民生活の維持は二の次であった。

東條は日独の国民生活を比較している。ヒトラーが第一次大戦の苦い経験に懲りて、自国民への食糧供給を占領地からの収奪により戦争末期まで維持したのは有名である。しかし島国で乏しい船舶を軍の作戦と鉱物資源の輸送にあてねばならない日本では、独国のような手段は難しかった。そこで東條みずから「人情宰相」を演じ、人々の不満を吸収するしかなかったのだ。

同委員会では深井英五《ふかいえいご》顧問官も大政翼賛会が行政と重複して、強制に等しい行動をしているのは問題で、法的根拠によらぬ官吏の強制は人民に脅威と不安を与えている、と質《ただ》した（同）。おそらく自発的であるべき寄付や貯金、金属などの供出が、翼賛会の権威をひけらかす町内会長の手で半強制的に行われていた点を指すのだろう。

東條は「官吏側に全然不妥当のことなしとは言わず」と言いつつも、「統制は已むを得ず。人民の利益に走るは不可なり」と答えた。やはり重要なのは戦争に勝つことで、「人民の利益」は二の次だった。深井は東條の反発するような答弁に不快感を覚えた。

ガダルカナル

日本海軍は一九四二（昭和一七）年六月五〜七日のミッドウェー海戦で空母四隻を失うという大敗を喫し、ここに海軍の抱いた短期決戦の夢は破れた。その報を聞いた東條が「六月七日月曜日」の執務室で「海軍がなくなってはもうお仕舞《しまい》だよ」と「目に一杯の涙」で言っていたという中原茂敏《なかはらしげとし》（陸軍省軍務局員）の証言がある（中原『国力なき戦争指導』）。七日は日曜日なのでその真否はともかく、陸相東條が海軍から参謀本部経由で極秘裏に敗戦の報を聞かされていたのは事実である。

海軍は七日、参謀本部に空母四隻喪失の報を伝え、田中新一の日記によれば杉山参謀総長が「永野〔軍令部総長〕の二年間の保障は破れた」というなど、「暗然」たる空気だったという（井上陽介「陸軍による海戦情報入手とその後の意志決定」）。

その後の米軍の反攻は早かった。同年八月七日、米海兵隊一個師団（約一万名）が、ソロモン諸島ガダルカナル島へ上陸してきた。同島に日本海軍が造っていた飛行場を押さえてニューギニアからフィリピンへ向かう第一歩とするためである。日本軍は反撃のため一木《いっき》支隊、ついで川口支隊を上陸させたが、米軍の火力の前に撃退された。そして、増援や糧食《りょうしょく》を積んだ日本軍の輸送船は米軍の飛行機により次々と撃沈された。なけなしの船舶をめぐる消耗戦が始まったのである。

そのさなか、陸海外務の事務当局は四二年一〇月二〇日、今後の戦争指導大綱決定のための基礎資料として「世界情勢判断」(案)を策定した。しかし一一月二日の連絡会議で質問百出、差し戻しとなり、結局同四日に「戦後処理に関する各国の企図判断資料」のみを作成して戦争目的、和平問題に関する資料とした。この資料は大西洋憲章の全文を引用するなど、米英の戦後構想を述べたものだが、戦史叢書は「この資料限りでは、条件和平ないしは停戦妥協による戦後処理の感を与える」、「米英を徹底的に壊滅するとか、米英に徹底的に滅亡させられるという、絶対〔体〕絶命の意識はなかった」と評している。

同書は、日本側がこの戦争を「徹底的」な壊滅で終わるととらえていなかった理由を「第一次大戦の惨害を各国とも回避するであろうという願望、連合国、枢軸国の力の均衡から勝敗は決し難いという考察」に求めている(『戦史叢書 大本営陸軍部〈5〉』)。この戦争はどちらかが壊滅するまで続くという意識の不在は、以後の日本の作戦指導や和平構想に大きく影響しているので、記憶しておきたい。

強気だった東條

ガダルカナルの戦いに直面した陸軍は「随所随所に敵の戦力を撃滅すれば、我は戦争の目的を達成することができよう」（田中新一の回想）と考えた。つまり、ガダルカナル奪回は「現に進展しつつある南太平洋正面における対米決戦を断乎戦い抜くことを意味して」いた。東條はその「決戦」のため、いち早く南太平洋での方面軍新設の必要性を強調した（『戦史叢書 大本営陸軍部〈5〉』）。いつのまにか海軍側の太平洋「決戦」戦略に引きずられてしまっている。

田中新一は、東條は一〇月下旬の攻勢失敗後もガ島奪回の姿勢を崩さず、「作戦の失敗には極度の不満を表明した。ときには自ら、人事局長を通じて申し入れたこともあった。たとえば、第一部長は自らガ島戦線に出て、直接作戦指導に任ぜよ、というようなことであった」と回想している（同）。

東條は一九四二（昭和一七）年一一月四日、陸軍統帥部から戦況の説明を受け、「悪いことだけ列《なら》べては不可、第一段作戦では目的を達成した。敵はこれが苦しいので反攻して来るのである。これを忘れて消極的悲観論になってはだめだ」と強気の姿勢をみせつつも、「要するに国力に限度があるから重点形成を必要とする」、「全兵力と資材と船舶が心配。現兵力二三〇万を超過しては人的資源上困る。船舶はどの程度可能か、民需もこれ以上圧迫できぬ」と、国力と作戦の調和が必要と述べた。

田中はこれをうけて「陸軍としてはこの間〔来年五月まで〕にソロモン方面を片付けねばな

らぬ」、「攻撃時機は一～二月ころとなるべし」、「要するにガ島は奪回す。ポートモレスビーは取ることを前提として準備することと致《いた》したし」と述べ、ガ島奪回の信念を披瀝した。これに「大臣以下陸軍省側も異存なき模様」であった（『戦史叢書 南太平洋陸軍作戦〈2〉ガダルカナル・ブナ作戦』）。このやりとりにもとづいて東部ニューギニアとソロモンの両方面を統括する第八方面軍が編成される。またこの直後の一一月一四日、ガ島へ向かう第三八師団を乗せた船団一一隻のうち六隻が米軍機の攻撃で撃沈され、一隻が航行不能となった。翌一五日、かろうじて島へたどり着いた残り四隻も米軍の攻撃で炎上、なんとか人員は上陸したものの、物資の多くが失われた。

こうした戦況をみた東條は、ガ島奪回に見切りをつけはじめる。それは一一月中旬ごろ、前出の三八師団輸送船団全滅の前後とみられる。一一月一二日、ソロモン方面への陸軍戦闘機二個戦隊派遣が決定した際、東條はこれを了承しつつも、「最後まで補給を続けることはできぬかも知れぬと暗に掣肘《せいちゅう》を加えた」という（『戦史叢書 大本営陸軍部〈5〉』）。東條は本来独立すべき統帥事項に介入していた。

ガダルカナル戦を通じて、東條率いる軍政当局は統帥部に「「道楽者が家計を乱す」の感」を懐《いだ》き、逆に統帥部側は「やるべき時にやらねばならぬ、戦力造成の努力をせず、出し惜しみをする」という不満を募らせていった。

ガ島攻防戦の間、常にネックとなったのは陸海軍輸送船舶の補充であった。一二月五日の閣議で、陸軍統帥部の要求した来年一～三月の損耗補塡《ほてん》量一六・五万トンには応じず八・五万トンだけ認める、右は来年四月中の一八万トン解傭《かいよう》を条件とする、と決定された。要求を認められなかった田中第一部長は憤激し、佐藤賢了軍務局長と殴り合う事態に発展した。田中は東條陸相に直訴したが、東條は応じなかった。ついに田中は東條に暴言を吐き、更迭されるにいたった。佐藤は「「統帥には正面から干渉するようなことをしないで、船舶で締めましょう。すなわち攻めるには足らず、退くに必要なだけの船舶をやるのです」と東條陸相に進言し、船舶でガ島作戦を控制《こうせい》しようとした」のである（同）。

この態度は田中たち統帥部側からみれば、「〔東條の〕政府は戦争指導の大局を忘れ、ただ物動をふりかざして消極的ブレーキの働きをしたにすぎない」（同）ということになる。

天皇の権威を利用

一二月九日、大本営と政府は、今後「御前における大本営政府連絡会議」をしばしば開催することを了解した。これまで、いわゆる御前会議と呼ばれていたものは、一九三七（昭和一二）年一一月一九日に閣議決定された、「大本営政府との連繋に関する件」に基づく「御前における大本営政府連絡会議」であった。

しかし東條は「戦争指導上重要国務に関し、しばしば天皇御親裁《ごしんさい》の実を仰ぐこと」や「天皇輔弼《ほひつ》の責任を有する大本営政府の一致、戦争完遂に関する決意と覚悟を鞏固《きょうこ》にする必要あること」を理由に、より軽易に開ける「御前における大本営政府連絡会議」を設置した。従来の「御前会議」との違いは枢密院議長が参列しないことである。よくいえば首相として天皇の権威を背景に戦争指導上の意志決定の迅速化をはかったといえるが、悪くいえばあれこれと質問してくる枢密院議長を外した、ともいえる。

東條は自分と天皇との関係について、旧知の新聞記者・高宮太平《たかみやたへい》に四三年一月ごろ、「総理大臣なんて偉いように見えるだろうが、東条個人は君も知っている通りの男だ。この男に天子様の御信任というものがあって、はじめて輝くのだ。月だよ」、「やめて責任を解除してもらうことはできるが、いまさらそれをお願いもできない」とぽつんと言ったという(高宮『昭和の将帥』)。東條は続けて「海軍とうまく行かないんだ。陸海軍が対立抗争するようでは、戦さはできない。上の方では話がついていても、下に行くほどこんがらがる。どうにも、手がつけられない。陸軍大臣の威信もおちたものだよ」とさびしく自嘲した。

四二年一二月一〇日、東條は六日後に南方の左遷先へ向かう田中と会談、「南太平洋方面は、なるべく早く収拾することが肝要である」、「島嶼《とうしょ》飛行場と飛行機で太平洋の制圧はできる。特に太平洋方面は航空機によってのみ国防が可能である」と「先般来のしこりを拭い去って、和やかな雰囲気のうちに」話し合ったという。田中もついにガ島撤退、戦略転換も止むなしと認めたのである（『戦史叢書 大本営陸軍部〈5〉』）。今後の戦略上、飛行機が重要視されている点に注目したい。

鉄をめぐる陸海の対立

一九四三（昭和一八）年春、陸海軍は一九四三年度物動計画の折衝で鉄の配分をめぐって鋭く対立した。四月に入っても海軍案は陸軍九五万トン、海軍一〇五万トンの傾斜配分を、陸軍は折半を主張した。東條、嶋田両大臣の折衝でも東條が「九五万トンでは不足で最小限一〇〇万トンなければ軍需動員も成り立たない」と主張すれば、嶋田は一〇五万トン案を固執して譲らなかった。

東條はこの会談で「開戦前の陸海軍の比率は陸軍は身を切る思いで忍んだが、その欠陥が対ソ作戦準備に出てきている。対ソ作戦準備の弾薬三五～三六師団会戦分を喰わねば損耗補塡ができない。新設十数コ師団の火砲百数十門は現に作戦中の支那派遣軍のものを抽出しつつある。これ以上忍ぶことは不可能である」と述べ、陸軍としての立場を露骨に主張した。東條はこの段階でもなおソ連との戦争準備に注力しようとしていたのだが、一方で既得権の維持理由を対ソ戦備に求めたともいえる。

佐藤軍務局長は「この問題で海相が辞めて海軍が大臣を出さねば一時首相が事務管理をやり、物動決定後大臣を決める手もある」が、戦時下の内閣倒壊は何としても避けようとした。最終案として陸軍九六万トン、海軍一〇四万トンで海軍と交渉し、物別れのままでは内閣は瓦解すると強調した。海軍も一応納得した。閣議決定をみたのは四月三〇日だった（『戦史叢書 大本営陸軍部〈6〉昭和十八年六月まで』）。

東條は鉄のみならず船舶の配分をめぐる陸海軍の対立にも直面した。四三年六月二九日の連絡会議では「〔陸海〕両統帥部のいわれる如く作戦は困難と思うが長期戦遂行のため本年の物動に支障をきたすと来年に影響を及ぼすに至る。現戦線が国力以上に延びすぎているのは認めるがお互いに無理を覚悟でやってもらいたい」と述べ、調整に大いに苦慮していた。「本年の物動に支障」というのは、陸海軍に船を配当するとそのぶん資源を本土へ運ぶ船腹が減り、結果として鋼やアルミの生産量が減ってしまうことを指す。

航空戦と東條

一九四三（昭和一八）年六月、東條は陸相として航空軍備の超重点化を下令した。制空権が取れず、補給や増援を送れなかったために敗れたガダルカナルの戦いに鑑《かんが》みての決定であった。東條は陸軍大臣でありながら、その職権を行使して統帥部の作戦に介入していった。部隊や物資を運ぶ船舶の量を決定する権限は東條にあったからである。先に述べたように、ガダルカナル島への増援を行う船舶の量をめぐって東條と参謀本部は対立した。船舶増配を叫ぶ田中新一第一部長は四二年一二月六日に首相官邸で東條と激論し、「馬鹿野郎」と面罵《めんば》して更迭された。

このエピソードだけだと、東條が硬直した思考の参謀本部相手に柔軟な戦争指導をしていたようにみえる。しかし事実は逆であった。東條は初期にソロモン・ニューギニア方面を統括する第八方面軍の新設の必要性を説くなどの「卓見《たつけん》」を示す一方、「如何《いか》なることがあってもガダルカナルは放棄しないだろうなと二、三回念を押したことがあった」という（西浦進『昭和戦争史の証言』）。東條から念を押された参謀本部作戦班長の辻政信《つじまさのぶ》中佐の「船舶の要求は更に猛烈を極めた」。西浦は、参謀本部がガダルカナルからの撤退を頑として受け入れなかったのは、強気な東條に対する意地の張り合い、面子があったとみている。

東條は、ガダルカナル戦でもうひとつの「卓見」を示していた。同方面の制空権確保の重要性である。辻政信参謀がガダルカナルの現地へ飛び（九月二五日ラバウル着）、強引な作戦指導を行ったのはよく知られているが、そのきっかけとなったのは、東條が「陸相としてたいへん出すぎた言い分ではあるが、この方面（東南太平洋）の作戦は楽観ができないような気がするよ。心配でならぬ。君は総長に申しあげて、なるべく早く、この方面の現地の作戦指導をやってくれんかなあ……。ラバウルから南にも西にも島が続いているのに、どうしたことか飛行場が続いていていない。これでは制空権も制海権も失うようになりそうじゃ」と言われたことにあるという（辻『ガダルカナル』）。東條は、ガ島作戦における制空権確保の重要性を、控えめながらも陸軍部内でいち早く指摘したのである。

戦史叢書はガダルカナル方面への陸軍航空隊投入問題について、「陸軍大臣東條英機大将は特別の関心をもっていた。航空総監、航空本部長の経験があり、戦争推移に全責任を負っている同大将の航空重視の感覚は絶対的のものであった」（『戦史叢書　東部ニューギニア方面陸軍航空作戦』）と評している。

しかし東條はかならずしも投入に積極的な態度をみせなかった。軍令の立場からは早期投入が望ましいが、軍政の立場からは戦力を浪費したくないし、部内からの反対論も強い。こうした葛藤が東條にはあったのではないか。

結局ソロモン・ニューギニア方面への陸軍航空隊投入は、「陸軍航空を出せないのか」という天皇の三度にわたる指示により実現した（山田朗『昭和天皇の軍事思想と戦略』）。第八方面軍の指揮下に第六飛行師団が置かれ、一九四二年一二月末からラバウルでの戦闘に参加した。第六飛行師団は翌年四月に東部ニューギニアへ移転、後続の第七飛行師団とともに東部ニューギニアで米軍の侵攻を阻止すべく、激しい航空戦を繰り広げていく。

開戦当初のマレー航空戦を指揮し、その後航空士官学校長に転じた遠藤三郎は一九四二年一二月三〇日、「陸軍航空の組成変換に関する意見」を参謀総長、陸軍大臣に提出した。内容は「陸軍航空は一切を挙げて新鋭戦闘機に徹底するを要す　戦闘機に転換し得ざる大型機に属するものはこれを海軍航空に移譲す」というもので、物量に劣る日本軍には米英軍のような戦闘機と爆撃機の二本立ての軍備を持つ余裕はない、日本軍の大型爆撃機は対艦船攻撃以外に使い道がないので海軍に集中させ、陸軍の飛行機はあらゆる敵機を攻撃し制空権を確保できる戦闘機に集中し、必要に応じて爆弾を積ませ地上攻撃に用いたらよい、と説くものだった（遠藤『日中十五年戦争と私』）。

この意見書は「参謀本部の額田〔坦〕総務部長からは「遠藤は独立の空軍を作ってその最高指揮官を狙っておる」と中傷され採用の様子は見えませんでした」と、遠藤は回想している。しかし実際には、東條はこの献策を採用し、陸軍の航空軍備は戦闘機に重点化されている。遠藤は航士校長から、航空行政の中核を担う航空本部総務部長兼航空総監部総務部長へと転任となった。軍人たちが戦後に記した回想には、東條と合わなかったり嫌われたことを、ある種の勲章であるかのように強調しているものが複数みうけられる。

東條は開戦から約一年のあいだに武藤章と田中新一という二人の実力者を南方へ左遷した。田中の行動についてては苦境を逃れんとして自ら打った芝居との評もあるが、それはともかく、東條は自己の後継者を相次いで追放したともいえる。この行動は巨大組織のトップとしてふさわしいとはいえないが、本人は気にしていなかった。なぜなら自分でやった方が仕事は早く進むと考えていたからだ。

米国の戦意に注目する

一九四三（昭和一八）年二月二七日、連絡会議は前年一一月七日に決定したものに替わる「世界情勢判断」を決定した。「米英の戦争遂行能力」について「米は戦時兵力概《おおむ》ね七〇〇万を維持すること可能なるべく差当り人的資源に困窮することなかるべし」、「米の戦争遂行能力は一両年中に概ね頂点に達するならん　但し海軍力は昭和二十一年頃まで更に上昇すべし」との見通しを示しつつも、「帝国にして茲《ここ》一両年の間に万難《ばんなん》を排して自彊《じきよう》不敗《ふはい》の政戦態を確立し独伊と提携して為し得る限り積極的なる屈敵手段を講じつつ今後相次《あいつぎ》て起るべき米英の対日反攻に対処し随時随所に敵の戦力を撃滅するにおいては遂には米英の戦意を喪失せしめ我は充分戦争目的を達成し得《う》べし」と結論づけた（『戦史叢書　大本営陸軍部〈6〉』）。

東條は審議のさい「米の弱点は船舶問題特に精神的方面に在り　国内分裂ならびに厭戦《えんせん》気運の醸成が茲両三年の弱点にあらざるや、人的資源も必ずしも余裕綽々《よゆうしやくしやく》たりとは謂《い》い得ずと思うが如何《いかに》」、「本世界情勢判断を通覧するとどの手で敵に勝つのかはっきりしない感想を持つ」と、強気と弱気の入り交じった感想を述べた。

この日、東條は「従来の英を屈伏さすという戦争指導方針に再検討を加うる必要あるが如く思わるるが如何」と質問し、海軍の伊藤整一《いとうせいいち》軍令部次長は「以前考えていた戦争指導のやり方を何か変える必要があるように思われる」と答えている。

翌二八日、参謀本部の部長会議で杉山参謀総長は、対英本土上陸を敢行しない限り英は屈伏しないだろう、外務大臣は米国には精神的な弱点があり、労働問題、選挙問題などもあり「案外脆弱性《ぜいじゃくせい》を包蔵《ほうぞう》しあるを以《もっ》て案外脆《もろ》く戦争意志を放棄することあるべし」と判断している、ゆえにまず英を屈伏させてその後に米の戦争意志を放棄させようとする従来の考え方を変更し、「寧《むし》ろ米国の精神的破綻を重視し先《ま》ず米国の戦意を喪失せしむる如く施策する必要」が起こってきたと思う、と述べた。統帥部は東條の提案に沿って、まず英の屈服、ついで米の屈服という「以前考えていた戦争指導のやり方」を転換させたのである。

問題はどうやって米国の戦意を喪失させ「精神的破綻」に追い込むかである。杉山は「物動計画が改善せられざる限り武力戦に期待を掛くるは過望《かぼう》なり　独伊と連繫《れんけい》し政謀略を最大限に発揚すべきなり」と述べ、国際的「政謀略」に期待をかけた。それが具体的にどういうものだったのかはわからない。たぶん杉山自身にもわかっていなかっただろう。しかし、もともと独伊を当てにせず日本単独でも戦い抜くと主張していた東條は、別の方向からその策を講じることになる。

海軍に引きずられたのが間違い

ガダルカナル戦以降、首相兼陸相の東條は、国務と統帥の一致に悩むことになった。そんな一九四三（昭和一八）年九月、第一七師団のラバウル派遣問題が生じた（以下は『東條内閣総理大臣機密記録』冒頭に収録された東條のメモによる）。

海軍は南太平洋航空決戦の拠点たるラバウルの防御を固めるべく、参謀本部に第一七師団の派遣を要請した。杉山の参謀本部はこれに応じ、東條に同意を求めた。その理由は「本問題は既に下僚《かりよう》において内連絡の結果、出先にも大に期待し、殊に海軍連合艦隊側の切なる希望もあり、海軍として是非その派遣を懇望《こんもう》し来りおること一再ならず。陸海軍の関係を円滑ならしむるため、これに同意することに致したし」（九月七日のメモ）、つまり陸海軍の下僚同士が勝手に約束してしまい、いまさら反故《ほご》にすれば陸海軍の仲が悪くなるから、というものだった。

東條は派遣に反対であった。すでにソロモン・東部ニューギニアへ数個師団をつぎこんだのに、敵の上陸地点を一つも奪回できていない。補給が続かず、兵を飢餓と弾薬の欠乏に陥れている。これは陸軍の士気、統帥部に対する国民の信頼にかかわる。一七師団をラバウルへ出しても同じ轍を踏むだけだと思ったからである。しかし作戦を統括する杉山がどうしてもというならそれ以上は反対できず、仕方なく同意した。

東條に言わせれば、そもそも海軍の懇請《こんせい》に幻惑されて陸軍の空陸戦力をソロモンまで出したのが間違いであった。ミッドウェー敗戦の時点で「戦略守勢態勢に転移すべき」（五月二一日のメモ）であった。東條メモには、ガダルカナル戦で参謀本部に「守勢」どころか攻勢に出よと唱えていた点への反省は書かれていない。

先に述べた、東條の「陸軍大臣の威信もおちたものだよ」という自嘲《じちょう》は、おそらくこのような下僚の独走を制御できなくなっていた点を指すのだろう。九月七日に東條が第一七師団のラバウル派遣を内奏すると、天皇は「従来の如き補給を絶し、朕が将兵を飢餓に陥らしむるが如き事は、義は君臣情は父子にして忍れざる処なり」と侍従武官長を通じて述べた。杉山と海軍のせいで陸軍が天皇に叱られた。この思いが翌四四年二月に杉山を参謀総長の座から追い、みずから取って替わる伏線の一つになっていたのではないか。

大東亜省設置問題

広大な南方占領地の経営について、興亜院、陸軍省、企画院、海軍省は一九四二（昭和一七）年三月一〇日、外務省を改編して「外政省」または「興亜省」を設立し、政治、経済など対外政務を一本化するとともに、「外政省」の機能の一部（または大部分）を大本営に編入し、現地機関を陸海軍部隊の下に統合一元化するという案を成立させた（波多野澄雄『太平洋戦争とアジア外交』）。

内閣は同年七月中旬、大東亜地域内の諸国と新領土に対する一切の「政務（純外交を除く）」の一元的統括機関として「東亜省」を新設する案を作成した。「純外交を除く」は「外交一元化」を唱えて興亜省案に反対する東郷の外務省への配慮であるが、「「所謂侵略戦争」との非難を浴びないためには、戦争遂行と大東亜防衛上の理由によって最小限「把握」すべき地域を除き、主権尊重あるいは早期の独立承認の原則をもって占領地統治にあたるべきである、との持論」を有していた東郷には受け入れられないものであった。しかし東条はこのような議論を受け付けなかった。結局、東郷は単独辞表を提出し、後任外相に谷正之《たにまさゆき》が就任した。

大東亜省の新設は、のちに東條内閣の外相となる重光葵《しげみつまもる》駐華大使にとっても「一種の植民省的機構」であり、受け入れがたいものであった。重光の掲げる「対支新政策」の眼目の一つが「華北の「特殊性」」を漸次減少させることであったにもかかわらず、大東亜省案は、蒙疆、華北の「特殊性」を相変わらず前提としていたからである。

大東亜省設置案は九月中旬、枢密院の委員会にかけられた。竹越与三郎《たけこしよさぶろう》顧問官が「政府の真意は大東亜圏内の諸国を凡《すべ》てデペンデンシー〔従属国〕として取扱いたしというにあるものの如し」と批判するなど、委員の大半は反対だったが「この際政変を起すは好ましからざるを以て、深刻なる懸念と強き希望とを附記表明」して原案可決された（深井英五『枢密院重要議事覚書』）。

大東亜省設置案は一〇月二八日の本会議でも紛糾した。深井顧問官は「総理大臣の説明要旨は大東亜全域を通じ、独立国たると占領地たるを問わず、その各自の力を帝国のために寄与せしむべきことを強調しおれり」、「寄与といえば犠牲を払うの意味に一応聞ゆることを免かれず」、大和民族はそれで納得するだろうが、大東亜諸民族は日本のために犠牲を払うのを納得せず、ことに多数を占める中国人の離反を招くのではないか、と質問した。要は汪兆銘政権を従属国扱いにしてはいないか、というのである。

東條はまたしても「頗《すこぶ》る昂奮の気色」で「支那等に対する我が関係は家長と家族との如し。寄与とは協力を意味するものにして、不当にあらず」と反論した。

石井《いしい》菊次郎《きくじろう》顧問官も反対論を展開した。石井が「外交を二つに分界するもの」と批判すると、東條は「我が外交は大東亜圏内とその外とにより正に二つに分かれおるの実情にして、その措置を異にするは当然なり」といい、「外交の相手は必ず対等者として処遇せざるべからずとするが如きは古き観念なり」、「かくの如き観念は排斥す」と「卓をたたきて叱咤《しった》」した。深井は「御前会議としては珍らしき光景ならん」と書いている。つまり東條は天皇の面前で机を叩き、大声を上げていたのである。東條は会議を重視したが、枢密院についてはすでに「廟議」で決めたことにうるさく文句をつけるだけの存在と疎ましく思っていたようだ。顧問官たちも別に東條に遠慮する必要がないので時に小馬鹿にしていた。

竹越顧問官は「今日は甚だしく昂奮の空気を生じたるが」、「最早《もはや》議論を止め、冷静に経過せんことを望む」と述べた。「東條総理大臣の狭量を嘲笑するの気分顕然」であった。東條は「余は昂奮せず。輔弼の責任を重んずるのみ」と弁明した。

本会議は午前一〇時から午後五時一〇分までと異例の長さで行われ、石井一人の反対により可決された。それは東條が「数次補弼の責任に言及」、つまり否決されたら辞職するとほのめかしたからであった。深井は、東條が昂奮したのは枢密院の陰に倒閣の動きがあると疑っていたからとみた。そして「政治家たるものは反対傾向の意見をも融和的に解釈するを利とすべきに、東條大将は必ずしも反対ならざるものとも殊更《ことさ》らに抗争して対立的の関係に導かんとす」と批判した。東條は「政治家」にはおよそ向いていないというのである。

かくして四二年一一月一日、大東亜省が発足した。枢密院本会議で石井顧問官は、大東亜地域の戦争協力の問題に対処するため「大東亜会議」の開催を提案、東條は「研究」を約束した。これが四三年の大東亜会議開催につながる。

昭和天皇は一九四六年二月一二日、侍従次長の木下道雄《きのしたみちお》に「要するに、彼は、近衛の聞き上手で実行しないのに反して、聞き下手で直ぐ議論をやるから人から嫌われるのであろう」と東条評を語っている（木下著、高橋紘編『側近日誌』）。枢密院で逆上する東条の姿を直接見ていたことが、こうした評価になったのではないだろうか。

中国の面子に配慮

枢密顧問官たちは、東条の大東亜省設置案に対し、中国（汪兆銘政権）を属国扱いにしてその離反を招くものだと批判した。だが、ガダルカナル戦後の参謀本部では、日本が中国に持つ利権の放棄によって汪兆銘の政治的立場を強化させ、対日協力を促進させようとする動きが出ていた（波多野『太平洋戦争とアジア外交』）。利権とは在華敵産（米英が中国に持っていた財産）の南京政府への移管、在華日本租界の還付、上海・厦門《アモイ》の共同租界の移管などである。

一九四二（昭和一七）年一〇月三〇日、大東亜省官制を上奏した東条に、天皇は三つの「御言葉」を下した。軍人の一部に「力で押して八紘一宇《はっこういちう》を具現《ぐげん》せんとするが如き誤れる考え方」を持つ者がいるので注意せよ、大東亜省設置については枢密院で傾聴に値する議論があったので留意せよ、そして「西洋の外交は中身を浚《さら》って箱を残すが、日本の外交は箱を浚って中身を残す。支那人の心理は中身は浚っても箱を残して貰いたい」というのを聞いたが、外交上味わうべき言と考える、の三つである。波多野澄雄は、これら三つの言葉には「大東亜省設置を機として、中国をはじめ大東亜に関する政策の再考を暗示する内容が含まれ」ていたと指摘する。

東條は中国側の面子に配慮せよという天皇に、それは初めてうけたまわった、「今後何かにつけこの点に遺憾なからんことを期す」と応じ、以後汪兆銘政権への態度を変化させていく。これを当時「対支新政策」と呼んだ。驚くべきことに、東條にはそれまで中国側の「面子」に配慮するという発想が皆無だったらしいのである。

翌四三年一月九日、南京政府は英米に宣戦を布告し、日本は「中華民国の主権尊重」の立場から租界の返還、共同租界の回収、治外法権の撤廃などについて協議に入ることとした。その二日後、蔣介石政権は英米との間に新条約を結び、一九世紀以来の不平等条約は撤廃された。

四三年一月一四日の連絡会議で決定された「占領地帰属腹案」は、ビルマとフィリピンを独立国とし、その他は「追て定む」とした。五月三一日の御前会議は「大東亜政略指導大綱」を決定してビルマ（英領）、フィリピン（米自治領）の独立を定める一方、「マライ」〔英領〕、「スマトラ」、「ジャワ」、「ボルネオ」、「セレベス」〔いずれも蘭領〕は帝国領土と決定し重要資源の供給源として極力これが開発ならびに民心の把握に努む」とされた。

この大綱に沿って八月一日にビルマが、一〇月一四日にフィリピン共和国が「独立の栄誉を与え」（四二年一月二一日、東條の議会演説）られることになった。

ところで、四二年二月の連絡会議で海軍はビルマ、フィリピンの独立問題について「独立の字句は朝鮮独立問題に適用せらるる虞《おそ》れもあり止めては如何《いかが》」と述べている。東條はすでに議会で独立を認めると演説しているのでできないとし、「朝鮮人は真の日本人なるが故に問題とするに足らざるべし」と述べた。同じころ、大東亜建設審議会で久原房之助《くはらふさのすけ》委員が朝鮮独立論を展開すると、東條は「朝鮮の問題にふれることは、自分の立場上できない」と応じた（波多野前掲書）。日本人と朝鮮人は同一民族であるから独立などはあり得ないというのが、東條の用いたロジックであった。

かくして一九四二年一一月、大東亜省設置と共にそれまで朝鮮と台湾などを管轄してきた拓務《たくむ》省が廃止され、朝鮮と台湾は内務省の管轄下に置かれて「内地」となった。兵役法の改正により、四四年に朝鮮人に、四五年に台湾人に兵役義務が課せられた。

駐兵を「捨てる」

東條は一九四三（昭和一八）年四月二〇日の内閣改造で「対支新政策」のため駐華大使の重光を外相に、外相谷正之を駐華大使に任命した。あわせて大東亜諸国の民心をつかむべく、大東亜会議の開催を決めた。

会議に対する東條の意図が民心離反防止にあったのに対し、重光は戦後の国際秩序構想ともいえる「大東亜国際機構」創設の第一歩と位置づけていた（波多野澄雄『太平洋戦争とアジア外交』）。もっとも大東亜諸国を対等・平等視する重光の機構構想は、陸海軍統帥部や大東亜省の反対により実現しなかった。

四三年八月、大東亜、外務、陸海軍各省、参謀本部は日華基本条約の改定協議をはじめた。そこでは「華北・蒙疆における防共駐屯、治安駐兵、船舶部隊の駐留は廃止、防共、治安、慣例等に基づく駐兵権は「一切これを要求するものに非ず」という方針が確認され」た。

基本条約にかわり新たに結ばれる日華同盟条約では、「両国間の全般的平和克復し戦争状態終了した」時の「中華民国領域内に派遣せられたる日本国軍隊」の撤去、北清《ほくしん》事変で得た駐兵権の放棄（附属議定書第一条）が明記され、戦後における完全な撤兵が約束されることになった。

東條は、一〇月二二日の枢密院審査委員会で「前《さ》きには〔日華基本条約締結時には〕支那を圧迫するの必要ありたるも、今はそれよりも民心を引付くることを重要とす。権益思想よりいえば惜《お》しきものあり。これを大目的のために捨つ」と発言した（深井英五『枢密院重要議事覚書』）。南弘顧問官はこの発言に「もし当初よりこの心持を以て措置せば、支那問題は起らざりしやも知れず」と皮肉を述べたうえで「本条約において軍事上突込んだる規定を必要とせざりしや」と質問した。陸軍がこれまで固執してきた駐兵について、何か条約に書いておかなくて本当によいのか、との意味である。

東條は「事実として支那に日本軍あり。大東亜戦争協力の具現なり。戦後は勝って仕舞えば心配なし」と答えている。東條にとって、日中の対等条約はあくまでも戦争に勝つための方便であり、「勝って仕舞えば」駐兵問題などは何とでもなるというのであった。

四三年一〇月三〇日、日本は汪兆銘の中華民国政府と日華同盟条約を結び、租界の返還などを約束した。

この条約締結に先立つ九月二二日、東條は来日した汪兆銘と会談、「重慶側において英米と手を切ったという前提条件が満たされ真に全面和平ができたなら、日本は約束通り撤兵すると申されて一向差支《さしつか》えありません」と約束して重慶との仲介を頼んだ（『東條内閣総理大臣機密記録』）。重慶との和平が成功すれば駐兵を諦めると公言したのである。もちろん「勝って仕舞えば問題なし」などというはずがない。

汪は「この一句が事態の収拾に如何に重大かつ有益であるか解りません」、「重慶といえども抗戦の意義を失った以上英米と手を切るに至るでありましょう」と応じたが、内心どう思っていたかはわからない。

東條は条約締結後の一一月二日、汪に向かって「この前にも申した通り、日本は政府も、公私の人々も重慶相手には何事をも致させぬように命じてあります。御国の国内問題として重慶の問題は閣下を通じてやって戴きたいのであります。前にも申した通り日本人には対重慶の問題は決してさせぬように厳に申し付けてあります」と述べ、天皇の指示通りに汪の面子を重んじる態度を示したが、遅きに失したというべきだろう（同）。すでに日独の劣勢が明白な情勢下で、蔣介石が米英と手を切ることはなかったからだ。

評論家の清沢洌《きよさわきよし》は、日華同盟条約締結の報に「重慶工作の一部と見るべきだが、重慶は断じて動じまい。この事を二ヵ年前に実行すれば日支事変も解決し、大東亜戦争も起らなかった」と同年一〇月三〇日の日記に書いている（清沢著、橋川文三編『暗黒日記 1』）。確かに対米戦争の直接的な引き金は中国大陸からの撤兵問題にあったので、この指摘は妥当といえる。

アジア外遊

東條は日本の現役首相として外遊した初の人物である。一九四三（昭和一八）年三月一二日に華中を、三月三一日に満洲国を、五月初旬にフィリピンを訪れている。続いて六月三〇日から七月一二日にかけてタイ、ジャワなどの南方各地に出張している。

東條は四三年五月六日、フィリピン・マニラでは三〇万もの群集を相手にたった一人で演説を行った。中野聡は帰国後の東條が海軍の反対を押し切りフィリピン独立を進めたことについて、「東條首相もまた「自主独立」に向けて勢いよく立ち上がるアジアの「他者」に圧倒されたひとりの平凡な日本人であった」と考えることができるなら、「結局、正義と自主独立を語る「他者」に対して調子を合わせる以外にできることはあまりなかった」のではないか、と述べている（中野『東南アジア占領と日本人』）。

確かに、東條は帰国後「「比島民衆は知らず識《し》らずの間多年の毒手に酔わされて」きたが今や日本の指導下で「比島本来の使命に目覚め」つつあると礼讃」する談話を発表した。東條にとって、この時点での戦争はまぎれもなくアジア解放の戦争であった。フィリピン側が日本の要求する対米英参戦を一年近く引き延ばし、かつ明確な「宣戦」ではなく「戦争状態に入りたる旨」の宣言という曖昧な形で処理できた（後藤乾一「東条英機と「南方共栄圏」」）のは、当初「大東亜」諸国を抱き込むつもりで外遊に出発した東條が、逆にフィリピンというアジアの「他者」に圧倒された結果かもしれない。

大東亜会議

東條がフィリピンより帰国後の一九四三（昭和一八）年五月三一日、先述のように御前会議で「大東亜政略指導大綱」が決定された。日満華の連携強化、ビルマ、フィリピンの独立とともにマレー、スマトラ、ジャワ、ボルネオ、セレベスを「帝国領土と決定し重要資源の供給源として極力これが開発ならびに民心の把握に努む」とされた。さらに「牢固たる戦争完遂の決意と大東亜共栄圏の確立とを中外に宣明す」るため、大東亜会議の開催が記された（『戦史叢書 大本営陸軍部〈6〉』）。

重光にとって大東亜会議で採択する大東亜共同宣言は「アジア諸国家の主体的な連帯と建設のための綱領であると同時に、日本の「公正なる戦争目的」を連合国側のそれに「相対」させる、という意味をもっていた」（以下、波多野澄雄『太平洋戦争とアジア外交』による）。重光は外務省内で宣言内容を検討させた。外務省内では米英の大西洋憲章に対抗しうる「戦後アジアの国際秩序建設の諸原則」たらしめんとする意見が大勢を占めた。

大西洋憲章は、一九四一年八月に英米が発した共同宣言である。そこには、両国は領土の拡大を求めない、すべての国民の政体選択の権利を尊重する、「大国たると小国たるとまた戦勝国たると敗戦国たるとを問わず一切の国がその経済的繁栄に必要なる世界の通商及原料の均等条件における利用を享有することを促進する」などとうたわれていた。すなわち、領土拡大の否定や民族自決、自由貿易と経済協力の推進など、独伊の打倒後を見据えた新しい世界秩序構想であった。

この外務省内の議論で、松平康東《まつだいらこうとう》条約一課長が「米英の大西洋憲章は戦後の目的、戦後の処理を規定するものなるが大東亜のものは戦力増強に直接役立つものたらざるべからず。大東亜の結集というも結局は勝利のための結集なり。その意味において日本が大西洋憲章式のものをその宣言に取り入れ得るや疑問なり」、「大西洋憲章式の考えにてこれを作る時は後々動きの取れぬこととなる心配あり」と述べていたのは注目される。戦後構想としての大西洋憲章に匹敵する自由や平等の理想を日本も語ってしまうと、戦後（それは日本の勝利に終わるはずのものである）それに拘束されてしまい、大東亜地域から必要な利益を得られなくなるのではないか、というのである。これは東條たちの考えに近い。

このとき松平が「また大東亜の建設ということ以外に日本が世界に対し創造的なるものを有するや否やは甚だ疑問なり」とも述べていたのは興味深い。日本には、世界に向かって語れるような普遍的かつ「創造的」な理想や価値観はない、と言っている、すなわち英米に対する思想的敗北を自認したのに等しいからだ。

もっとも外務省の議論の大勢は松平に批判的で、「従来のままに「大東亜共栄圏」構想を繰り返すことは、いかにも「エクスクルーシヴ」〔排他的〕な印象を与え、説得力に欠ける、という認識」でまとまっていた。

外務省は大東亜省や陸海軍などと折衝を繰り返したが、「人種的差別を撤廃し」という文言が陸軍省軍務局の強い希望で挿入される一方、「進んで資源を開放し」という文言が海軍の反対で削られ（のち最終的に復活）、大東亜省の主張で「大東亜各国は相提携して大東亜戦争を完遂し大東亜を英米の桎梏《しっこく》より解放してその自存自衛を全うし」との文言を含む「前文」が追加されて戦後構想的な性格が弱まるなどの変更が加えられた。

重光にとって、大東亜共同宣言は「連合国側が追求する国際秩序の理念——大西洋憲章に日本の戦争目的を「相対」させることによって、戦いの事由を消滅させるという、迂遠《うえん》な「和平の基礎工作」の意図を秘めた「外交攻勢」でもあった」。「迂遠」というのは、当時の日本国内では重光といえども公然と「和平」を口にすることはできなかったからである。そのような重光の意図を、東條や陸海軍、大東亜省は理解できなかった、もしくは理解する必要を認めていなかったのである。

結局、宣言は戦争遂行のための自国内向けプロパガンダとも、世界へ向けた「外交攻勢」ともとれる玉虫色のものになった。

大東亜共同宣言

一九四三（昭和一八）年一一月五日に開会した大東亜会議には、満洲国国務総理・張景恵《ちょうけいけい》、南京政府行政院院長・汪兆銘、ビルマ国行政府長官バーモウ、フィリピン国大統領ホセ・ラウレル、タイ国首相代理ワンワイ・タヤコーン親王が参加した。このほか自由インド仮政府主席チャンドラ・ボースが陪席者として出席した。

タイのピブン首相は、東條がシャン地方二州（旧英領ビルマ）のタイ編入、マレー四州の失地回復という「土産」を与えたにもかかわらず、健康上の理由を挙げて参加しなかった。戦前からの独立国だったタイは他の国と一緒に扱われるのを避けたい、英米と日本の間で可能な限り中立を保ちたい、という方針があったという。怒った東條は連絡会議で「泰国《タイ》に二、三師団増派し得ざるや」と参謀総長に提案している。

四三年六月二六日の連絡会議で、前記のマレー四州のうち、トレンガヌ州は資源有望地のため全土をタイに割譲するのは好ましくないとの意見が出た。しかし東條は「現地に出張し政治的遣り方に依《よ》り「ピブン」を抱き込みたし」と述べ、自分に領土問題を一任するよう主張している（『杉山メモ下』）。

後藤乾一は「ここで使われた「抱き込」むという表現は、東條が「大東亜」の指導者との関係に言及する時しばしば用いる言葉であったが、ここにも相互信頼とは本質的に異質な原則によって東南アジアの諸民族に対処しようとした戦時期日本の本質が示されている」と評している（後藤「東条英機と「南方共栄圏」」）。確かに、ここまで見てきた東條のやり方には、先の日華同盟条約の際の中国に関する発言も含め、戦に勝つことを最優先とする権謀術数的な部分が目立つ。

一方、「大東亜政略指導大綱」で「帝国領土」とされたインドネシアは、参加を熱望したにもかかわらず招かれなかった。

大東亜会議の三週間後、米英とともに蔣介石はカイロ宣言に署名している。日本が南京政府とのあいだに形式上とはいえ対等な「同盟」関係を築いたことは、重慶との和平を絶望的なものにしたのである。

大東亜会議後、日本の戦争目的は混迷を深めていく。もともと戦争目的を「自存自衛」の一本に絞っていた海軍は、大東亜共同宣言や「民族解放」に批判的であった。それらは「国防資源の急速戦力化」の妨げとなり、戦争を「人種戦」に追いやってしまいかねないからである。陸軍の南方軍も四四年一月「軍政施行に方《あた》りては、理想の建設乃至《ないし》は戦後経営の便否等に捉わることなく、南方占領地の急速なる戦力化を目標とし、特に現に実行中並《ならび》に準備中の作戦及防衛に対する即効的協力に全幅の努力を傾注《けいちゅう》する」よう指示していた。これは大東亜共同宣言のはらむ、戦後構想の理想主義的な側面に対する批判である（波多野『太平洋戦争とアジア外交』）。この状況下で、戦後の民族平等や資源開放の理想などのんきに語っていられるか、というのである。

波多野澄雄は、外交指導者としての東條に対する重光の評価を「「大東亜新政策」を強力に支援して実行させた東條首相の「手腕は実に見事」であったが、「これを内政的に活用」することを怠り、「軍事主義」の遂行に「政治外交は邪魔物」と考え、統制主義・軍事主義に直進した点は大きな欠陥であった」とその手記を引いてまとめている。

結局、東條にとっての大東亜共栄圏はあくまでも日本を「盟主」とする排他的な経済圏にとどまり、普遍的な自由や平等を旨とするものではなかった、ということになる。

東條と帝国議会

東條内閣は国内に独裁体制を敷いたというイメージが一般的だが、議会対策についてみると必ずしもそうとはいえない。議会は国家総動員法などの制定により無力化したといわれるが、憲法で天皇の立法大権を協賛すると定められた存在であり、その議員は普通選挙で選ばれていた。国民を陸軍の支持基盤とみなす東條は議会の動向を無視できなかったが、彼を含む陸軍は政治には素人であり、議会対策のノウハウを持たなかった。いきおい、旧政党勢力との提携を目指さざるを得なくなってくる。

その議会は日中戦争を「聖戦」として肯定し、戦時体制の形成、強化を容認していた。そのため議会が政策に関与する度合いは激減し、法案のほとんどは政府提案となり、さらにその大部分が原案のまま可決された。そして、一九四〇（昭和一五）年の新体制運動により全政党は解党、大政翼賛会に合流していた。

しかし、政府の方針が戦時体制強化を越えた体制「革新」をもたらす可能性が高い、あるいは官僚統制の行き過ぎと認識されると、議会は紛糾することになる（古川隆久『昭和戦中期の議会と行政』）。

東條は組閣後の四一年一一月、さっそく第七七臨時議会を召集し、一一月一七日の施政方針演説の中で政治経済運営について「徒《いたず》らに理想を追わず、事態に即して各専門的機能の有機的能率を最大限に発揮せしむるよう措置致《そちい》す心構えであります」と述べるなど、急激な改革は行わないと示唆《しさ》した。東條は、現状の制度や組織を活用して戦争を遂行するという現実的な姿勢を明確にしていた。そのため新規立法も戦時立法に限定された（古川隆久『戦時議会』）。

東條内閣は四二年四月三〇日、第二一回衆議院総選挙を実施した。翼賛選挙と呼ばれたこの選挙で、東條は議会勢力の支持を確保するため、翼賛政治体制協議会（翼協）なる団体を結成し、政府がふさわしいとみなした候補者を推薦することにした。

東條は建前としては古いしがらみのない新人の当選を目指したが、実際の推薦候補者選出にあたっては、旧民政党幹事長の大麻唯男《おおあさただお》ら旧政党重鎮の意見が重視された。翼協としては、実際に当選する可能性が高い者を推薦する必要があり（さもないと日本政府の対外的権威が失墜する）、そうなると古くから地元に地盤を築いてきた政党関係者の意向を重視せざるを得なかった（玉井清「東条内閣の一考察」）。

最終的に推薦候補となったのは現職二三五、新人二一三、元職一八名の合計四六六名（衆議院の定員数）であった。推薦をうけられない、あるいはうけないで立候補した非推薦候補者は現職一三二、新人四三二、元職四九名の合計六一三名だった。

選挙戦は根本的な争点の不在、表面上の党派対立の消滅のため盛り上がらず、現職有利となった。一部で非推薦候補に対する官憲の選挙干渉も発生したが、府県の中には知事などが選挙終了後の非難を恐れて干渉を手控えたところもあった。東條はこの選挙を議会主流派との協調で乗り切ろうとしたのであり、強権を発動したとまではいえなかった。

本選挙の当選者は推薦候補中現職二〇〇、新人一六九、元職一二名の合計三八一名、非推薦は現職四七、新人三〇、元職八名の合計八五名だった。

当選議員の過半数を現職が占め、議会の主導権は従来の議会領袖が維持した。推薦で当選した者の中には現職閣僚の岸信介《きしのぶすけ》（商工大臣）と井野碩哉《いのひろや》（農林大臣兼拓務大臣）が、非推薦で当選した元職のなかには、反軍演説で除名になった斎藤隆夫がいた。

戦勝後の夢

古川隆久は、この選挙戦で少数ながら戦後経営論を主張する候補者がいたことに注目している。たとえば、旧民政党で西武鉄道経営者の堤康次郎《つつみやすじろう》（推薦）は「戦後の建設が日本国民に課せられた大なる責任であるとして、大東亜共栄圏の広大な市場が手にはいる以上、工業化は必至であるとしてその対策を述べてい」たし、川崎克《かわさきかつ》（非推薦）は挨拶状で「大東亜戦完遂後の共栄圏維持問題」をあげていた。後の東京裁判で東條の弁護人となる清瀬一郎《きよせいちろう》（推薦）も、選挙公報で「戦後経営論として大規模移民や海路、空路の交通路の開発など華々しい南方開発論をぶち上げてい」た（古川『戦時議会』）。

古川は「当時の政府の公式発言には決してこうした国民に豊かな未来を約束する言葉がないことを考えると、既成政党系政治家ならではの言葉といえる」という。この指摘は、豊かな未来を約束されたわけでもなかった国民がなぜ戦争の最後まで戦意を維持できたのか、という重大な問題を提起している。

古川は、のちの一九四四（昭和一九）年三月三〇日、元企画院調査官にして陸軍や官僚内の「革新派」グループの理論的中心人物であった毛里英於菟《もうりひでおと》が細川護貞《ほそかわもりさだ》に「自分は在官中一つの誤りをなしたり。夫《それ》は〔日中〕戦争の初期に戦後経営論を押えたることとなり。そのため日本人は夢を失いたり」と述べ、「革新派」の失敗を認めたことを紹介している。

確かに東條らがこの選挙の前後を通じて戦後（それは日本の勝利で終わるはずだった）の豊かな未来を国民に語ったり、約束することはなかった。それは必然的に外国からの資源の収奪、すなわち侵略戦争とのイメージを国内外に呼び起こしてしまうからである。

ただ、東條が「戦後経営の夢」を何も語らなかったかというと、そうでもないように思う。一九四二年、東條が総裁を務める大政翼賛会は新聞社と共同で戦意高揚のため「国民決意の標語」を募集し、国民学校五年生の少女の（実際は父親が作った）「欲しがりません勝つまでは」が選ばれた。この標語について、戦時中に西欧近代批判を繰り広げた日本浪曼派の中心人物である保田與重郎《やすだよじゅうろう》は「何かが欲しいために戦争しているような、こういう欲望が、勝ってからというのだから、おそろしい。実に戦争の最大悪を現し、すべての敗戦の因はこの一語の下心につきる。大東亜戦争の敗戦因は、この標語の底にある心である。それは最大の敵であった。私はこのことばがなさけなく、悲しく、批判のために口にするのが忌わしかった」と口を極めて批判した（保田『保田與重郎文庫16現代畸人伝』）。

保田にとっての戦争は「共産主義とアメリカニズムを一ぺんに倒す」ための崇高な戦いであったが、国民は勝って何かを手に入れるという「下心」をもって戦争していた、そんなことだから負けたのだ、というのである。この批判は非常に興味深い。東條と日本国民は、この戦争に勝てば何かが手に入り、豊かになれるという暗黙の了解のもとに戦争をしていたのかもしれないからだ。

私は、当時の日本国民の間に、「下心」はあったと思う。経済史家の金子鷹之助《かねこたかのすけ》は「東條首相が前線で手に入った砂糖やゴム鞠《まり》を送って下さる、大らかな親心的政治心は是非あって欲しいものであるが、一方国民はこの歴史的大戦争の完勝を思い、高度国防国家建設の急務を考えるならば、甘い考えを起さず、益々消費節約や貯蓄に努めねばならぬのである」と説いた（金子『南方資源と日本経済』）。「ゴム鞠」は戦勝記念として子どもたちに特配されたもので、新聞はそれを「兵隊さんの贈り物」と呼んだ（『読売新聞』四二年五月七日朝刊）。金子は、東條のいう通り辛抱して勝ちさえすれば、南方からの豊富な物資と「甘い」生活が待っていると遠回しに匂わせているのだ。

*

東條は対米戦争の指導者としてさまざまな施策を実行した。対米戦争では物や金を使って参謀本部の作戦に介入し、「政戦両略の一致」の実を挙げようとした。しかし海軍にその手は通用せず、短期決戦の戦略に引きずられていった。内政では、国民の生活難に対する不満をそらすべく、人情宰相という日本的な「総帥」像の演出に腐心した。東條の手法が陳腐だというのであれば、それは総力戦という思想そのものが陳腐なのである。外交では、大東亜外交に乗り出したが、各国を「抱き込む」とか駐兵は勝ってしまえばどうにでもなる、といった発言は、「大東亜共栄圏」の大義とは別の、権力政治志向を浮き彫りにするものだった。東條にとっては国民も勝つために「抱き込む」べき存在だった。

第五章　敗勢と航空戦への注力

議会からの批判

ガダルカナルの敗戦により、「総帥」東條の権威は衰えていく。東條に対する最初の批判の矢は意外にも、戦時中形骸化していたとされる議会から発せられた。以下その経緯を見よう。

翼賛選挙終了後の一九四二（昭和一七）年五月二〇日、東條はほとんどすべての貴衆両議員と各界代表者からなる翼賛政治会（翼政会）を設立させ、政治力の結集をはかった。総裁は陸軍大将の阿部信行である。大麻唯男はその常任総務に指名された。このころ、南方の戦局悪化にともない、東條内閣への反発が起こりつつあった。

第八一議会（一九四二年一二月～四三年三月）は大荒れとなった。東條首相は、四三年一月三日、湯沢三千男《ゆざわみちお》内相に対し、「今期議会においては内務省は相当風当り強かるべし。その積りにて準備」せよ、「議会において一億国民の足並を乱すが如き傾向生ずるに至らば、断乎《だんこ》議会解散を辞せざる積りなり。その覚悟にて準備」せよ、「今年は国民生活も、相当逼迫《ひっぱく》するに至るべし。勢い思想問題その他内務省関係の取締においては遺憾なきを期するの要あり」と指示した（『東條内閣総理大臣機密記録』）。戦争長期化、国民生活逼迫のなかで、議会内の反発が高まり、一般国民にも波及するのを予測、警戒していたのである。

東條は四三年二月七日、官紀粛正問題に関する議員側の追及は「官民の間に溝を深くするから困る。議員達は自分達は神様のような面をしてしつこくいうことは遺憾だ」と秘書官にこぼしていた（同）。

第八一議会では戦時下の治安維持、反戦思想の取り締まりを目的とする戦時刑事特別法改正案の審議が紛糾した。「国政変乱の罪」のうち「国政」という言葉の幅を狭くして言論の自由を確保したい議員側と、広く取りたい政府側の対立が深刻化した。三月六日、翼政会が態度決定のため代議士会を開くと政府原案の修正派が多く、東條絶対支持を叫ぶ議員に向かって一部の反対派議員が突進、「ダイビング攻撃」を試みるという椿事が起こっていた。

同法の改正は右翼の取り締まりを目的としていたが、批判が集中した理由は「政府がやることは矛盾した勝手なことをやっても構わぬが、国民が本当のことを言うと、それは国政変乱で引っかけられてしまう」という赤尾敏《あかおびん》議員の発言（四三年三月二日、衆院委員会）に尽きる。

東條は「戦争遂行に支障ある如き言論は、戦時下これを厳重に取締るべきは勿論《もちろん》のことでありますが、然《しか》らざる限りにおきましては、飽《あく》までも国民の言論を暢達《ちょうたつ》すべきは当然であるのであります」と述べて（三月四日、同委員会）言論の自由を尊重するとしたが、議員たちの反感は底流として残った。

第八一議会終了後、東條は四三年四月二〇日の内閣改造で衆議院から大麻を無任所国務大臣として、山崎達之輔《やまざきたつのすけ》を農相として入閣させた。貴族院からは翼政会総務の岡部長景《おかべながかげ》を文相とした。これは、議会勢力を抱き込み、政府への反発を抑えるための策であった。

同じころ、東條の戦争指導に対する批判が表面化した。その代表例の一つに、一九四三年一月一日の『朝日新聞』に掲載された衆議院議員・中野正剛《なかのせいごう》の「戦時宰相論」がある。東條はこれに激怒し、同年一〇月二七日、中野は自決に追い込まれた。怒りの主たる要因は中野が「陛下の御為《おんため》に天下の人材を活用して、専《もっぱ》ら実質上の責任者を以《もっ》て任じた」日露戦争中の首相桂太郎の例を挙げ、暗に東條の（天皇をも超えた）専制ぶりを批判したことにあったとみられる。

だが、「戦時宰相論」には「ヒンデンブルグとルーデンドルフとは、戦線の民衆即兵士と共にある時には強いが、国民感情から遊離《ゆうり》し、国民から怨嗟《えんさ》せらるるに及びては、忽《たちま》ち指導者としての腰抜けとなってしまった」との一文がある。東條からすれば、ルーデンドルフの示した歴史的教訓をふまえて「国民感情」をつかまんとする努力が不当にも全否定されたうえ「指導者としての腰抜け」と罵倒されたこともまた、その怒りに火をつけたのではなかろうか。

東條が中野を自決させるに至ったのは、東條の「敗戦の原因の一は国内の足並の乱れることなり。今回中野一派の行為は許すべからざるものありと信ず」という一〇月二四日夜の発言(『東條内閣総理大臣機密記録』)が示すとおり、中野の反東條運動が国内の結束を乱し、敗戦をもたらしかねないと考えたからである。そこで東條が「私は総理として国政に巨歩《きょほ》を進め一億民心を中心として十億民衆の結束を企画しつつあり。しかして今日までなるべく抱擁《ほうよう》して来た」と述べているのは、彼が戦時指導者としての自己を「総帥」と規定していたことの反映であろう。

東條の批判者

中野正剛以外にも、戦時中に東條への批判を公然と繰り広げた者はいた。その一人が、戦時中一貫して反東條の論陣を張ったジャーナリスト・野依秀市《のよりしゆういち》である。野依とその反東條言論活動については、佐藤卓己『天下無敵のメディア人間』に詳しい。

野依の東條批判は興味深いことに、多くの場合、飛行機の増産要求とセットになっていた。たとえば一九四二(昭和一七)年一一月、「米国における陸海軍の統帥者であり、また政治、産業、経済一切の独裁的権力を握っている」ルーズベルトが増産に血道を上げているのだから、東條も高所から「重点主義」を発揮して「生産省」を設置せよ、「戦いがどうなろうと、先《ま》ず飛行機でやッつけて、それからの事である。故《ゆえ》に日本の増産は飛行機と船、その中でも飛行機の大増産を断行せねばならぬ」と訴えている（野依「真の重点主義を政府は断乎実現せしめよ」）。

東條とその批判者野依は、奇《く》しくも航空重点主義の一点では意見が一致していたのである。野依が中野と違ってその後も言論活動を継続できたのは、まさにこのためである。野依がいかなる経緯で航空重点主義者となったかは必ずしも明確でないが、陸海軍が東條を担い手の一人として一九三〇年代より行ってきた、航空戦・総力戦思想に関する啓蒙の影響を受けた可能性はある。

戦時中における東條とその戦争指導への批判は、単なる〝独裁〟批判というよりは、総力戦・航空戦指導者としての適格性をめぐって展開されたものといえる。野依提唱の「生産省」は後の四三年一一月に軍需省として実現する。

絶対国防圏

一九四三（昭和一八）年九月二五日、連絡会議は「世界情勢判断」「今後採るべき戦争指導の大綱」を決定した。「世界情勢判断」は、米英ソは戦争の主導権を把握している現状に乗じ、今や全力を傾けて政戦略にわたる攻勢を連続的に強行しようとしている、これに対し日独は既得の戦果を活用し、あくまでその阻止破摧《はさい》に努めつつあるので、「世界戦争は明年春夏の候に最も熾烈《しれつ》化」するだろうとの展望を示した（以下、『戦史叢書　大本営陸軍部〈7〉昭和十八年十二月まで』による)。

「戦争指導の大綱」は「帝国は今明年内に戦局の大勢を決するを目途とし　敵米英に対しその攻勢企図を破摧しつつ速かに必勝の戦略態勢を確立すると共に　決戦戦力特に航空戦力を急速増強し　主動的に対米英戦を遂行す」とし、あわせて「帝国戦争遂行上　太平洋及印度洋方面において絶対確保すべき要域」、いわゆる絶対国防圏を定めた。その範囲は「千島、小笠原、内南洋(中西部)及西部「ニューギニヤ」、「スンダ」、「ビルマ」を含む圏域」とされた。

連絡会議では、「大綱」冒頭の「今明年内に戦局の大勢を決す」に嶋田海軍大臣が異議を唱えた。客観的な条件はそんなに有利ではない、統帥部側の意図が「後は野となれ山となれ」式の「大勢を決す」にあるならば、「敗戦感」から来た文句だから反対だ、というのである。杉山参謀総長も単なる気合いかけの意味でしかないといい、東條も記載しても意味がない、と反対したが、永野軍令部総長の強い主張により残った。

この論争は実に四時間にもわたった。それは作戦的必要性を強調する統帥部側と、政府側の現実的な見通しが鋭く対立したからである。東條たちは海軍統帥部が作戦を楯にまたぞろ船や物資を要求してくるのではないか、と警戒したのだった。

連絡会議ではより詳細を定めた「「今後採るべき戦争指導の大綱」に基く当面の緊急措置に関する件」も決定された。陸海軍は一〇月上旬に船舶二五万総トンを増徴する、九月以降における陸海の船舶喪失は計三万五〇〇〇総トン以内において翌月初頭に補塡する、航空戦力を根幹とする決戦戦力確保のため、昭和一九年度に普通鋼鋼材五〇〇万トン、特殊鋼鋼材一〇〇万トン、アルミニウム二一万トン以上、甲造船《こうぞうせん》（鋼鉄船）一八〇万総トンを生産する目標を定めた。

「大綱」と同時に決定された「今後採るべき戦争指導の大綱に基づく戦略方策」は絶対国防圏の防備を「遅くも明年中期頃までにこれを整備すると共に　我反撃戦力特に航空勢力の増勢を図《はか》」るとして、昭和一九年度の陸海軍所要機数を五万五〇〇〇機とした。

「勝敗は時の運である」

「戦争指導の大綱」および「当面の緊急措置に関する件」は九月三〇日の御前会議にかけられた（以下、『戦史叢書　大本営陸軍部〈7〉』による）。冒頭、東條は首相として「必勝の戦略態勢を確立」し、「決戦戦力特に航空戦力を増強致しまして、主動的に対米英戦を遂行せんことを深く期している次第であります」と述べた。戦略態勢の確立すなわち国防圏内への兵力資材の急送と、船腹徴傭《せんぷくちょうよう》の両立はきわめて困難だが「何と致しましても実行しなければならないのであります」と天皇に決意を示した。

永野軍令部総長も「敵の反撃戦力を捕捉撃摧《ほそくげきさい》致しまして、その攻勢企図を粉砕し、更に好機攻勢に転移して敵の戦意を喪失せしむることが極めて肝要《かんよう》なり」と述べた。鈴木企画院総裁は決勝戦力五万五〇〇〇機の要求に対して四万機の生産を努力目標としているが、将来一層の努力を要する、と述べた。鈴木は「生産の基底」である民貨物船舶腹量《ふくりよう》が、陸海軍の増徴により一九四三（昭和一八）年一一月の時点で一〇六万総トン（開戦時一二三万総トン）、「殆《ほと》んどその最少限に達」しているという厳しい数字を挙げた。

質疑では原枢密院議長が「明年度飛行機四万機生産を目途《もくと》にするとあるが、現在の生産能力はどれほどか」と質問し、東條は「陸海軍計年産一万七、八千機程度である」と答えた。会場には文字として残らぬ異様な空気が流れたように思う。

原枢密院議長は「政府として四万機の努力目標を確実に引受けられるか」と問い、企画院総裁は「非常な決意でやっている」、商工大臣は「四万機以上を作る決意でやっている」と応じた。ちなみに現実の一九年度飛行機生産実績は二万四〇〇〇機、アルミは一一万トンに止《とど》まった。原は続けて「四万機あれば絶対確保圏を確保する自信があるのか」と質問した。永野は「絶対確保の決意はあるが、勝敗は時の運である」、「今後どうなるか判らぬ。戦局の前途を確言することはできぬ」と悲観的な説明をしたので、議場はにわかに緊張した。

東條はこれを引き取り、「今次戦争は元来自存自衛のため、やむにやまれず起ったものであり、御詔勅《ごしようちよく》の御言葉の通りである。日本は独の存在の有無に関せず、最後まで戦い抜かねばならない。今後の戦局の如何《いかん》に拘《かかわ》らず、日本の戦争目的完遂の決意には何等の変更はない」と強気で述べた。

最後に原が「いろいろ政府、統帥部から国力と作戦に関する確固たる信念を聞いて満足した。しっかりやってもらいたい」と述べて「戦争指導の大綱」は採択されたが、原と天皇が本当に「満足」したかはきわめて疑問である。

戦史叢書は「東京に至る道程のあまりにも長く、この間米人の出血のあまりにも多いことを米国民に強く認識させる。このことが米の継戦意志を喪失させるもっとも基本的な手段であった」と述べている（同）。

航空機増産

一九四三（昭和一八）年、東條内閣は航空機増産にさまざまな手を打っていた。同年三月には戦時行政職権特例を設け、航空機・船舶・鉄鋼・軽金属・石炭の五大重点産業に限り、首相に増産指示権を与えた。同時に、内閣直属の行政査察使を設けて指定工場を監察させた。四月の緊急物価対策要綱で従来の低物価政策を「適正物価」政策へ修正、重要物資価格の引き上げ、価格調整補給金制度による二重価格制（公定価格と闇価格の併存状態）、重要物資生産への価格報奨制度を採用、価格刺激により生産増強を狙う物価政策に移行した。国が工業製品を高く買うことで、増産意欲を高めようとしたのである。

　六月の戦力増強企業整備基本要綱により、繊維産業などの軍需産業への転換、その工場の屑《くず》鉄《てつ》化や労働者の配転を強行した（原朗「経済総動員」）。

　しかしこの年、飛行機を造るのに重要なアルミの原料や石油を本土へ運ぶ船舶の損害が深刻になった。開戦から四三年九月末に至る陸海軍及び民需用船舶の損耗合計は沈没一九〇万トン、損傷二一〇万トンで合計四〇〇万トンに上った（『戦史叢書　大本営陸軍部〈7〉』）。開戦前の予想（開戦後二カ年）である一八〇万トンの倍以上にのぼる恐るべき数字である。四三年末の物資輸送量は、開戦前の企画院の見込みである月平均四八〇万〜五〇〇万トンに対し、半分以下の二一五万トンに止まった。その一方で、陸海軍統帥部は作戦用の船舶増徴を東條の政府に再三要求した。

　東條は杉山参謀総長に増徴は減産につながるので、考慮してもらいたいと頼んだ。すると杉山は「減産についてはあらかじめ覚悟している。しかし要は勝つことが大事であり、敵反攻の算大なる今、必要な対策を怠《おこた》り万一手遅れとならば如何とも致《いた》し難《がた》し」と答えた。東條は「統帥部の苦衷《くちゆう》は十分察するも、これをもって戦勝の決を与え得る場合ならいざ知らず、如何にするも戦局の永続を図らねばならぬ。国力との関係を考慮し、不本意であろうが政府案に同意願いたい」と言わざるをえなかった。

一九四三年一一月一日、軍需省が設置され、従来の商工省と企画院は廃止された。東條が初代軍需大臣を兼任、陸海軍の高級軍人を多数出向させて航空機や船、鉄鋼生産の能率向上をはかった。軍需会社法が制定され、必要な会社を指定して社長を生産責任者とし、軍需大臣に監督・任免権を与えた。軍需会社には補助金交付、損失補償、利益保証などの優遇も行われた。ここに日本は「国を挙げて一大航空工廠《こうくうこうしょう》化する段階に至った」のである（原前掲論文）。

東條は、軍需省の次官に岸信介を据え、あわせて無任所の国務大臣とした。多忙な自分に代わる実質上の大臣格とするためである。岸の回想によれば、東條は次官ポストだけでいいという岸に向かって「次官といえば星二つの中将格だけれど、大臣は星三つの大将だから、陸海軍からやってくる中将以下は皆お前の言うことをきく。だから俺の留守を取締る君を国務大臣にするのだ」（岸信介ほか『岸信介の回想』）といい、岸は「なかなかうまく口説かれた」と感じた。東條なりの人心掌握、〝政治〟であった。

ところが東條はその後、岸次官のほかに鉄管理の大臣をつくるといって、実業家の藤原銀次郎《ふじわらぎんじろう》を国務大臣に任命した。この人事に岸は反発して「一つの役所に大臣の資格をもった者が二人も三人もいるということでは、とてもやって行けない。藤原という人が適任とお考えなら、藤原さんを軍需次官兼国務大臣になさい。私は辞めさせていただきます」（同）と言いだし、東條と対立するに至った。お前に軍需省を任せるという最初の話と違うということだろう。この対立が東條内閣倒壊の遠因となる。

もっとも、東條自身は軍需省設立に必ずしも積極的ではなかった。鈴木貞一企画院総裁によれば、「機構を作っても、機構が本当に動き出すまでには、時間がかかって間に合わないのではないか」と言っていたという。（木戸日記研究会ほか編『鈴木貞一氏談話速記録（下）』）

体当たり

東條による軍需省設立の背景をみていこう。一九四三（昭和一八）年九月、東條は陸軍部内向けの訓示で、対米英戦争は「彼我《ひが》共に航空を主体とする決戦なることは自《おのずか》ら明かである」「宜《よろ》しくこの際愈々《いよいよ》無限の人智を総動員し、以《もっ》て一日も速かに敵に優り得る必勝の兵器を完成すると共に、その量をも最大限に増加せねばならない」「航空要員養成は有《あら》ゆる手段を尽くし施設資材の許す最大限を実施せねばならない」などと断言していた（「航空に関する陸軍大臣意図の要旨」）。そこで重視されていたのは、飛行機とその乗員の「量」と質である。対米英戦争開戦後の東條は、決して単純な精神主義のみを絶叫していたのではない。

同月二二日、東條は国民にラジオ放送を行った。のちの作家・山田風太郎《やまだふうたろう》の日記には「夜七時半、首相官邸より、東條首相より国内大改新を告げる重大放送あり。日本国民はそのすべてを今こそ大君のおんために捧げまつる時や来れりと叱咤し、放送後、ラジオを圧する「みたみわれ、生けるしるしあり天地《あめつち》のさかゆる時にあえらく思えば」の合唱は、恐るべき鐘の鳴動のごとし」とある（山田『戦中派虫けら日記』）。ここでいう「国内大改新」は学徒出陣や勤労挺身隊の設立を指していた。前者は航空機の乗員確保、後者は航空機の生産を目的として行われた。ラジオでショー・アップされた東條の演説は、聞く人の心を悲壮感でゆさぶった。

政府は翌四四年二月二五日、「決戦非常措置要綱」を発表して、学徒動員体制の徹底、国民勤労体制の刷新、防空体制の強化、「簡易生活徹底の覚悟と食糧配給の改善整備」などを定めた（『戦史叢書　大本営陸軍部〈8〉昭和十九年七月まで』）。これに関連して二月二九日、「高級享楽停止に関する具体策要綱」が決定され、三月五日から向こう一年の間、料亭などの高級享楽は全面的に停止されることになった。東條は航空機増産のため、国民生活を徹底的に切り詰めたのである。

とはいえ、量で米英に勝つどころか、追いつくことすら難しいのは誰の目にも明らかだった。そこで、鈴木貞一企画院総裁は、講和に入るにあたって、「アメリカの威丈高になって日本に寄せてくるものに徹底的な打撃をひとつ与える」ことが必要と考えた。その手段は二つあった。一つは「航空機でいまの爆弾をかかえて、そうして敵の戦艦なり航空母艦に爆弾で飛び込んで、そうして一つの船に一二機ぐらいの飛行機を向けて、その一つが当れば、その軍艦は潰れてしまうというような爆弾をや」るということである。そのためには飛行機を大増産する必要がある（『鈴木貞一氏談話速記録（下）』）。

もう一つは、「アメリカの人心を攪乱しなくてはいけないから、それと同時に、アメリカに朝日号というものを改造して、あれをジェット気流に乗せてアメリカに行って、そうしてそれを、爆弾をニューヨークなりワシントンに落して、そうしてヨーロッパに行ってしまうというやり方で、アメリカの人心をひとつ寒からしめて、そこで戦さをやめるという手」である。

前者はのちに実行される航空特攻、後者は計画段階で終わった超大型重爆撃機「富嶽《ふがく》」（の記憶違い）である。鈴木は「軍需生産を進める上で、航空機中心の軍需生産を力強く進める機構が必要なのだ」と説いて、ようやく東條に軍需省設置を納得させたという。

鈴木は体当たり部隊について「ぼくがひとつ自分で司令官になって飛んで行く」つもりだったと述べている。にわかには信じがたいが、このころの鈴木は内閣情報局総裁の天羽英二《あもうえいじ》が七月の日記に「時局憂慮《ゆうりよ》 鈴木神経過敏 過去の悔《くい》」と書くほどにまいっていたという（古川隆久『昭和戦中期の総合国策機関』）ので、真実味はある。

飛行機は質量ともに重要

一九四四（昭和一九）年に入ると、米軍の攻勢は一気に加速した。二月一七日から一八日にかけて、米軍の空母機動部隊が絶対国防圏の一角であるトラックを猛空襲し、トラックは艦隊の基地機能を失った。トラックを来たるべき対米艦隊決戦の拠点と位置付けていた海軍にとって衝撃的な事態であった。海軍はトラックを敵の空襲から守るために置いていたニューブリテン島ラバウルの航空隊をトラック基地に移動させ、戦力の立て直しをはかった。対する米軍はオーストラリアとニューギニアの間に長い間立ちはだかっていたラバウルという障害がなくなり、西部ニューギニアからフィリピンへの進撃が可能となった。

そのような状況下の四四年二月、陸軍と海軍が飛行機配分の「量」をめぐって激突、東條内閣の存続にかかわる政治問題に発展した。この論争が始まったのは、四三年の末である。東條は当初、個人的には海軍に譲るつもりでいたようだが、陸軍の組織利益を重視する部下たちが許さなかった。部下の信望を失えば東條の政治生命も危うくなるので妥協できなくなり、陸海軍の論争が容易に収拾できなくなったのである。

一九四四年二月一〇日、東條の秘書官が「〔配分〕論議の結果によっては、統帥部首脳の交迭、内閣の総辞職に発展する可能性尠《すく》なからざりしもの」（『東條内閣総理大臣機密記録』）とみたのは、陸海軍それぞれのセクショナリズムの強固さも当然あるが、海軍は米上陸軍を洋上撃破する、陸軍は「陸海空三位一体となって戦闘」し水際で撃破するというその時点での作戦構想のなかで、両者とも航空機を重最要視していたからでもある（佐藤賢了『大東亜戦争回顧録』）。

東條は当初この問題について、「兵力量」の問題であるとして自らは積極的に関与せず、陸海統帥部間での解決を希望していた。しかし、陸海の対立は深刻化し、対応を誤れば内閣総辞職につながる可能性すら生じてきた。

この論争は昭和天皇を動かした。一九四四年二月九日、天皇が陸海軍統帥部長を呼んで「互譲」を促し、翌一〇日、宮中で特に陸海軍のみで大本営政府連絡会議を開き、検討されることになった。この論争は午後に及び、東條は「海空第一主義の海軍側の原則論」に対して、「御前会議で御決定に相成ったる方針を変更するの意思なりや否や」と質問した。「然《さ》らず」と応えた海軍側に東條は「然《しか》らばというわけで」一案を提出、これにより論争はようやく解決した（『東條内閣総理大臣機密記録』）。この案は陸海軍の航空機用アルミニウムを折半し、うち三五〇〇〇トンを陸軍が海軍に譲る、航空機生産目標を四・五万機から五万機にかさ上げする、などであった。

ここで東條が持ち出した「御前会議」の「御決定」は、一九四三年九月三〇日開催のそれとみられる。同会議決定の「今後採るべき戦争指導の大綱」には「決勝戦力特に航空戦力を急速増強し主動的に対米英戦を遂行す」（方針）の文言がある程度だが、永野修身軍令部総長は陸海統帥部を代表して行った「御説明」中、「航空戦力を中核とする特徴ある戦備の急速増強を得まして陸海軍渾然一体《ママこんぜんいったい》となって戦力の集中発揮を行いまする」云々と述べていた（参謀本部編『杉山メモ　下』)。「陸海軍渾然一体」の航空戦力の増強を海軍自らが口にし、かつ天皇が承認したという過去の経緯を持ち出されれば、海軍側も妥協せざるをえなかっただろう。

この論争の経緯は、本来の制度上は一国の「総帥」たりえなかった東條が、真の「総帥」たる天皇の権威を「切り札」に利用しながら総力戦の指導運営を図っていたことを表す。東條の困難は、そう何度もは天皇に頼れないこと、そして天皇の信任が去れば、戦争指導がほぼ不可能になることだった。

ちなみに、陸海軍「渾然一体」となった防衛戦のあり方は、一九四四年一〇月にはじまるフィリピン・レイテ島の攻防戦以降、陸海軍がそれぞれの基地から特攻機を含む攻撃隊を飛ばして米上陸船団を攻撃するという形で常態化する。

戦争は竹槍ではできない

陸海軍航空機配分論争の過程で、毎日新聞が東條批判の論説を掲げるという事件が起こった。一九四四(昭和一九)年二月二三日の朝刊一面に、記者の新名丈夫《しんみょうたけお》が「勝利か滅亡か　戦局はここまで来た」、「竹槍では間に合わぬ　飛行機だ、海洋航空機だ」との記事を掲載した。東條は激怒し、新名を懲罰召集して前線に送ろうとしたという(新名『政治』)。

今日では新名の行動は勇気ある東條批判として評価が高いが、同時代の政治的文脈では、必ずしも褒められるべきものではなかった。近衛文麿の側近・細川護貞は同月二六日の日記に「公爵の所に東京新聞記者池田某来りての話に、二十三日の毎日に、「勝利か滅亡か」なる表題ありしも、東条は是《これ》を見て激怒したる由《よし》。是は記者の非常識にして、東条の激怒もまた宜《うべ》なり」(『細川日記(上)』)と書いている。東條に批判的な細川も、この問題に限っては東條に同情的だった。彼が毎日の記事のどこを「非常識」と見なしたかについては多様な解釈が可能である。東條を飛行機ではなく竹槍で戦争している愚かな指導者であるかのように批判しているのは端的に事実ではなく、したがって「非常識」である。そもそも対外戦争の最中に、国民の面前で最高指導者に無能のレッテルを貼ること自体が「非常識」である。

また、これは深読みになるが、細川は「勝利か滅亡か」という見出しも問題視した可能性がある。そのような扇情的な言葉を使えば、国民は徹底抗戦を覚悟するかもしれない。その場合、後述する細川らの和平工作はつぶれてしまうだろう。

新名の記事は、海軍にくみして海軍への航空機重点配分を世論に訴えた一方的な政治キャンペーンに過ぎないともいえる。陸海軍の配分調整に苦慮していた東條が怒ったのは当然である。海軍の庇護下で報道班員としてフィリピンに渡った新名が、現地で「必勝の算、我にあり」などと帝国海軍勝利の御用記事を書きつらねていたことも付記しておきたい(新名「台湾、比島沖海空戦の実相」)。

ちなみに、昭和天皇は前述した二月九日、両統帥部長を説得するにあたり「本問題の如きにつき陸海の首脳部が遂に意見一致せず、ひいては政変を起すが如きことがあっては国民はそれこそ失望して五万機が一万機もできないことになるだろう」と、国民総離反の危険性を説得材料にしていた（『木戸幸一日記 下巻』二月一〇日条）。東條や陸海軍のみならず、天皇もこの戦争は航空総力戦であり、それを支える国民の協力、世論は不可欠と認識していたのである。

この論争はまさに、一九四三年から四四年にかけての対米戦争が、陸海軍ともに飛行機とその「量」主体の総力戦へと化していたことを意味する。それ自体は、対米戦局の推移を踏まえれば当然の帰結とすら言える戦争認識である。東條にとっての対米戦争は、〈精神力対物質力〉という、敗戦後に人口に膾炙《かいしや》した単純かつ非論理的な図式に基づく戦争だったのではない。

たしかに戦時中の日本では、精神力のみを鼓吹《こすい》するかのごとき宣伝が行われていた。大本営陸軍部で執筆され大日本翼賛壮年団《よくさんそうねんだん》が一九四三年一一月に発行したあるパンフレットは「精神力対物質力の戦い」と題する章を設け、「皇軍の精神戦力は常に敵を圧している」と述べている（大本営陸軍報道部廣石少佐『翼賛壮年叢書35 大東亜戦争の本義と世界戦局』）。こうした単純な言説の横行が、戦後になって対米戦争を〈精神力対物質力〉の戦いと記憶させ、今日に至っているとも考えられる。

だが実際には、そうした精神力讃美の言説には、必ずと言ってよいほど、「しかるに戦況意にまかせないものがあるのは、遺憾ながら物質力において局地的に敵に劣る〔ため〕といわざるをえない」（同）などの文言が後に続いていた。同パンフレットの言う「物質力」とは、「現戦局、特に南太平洋方面の戦局を観《み》るに、勝敗の鍵は飛行機の数量とまで極言《きょくげん》しうる」とされた通り、航空戦力に他ならず、その増産（数量の確保）が国民に要請されていた。同パンフレットが「生産力の不足を将兵の精神力、尊き鮮血《せんけつ》をもって補ってゆかねばならぬということは、前線将兵に対して洵《まこと》に相済《あいす》まぬ」と述べているのは、ある段階までの対米戦争が、飛行機の「数量」で戦われる戦争と認識されていたことを示す。

参謀総長を兼任

東條はトラック壊滅の報を聞いて、みずから参謀総長を兼任する決意を固めた。

佐藤賢了軍務局長は二月一八日の夕方、東條に「マリアナ、カロリンの絶対国防圏を放棄して一挙にフィリピンに退き、同線において最後の決戦を行うべき」との意見具申を行った（以下、『戦史叢書　大本営陸軍部〈8〉』による）。「昨年政戦略の見地からマリアナ、カロリンの線を絶対国防圏として御前会議で御決定を仰ぎながら、半歳ならずして、一戦も交えないで放棄しようというのか」という東條に、佐藤は「そうです。それをハッキリ決心して、一隻の船もマリアナ、カロリンには向けず、全力を尽くして比島を固めるのです。〔中略〕比島決戦は最後の作戦です。この戦いでひとたび敵の上陸を破砕すれば、直ちに和平攻勢に出ます。条件などに執着しません。ただ降伏でなく、名誉を保持するだけの講和をするのです」と勧めた。

東條は熟慮のすえ、木戸幸一内大臣に自身の参謀総長兼任と内閣改造の決意を述べた。嶋田海軍大臣はこの話を聞いて、自らも軍令部総長兼任を決めた。

東條は一九日、三長官会議を開いて杉山に総長辞任を求めた。杉山は、ドイツ軍統帥部が政治家ヒトラーに引きずられてスターリングラードの作戦を誤った例をひき、統帥の独立を主張したが、東條は「貴方の言われるヒットラーは兵卒上がり、それと私を一緒にされては困る。私は大将である」と言い返し、杉山はしぶしぶ同意した。かくして二月二一日、東條と嶋田の統帥部長兼任が発令された。東條の何でも自分でやらねば気のすまない性格が、行きつくところまで行ったともいえる。

同じく二月二一日、東條はマリアナ方面を担任する第三一軍の新設など、中部太平洋方面の防備を固めた。フィリピンまで下がるという佐藤の意見に「今後の防備は内地、琉球、台湾、比島の順に後方から固める方針で行こう」と一部同意するような口ぶりをしていた東條だが、これまでの絶対国防圏戦略を急に変更するわけにはいかなかった。

東條は二月一八日、海軍の鹿岡円平《かのおかえんぺい》秘書官が「愈々《いよいよ》艦隊決戦の時が来たように思われます。今激戦の線で敵を徹底的にたたきつけなければならないと思います」と述べたのに対し、「たとえ今の線が破れるようなことがあっても、決してへこたれることはない。今の線で敵をたたきつけることができればそれに越したことはないが」と応じた。本当は絶対国防圏死守に自信がないかのような口ぶりであったが、明言はできなかった。

このマリアナ死守の方針にもとづき、大本営海軍部は三月三日「松輸送」と称する中部太平洋方面への兵力緊急輸送作戦を始めた。松輸送はマリアナ方面への東松船団とパラオ方面への西松船団に分かれて実施された。第四三師団を載せた東松八号船団が一兵も損せずサイパンに着いたことに喜んだ東條は、護衛作戦を担当した海軍の中沢佑《なかざわたすく》中将に「これでサイパンは絶対大丈夫です。御安心下さい」と謝意を述べたという（『戦史叢書 海上護衛戦』）。中沢によれば、第四三師団の増派はマリアナ防衛を重視する海軍が執拗に要請し、東條参謀総長の決断により実行された。陸海一致を旨とする東條は、海軍の要求は多くの場合で呑んでいる。

一九四四（昭和一九）年の春、中国戦線でも一大作戦がはじまった。中国大陸と南方の占領地を結ぶ一号作戦である。大陸打通《だつう》作戦とも呼ばれたこの作戦は杉山時代に計画されたものだが、東條は参謀総長として「作戦目的を西南支那の敵航空基地覆滅《ふくめつ》に徹底させよ　未《いま》だ鉄道打通に対する色気が残って居る。遂川《すいせん》、南雄《なんゆう》、建甌《けんおう》の基地が生きて居る限り、進攻作戦の目的は達成されたことにはならぬ。〔中略〕要するに作戦目的（敵航空基地の覆滅）に徹底し　要らざる欲を出さぬようにせよ」と述べ、作戦を敵航空基地の徹底的覆滅、本土空襲阻止の一点に絞るよう指示した（『戦史叢書　大本営陸軍部〈8〉』）。東條は航空戦の立場から作戦全般を見ていたのだ。

航空要塞

東條の参謀本部はマリアナに兵力を送る一方、フィリピンの防備を固めようとしていた。五月一六日には同方面の作戦準備に関し、七月末を目途として航空三個師団の作戦に応じるよう基地の作戦準備を整えるとともに、現在兵力と合せて七個師団を基幹とする地上兵備を実施すると天皇に上奏している（山田朗ほか編『大本営陸軍部上奏関係資料』）。

参謀本部と南方軍は五月、ミンダナオ島、ハルマヘラ島、パラオ諸島、西部ニューギニアのヘルヴィング湾を結ぶ四角地帯（四角要塞）内の随所に飛行場群（航空要塞）を作り、来襲する米軍を迎え撃つ作戦を立てた。後方のフィリピンは「主決戦地域」と位置づけられた（『戦史叢書　大本営陸軍部〈8〉』）。地上兵力の移動が困難なので航空兵力に頼ったという見方もできるが、むしろ堀場一雄（当時南方軍参謀）いうところの「航空独力を以て海上に敵を覆滅し「陸上兵団は単に航空のための地上勤務に専念すれば足れり」とする、「航空絶対の思想」にもとづく作戦である（堀場『支那事変戦争指導史』）。

東條は一九四三（昭和一八）年七月二二日、上京した南方軍の稲田正純総参謀副長にみずから「書類簞笥《だんす》から、メモ帖を出して、航空要塞の概念と飛行場や飛行機掩体《えんたい》、誘導路などの資料を示して、米軍の飛行場設定要領等を教示」するなど、航空要塞構想に高い関心を持っていた（東條英機刊行会ほか編『東條英機』）。

この作戦は確かに合理的だが、現実には飛行場の建設、航空機の生産が間に合わなかった。東條の参謀総長退任後、フィリピンや沖縄では、米軍機動部隊が日本の飛行場群を各個に急襲、撃破する→米地上部隊が上陸し、日本軍地上部隊が苦労して作った飛行場を奪い制空権を獲得する、という戦いが続いた。堀場一雄はこの「航空絶対の思想」を、「夢」と批判している。現有する航空兵力で敵を海上に覆滅できるか否か、その可能性を吟味《ぎんみ》することはなかったからである。

オープンカー

東條は参謀総長兼任にあたり、自分とヒトラーを一緒にするなと豪語したが、実はそのヒトラーに憧れてもいたようだ。陸軍は南方で米国製の自動車を捕獲し、戦利品として内地に持ち帰った。東條は首相公用車としてクライスラーを使っていた。東條の運転手・柄澤好三郎の証言によれば、一九三六（昭和一一）年型のビュイックをオープンカーに改造すると、喜んでそれに乗っていた（NHK取材班『バックミラーの証言』）。同書には所沢飛行場で行われた飛行機の献納式でオープンカーに乗り、人々の歓呼に手を挙げて応える東條の写真が載っている。私はヒトラーの真似をしていたとみる。

柄澤からみた東條は優しい人物で、召集令状が来ると「柄澤は戦争に行くより重要な仕事をしているんだ。行かなくてよい」といって解除の手続きをしてくれた。NHK取材班は「東条の優しさは、自分と対等に立たぬ者、批判をしない者にだけ示されたのであろうか」という。

しかし戦局が悪化してくると、バックミラーに映る東條の表情も「戦争の始まる前の期待感もある緊張じゃなくて、もうどうにもならない落胆しきったような感じ」だった。首相官邸に来る参謀本部のお偉方も「帰って行くときは、本当に機嫌の悪そうな顔をしてい」た。佐藤賢了軍務局長とおぼしき軍人は、ある日の御前会議を中座、宮中の奥から車寄せへ出てきて「戦争をしろ、戦争をしろって、にぎりキンタマで戦争ができるかぁー！」と怒鳴っていた。もうやぶれかぶれであった。

当時陸大幹事（教頭）だった宮崎周一《みやざきしゅういち》の日記に、東條の日常の一コマを示す話がある。東條が明治神宮表参道を自動車（オープンカーだったかは不明）にて通行の際、乗馬演習中の陸大第二学年（航空以外）学生とすれ違ったが、彼らは隊列整わず、敬礼を行わなかった（軍事史学会編『大本営陸軍部作戦部長 宮崎周一中将日誌』四四年五月八日条）。東條はわざわざ車を学校玄関に寄せ、幹事の宮崎を叱責した。宮崎は「訓言峻烈《くんげんしゅんれつ》」、「大に慎むべきなり」といいつつも、「また別の意において自ら学び反省するところ大」と書いている。東條はもともと規律に厳しい人ではあったが、敗勢と激務の中で、いささか常軌を逸した感がある。

五月一五日、インパール作戦の視察に行った秦彦三郎《はたひこさぶろう》参謀次長の報告会が参謀本部作戦室で行われた。はっきり「不成功」と言わず「インパール作戦の前途は極めて困難である」と述べた秦を、東條参謀総長は「戦は最後までやってみなければわからぬ。そんな弱気でどうするか」といわんばかりの強い発言で叱責した。その結果、作戦は補給の途絶と雨季の到来にもかかわらず、なお続けられることになった（『戦史叢書　大本営陸軍部〈8〉』）。最終的に東條が作戦中止を上奏、裁可を受けたのは、七月一日のことだった。

参謀総長である東條の作戦指導について、宮崎は六月五日「参本戦況会報において東條総長鋭敏《えいびん》なる頭脳の閃《ひらめき》を発揮せられ、部長課長等恟々《きょうきょう》たり。またその細部に亙《わた》る記憶及着眼の敏なること他の追随を許さず」と記している。頭脳と着眼点の鋭さを発揮していたという。もっとも続けて「唯《ただ》その着眼の鋭敏を広く一般に感知せしむることのみに了《おわ》らざるための補佐は必ずしも要なしとせず」と皮肉交じりに書いている（『大本営陸軍部作戦部長 宮崎周一中将日誌』）。想像だが、東條は敵の次なる目標予測などについては頭の鋭さを発揮してみせたが、では具体的にどう対抗するのかについては何も示さ（示せ）なかったのではないだろうか。

東條の統帥には、前線からも批判が出た。堀場一雄は前出の四角要塞の一角を占めるヘルヴィング湾への大小部隊の配備について大本営から実情に即さない有害無益な統帥干渉があり、一同はこれを東條連隊長と称した、と回想している（堀場『支那事変戦争指導史』）。

特攻作戦

本書「はじめに」で述べたように、東條は一九四四（昭和一九）年三月、少年飛行兵に向かって「敵機は精神で墜とすのである」と訓示した。しかしそれは、かくも戦局挽回の手段として航空への期待が高まり、しかもそれが十分にかなえられていないという「悲鳴」（加藤陽子『NHKさかのぼり日本史②昭和　とめられなかった戦争』）や焦りゆえのことではなかったか。

しかし、東條の「敵機は精神で墜とす」発言は、単なる「悲鳴」で片付けられない、重要な意味合いを持っていた。それは、東條の「日本の長所は皆が生命がけであり死ぬことを何とも思わぬことである。〔中略〕敵が航母一艦を造れば我もまた一艦を、敵が戦艦一隻を造れば我もまた一艦というように物量だけで対抗するだけでは敗《ま》けである」という発言（『東條内閣総理大臣機密記録』一九四四年六月二〇日）が如実に示すように、東條が「生命がけ」の精神力を、空母や戦艦、飛行機などの物的戦力の欠くべからざる補完物とみなしはじめていたことを表すからである。

つまり東條は、〈日本の物質力＋精神力〉で〈米国の物質力〉を克服し勝つという発想に傾きつつあった。このような直線的ともいえる認識を持つ参謀総長のもとで、参謀本部は四四年三月、航空機による体当たり攻撃——特攻の実施を決定する（『戦史叢書　陸軍航空の軍備と運用〈3〉大東亜戦争終戦まで』）。前出の鈴木貞一のアイディアが採用されたのである。

この決定ならびに関連する人事異動を行ったのは、一九四四年二月二一日より参謀総長を兼任した東條である。したがって陸軍における航空特攻作戦導入の主たる責任は東條にある。

東條たちの率いた日本陸海軍の異様さは、飛行機というモノの「数量」不足に由来する対米戦争の劣勢を、特攻というヒトの精神力・生命で補おうという、悪い意味で合理的な発想をごく自然に形成し、躊躇《ちゅうちょ》なく実行したことにあった。

鈴木のもう一つのアイディアである巨大爆撃機も、遠距離爆撃機「富嶽」の開発が進んでいた。しかし「富嶽」は四月二八日の陸海軍当事者、軍需省、関係製作会社の会議で飛行機四・五万機生産のために開発中止が決まった。このころ陸軍は併行して風船爆弾の研究を進めていたが、東條は三月下旬、真田穣一郎第一部長に対し「敵の死命を制する作戦を忘れるな。受身では勝てぬ。米本土の要点を……風船だけではだめだ」と語っていた（『戦史叢書　大本営陸軍部〈8〉』）。それだけに、「米本土の要点」を積極的に狙いうる「富嶽」の中止は残念無念であったろう。

真田の日記によれば、参謀総長たる東條は四四年三月末ごろ「近時我が上層部に敗戦思想の窺《うかが》えるものあり。殊に陛下におかせられては今後とも飽くまで今次戦争を勝ち抜かんとする点において微動だになきよう十分補佐申上げねばならぬ」と語っていた（同）。あいかわらず倒閣の動きにおびえ、天皇の信任をつなぎとめようとしていたのである。

サイパン陥落

日本軍は米軍の侵攻先をパラオと予測していたが、米軍はそれを裏切り、一九四四（昭和一九）年六月一五日、サイパン島に大挙上陸した。日米の空母部隊は一九日から二〇日にかけて同海域の制空権をかけた一大航空戦を繰り広げたが、日本軍の航空隊は米軍の戦闘機と対空砲火のまえに壊滅し、逆に空母三隻を失って敗退した（マリアナ沖海戦）。サイパンの日本軍守備隊は陣地の構築が進んでいなかったうえ、水際での防衛方針をとっていたため早期に壊滅した。かくして七月七日から八日にかけて日本軍守備隊は全滅、九日に米軍は島の占領を宣言した。六月二四日、東條と嶋田はサイパン奪回の断念を上奏したが、天皇は納得せず、二五日に自ら元帥会議を開催し、同島奪回の可否を再検討させた。しかし結果はふたたび否であった。

サイパン島の日本軍部隊の「玉砕《ぎょくさい》」――全滅は七月七日とされるが、それよりも早く奪回作戦が断念されたのは、島近海の制空権を失った以上、補給も増援も送れない（送っても一方的に撃沈される）からであった。サイパン島の軍事的重要性は「サイパンをとられることは小笠原を奪《と》られることであり、小笠原を奪られることは、本土に上陸されることだ。まして本土に橋頭堡《きょうとうほ》を作られれば、そこに大砲をすえるから内陸に如何に逃げても駄目」という高松宮の言葉が端的に表している（『細川日記（上）』七月一〇日条）。

サイパン陥落に際して一つの問題が生じた。二万人にのぼる在留邦人の扱いである。医事課長・大塚文郎《おおつかふみお》大佐の備忘録によれば、佐藤賢了軍務局長は六月二八日の臨時会報で「大臣〔東條〕より次の事を徹底せしめよ　サイパンの居留民の仕末《しまつ》」と切り出し、自分は連絡会議の幹事として「政府特に命令において死ねというのは如何なものか」、「非戦闘員が自害してくれればよいが、已《や》むを得ず敵手に落ちることもあるも、已むを得ないではないか」と考え、連絡会議もこの趣旨で決定した、翌日大臣が上奏すると「非常にご心配になられた陛下は御満足遊ばされた」と語った（伊藤秀美『沖縄・慶良間の「集団自決」』）。

つまり民間人は自決が望ましいが、死ねともいえないので、止むを得ず米軍への投降を認める、というのであった。だが、佐藤や東條はこの件が「将来離島は勿論、戦禍が本土に及ぶ際の前例」になると認識していたにもかかわらず、「この事に関しては、直接の課長までとす」、「個人または軍の意見の如く流布するは不可」として、正式な命令や指示の形で各部隊に伝えなかった。このことが後の沖縄戦で多数の住民が「集団自決」したり、戦闘に巻き込まれて命を落としたりする背景となった。

反東条気運高まる

戦局の悪化で、東條への批判が高まってきた。一九四三（昭和一八）年一〇月二一日、中野正剛衆院議員が倒閣の容疑で拘束された。折しも一〇月二六日に第八三臨時議会の開催を控えていたが、東條は中野の拘束に固執した。しかし松阪広政《まつざかひろまさ》検事総長が憲法違反との説を唱え、議会代表格の大麻唯男大臣も、議員の身分保障が不充分と知られれば議会の政府支持が疑わしくなると反対した。東條は中野の拘束を断念、二六日早朝に釈放を決めた。その直後、中野は自宅で謎の割腹自殺を遂げる。

第八四議会（四三年一二月～四四年三月）では、東條の施政方針演説を不拍手で迎えようとする策動が一部の議員により行われた。

東條内閣を倒して事態の転換をはかる動きは、議会のみならず重臣たちの間からも起こってきた。その担い手の一人となったのが重臣・近衛文麿である。ここでは近衛の側近・細川護貞の日記（『細川日記』）を中心に、反東條運動の推移をみていこう。

細川の日記は一九四三年一一月二日にはじまる。この日、近衛は細川に、昭和天皇の弟宮にして海軍大佐の高松宮に戦局の真相を伝える係を命じた。事態を動かし和平につなげるには天皇の意志が決定的に重要となるが、天皇は直宮《じきみや》（弟宮）の言うことしか聞こうとしない、したがってまずは高松宮に事実を伝えることが必要だというのであった。以後、細川は高松宮と同じ海軍の高木惣吉《たかぎそうきち》少将らと連絡をとりながら反東條運動を進めていく。それは口で言うほど簡単な仕事ではなかった。憲兵が和平派の言動を監視していて、尻尾を出せば拘束される可能性があったからである。

ほかにも、反東條運動には幾多の困難が立ちはだかっていた。戦時下における内閣の交替は敵に弱みをみせることになり、よろしくないという考え方が一般的だったからである。

四三年一一月二四日、細川が「政界各方面の東条内閣に対する反対の空気」を伝えても、高松宮は「東条が駄目だというが、それなら誰がやればよいというのか。もし代るべき人物がないのなら、何とかして東条内閣を援助する方法はないものかね」と言うばかりであった。

四三年一二月四日、細川は小畑敏四郎中将の自宅を訪れた。これは近衛がかねて関係の深かった皇道派を東條に代わって登用し、和平につなげようとしていたからである。しかし皇道派は二・二六事件に代表されるテロのイメージが強く、肝心の昭和天皇からも不信感を持たれていたので、この路線は結局実現しなかった。

細川が「眼はやさしくすみて輝き、如何にも智謀の人の感あり」と感じた小畑は、「もし東条内閣に替って、理想的な内閣が現れたとしたら、戦局に希望が持てますか」という問いに小《こ》頸《くび》を傾け、「希望はありません」、「戦争の始めと終りは、やはり政治が指導的地位に立たねばならぬのだから、政府にその準備がなければいけない」と答えた。

ただ、小畑は「最近新聞では、米国の損害が非常に多いこと、特に人的損耗の多いことを挙げて、あたかもこれだけで戦争が終結する如く考えて居るようだが、自分の計算では、大体三十万程度の戦死が先方に出なければ、厭戦《えんせん》気分は出まい」とも述べ、一見新聞、その背後にある東條内閣の楽観論に批判的なようだ。しかし、小畑は「今は、アメリカものぼせて居るから、あんなこと〔急速な短期決戦〕をして居るのだろうが、またもしそのようにあせらねばならぬ何等かの理由があるとすれば、それは我邦にとっては有利」とも述べていた。小畑も東條と同様、米国内の「厭戦気分」の高まり、対日世論の軟化になお望みをつないでいたのである。

東條更迭の「世論」作り

一九四四（昭和一九）年三月一三日、細川は高松宮に拝謁し、トラック空襲で絶対国防圏が破綻したにもかかわらず、東條内閣更迭を求める状勢は東條本人を含めてない、一部には非合法のテロによる内閣打倒もやむなしという空気があるが、天皇より東條更迭のお言葉をいただければもっとも円滑に事態は進むだろうと述べた。宮は「過日の敵の襲撃は、単に機動部隊によるもので、トラック島には上陸して居らず。従ってここで反撃を加えることができれば、必ずしも悲観するには当らない」と、なおも決戦に望みをつないだ。そして「東条内閣更迭のために、御上の御言葉を給わるということは、御上の御性格から考えて、到底できることではない。従って東条内閣を倒すべき雰囲気ができれば、簡単にできると思う」と述べた。

この言葉は一見意味がわかりづらいが、立憲君主として筋道や公私の区別を重んじる「御性格」の天皇は、一部の非公式な雑音に従って自ら東條に辞めろなどということはありえない、だが東條を辞めさせるのが妥当という「雰囲気」を作り、それを内大臣木戸幸一を通じて正式に天皇の耳に入れれば「簡単に」東條を辞めさせることができる、という示唆《しさ》のようだ。

木戸幸一は、岡田啓介に天皇の政治姿勢を説明するさいに、宮のいう「雰囲気」を「世論」という言葉で説明していた。天皇も指導者層内に共有された「世論」は無視できないので、まずは反東條の「世論」を作るべきだというのである（天皇による政治的「雑音」と「世論」の峻別《しゅんべつ》については、鈴木多聞『「終戦」の政治史』を参照）。

その後、近衛は東條内閣の即時退陣論を撤回するようなそぶりをみせていく。三月二九日、「東条は参謀総長になったばかりだし、張り切って居る処だから、益々やるだろう」、「自分としては今無理に内閣を更《か》えるよりも、むしろあくまで東条にやらせてその上で替えるのが一番よいと思う」と語る高松宮に細川は「実は近衛も中途半端なる寺内〔寿一〕とか梅津〔美治郎〕が出るよりも、このまま東条にやらせた方がよいし、もし更えるなら一刀両断に皇道派を起用して粛軍を行うとの考えのように思います」と述べた（『細川日記（上）』）。

四月一一日夜、近衛は東久邇宮に拝謁し「自分としてはこのまま東条にやらせる方がよいと思うと申し上げた。それはもし替えて戦争がうまく行くようならば当然替えるがよいが、もし万一替えても悪いということならば、せっかく東条がヒットラーと共に世界の憎まれ者になっているのだから、彼に全責任を負わしめる方がよいと思う」、「加うるに東条に全責任を押しつければ幾分なりとその方〔米国による天皇の戦争責任追及〕を緩和することができるかもしれない。それが途中で二三人交替すれば誰が責任者であるかがはっきりしないことになる」と語った（同四月一二日条）。

そのような逡巡を経つつも、重臣グループと東條の間にすきま風が吹き始めた。近衛によれば、五月一八日の重臣会議で、若槻礼次郎が食糧問題について国民の実情を訴えたところ、話の間わざと反対側を向いていた東條は開き直り「戦時中を何と心得るのか」と怒鳴ったため、皆非常な不快の念を懐《いだ》いて口を緘《かん》した（同五月一九日条）。若槻は「非難をする積りもなく事実を述べただけであったのに、ああいう精神状態は困ったものだ」と後で言っていたという。多忙でストレスのたまった東條は批判を受け付けなくなっており、それが重臣たちの反感を買ったのである。

続けて近衛は、迫水久常《さこみずひさつね》から聞いた話として「首相は官邸に殆《ほと》ど三十分位しか居らず、軍需省、参謀本部を廻り、その他は巷《ちまた》にあるといってよ」く、「そういう仕事が最も忙しいらしい」と揶揄的に評した。東条の民心掌握《みんしんしょうあく》への固執が、そのまま重臣連の離反につながった形である。

五日一六日、高松宮と同じ直宮の秩父宮《ちちぶのみや》（雍仁《やすひと》親王、陸軍大佐）より侍従武官を通じて「戦争指導上統帥部幕僚の意見と政府幕僚の意見一致せざる場合、東條大将は如何にするや」という質問があった。「意見一致せざる場合」との仮定を含み、それまでの質問とは趣が違った。

東條は「計画的あるいは無意識的に敗戦感を基礎とせられざるや」、政変（内閣交替）による難局の打開を企図されていないか、背後に相当の策動があるのではと疑った。「理論に依り書物で御答えするは適当ならず」として翌一七日、「現実においては国務と統帥とは十分うまく行って支障なし」、「御疑問存せば直接参上して御答え申上《もうしあ》ぐ、臣節《しんせつ》を尽すにおいて不十分の点あらば御前において割腹し御詫《おわび》申上ぐ」と答えた（『機密戦争日誌』）。相手が重臣ならともかく、秩父宮にまで直接行く、腹を切ると啖呵《たんか》を切るのは穏当ではない。東條の追い詰められた心境がうかがえる。

岡田との対決

サイパン陥落後、まず嶋田繁太郎海軍大臣・軍令部総長の辞任を求める運動がはじまった。

六月二六日、嶋田は海軍の長老・伏見宮《ふしみのみや》（博恭《ひろやす》王、大将）から海相辞任を勧告されたが、「殿下の仰せでは御座いまするが、もし私が辞めますことになれば東條も辞めることになりまして内閣の更迭ということになりますから、仰せに従うことはできかねます」(伊藤隆編『高木惣吉 日記と情報 下』)といって拒否した。東條も嶋田も内心はともかく、表向きにはなお強気の姿勢を崩さなかった。

嶋田の辞任はそのまま東條の指導力低下につながる。翌二七日、東條は重臣の岡田啓介を首相官邸に呼んだ。用件は岡田たちが水面下で進めている嶋田下ろしへの警告である。

向かい合った二人はしばらく無言だった。まず東條が「貴方がいろいろ動いておられると聞いておるが、私はそれを甚《はなは》だ遺憾に思っています」と口火を切り、次の押し問答がはじまった。「島〔嶋〕田海軍大臣を代えることは内閣の更迭となるから、私は海軍大臣を代えることはできません」、「私は島田は代えたが善いと思う。このままでは海軍は納まらぬし、戦もうまく行かぬ。また世間も納まらぬ。結局東條内閣のためにならぬから是非考慮されたが宜しい」、「それは意見の相違で私は承知できぬ。戦争のことを言われるが「サイパン」の戦は五分五分と見ている」、「是以上は唯繰返すことになるが、重ねて私は島田は代えたが善いと思ってる。是非考慮されてはどうか」、「考慮の余地はありません」(同)。かくして話し合いは決裂した。

東條は七月四日の閣議でも「今や真剣勝負の鍔《つば》ぜり合《あい》の状況にして、両方共腕を失い、脚を傷《きず》つける状態なり。その負傷のみに気をとられる時は、次には生命をも失うべし。宜しく敵の負傷に付け入り、之を殺害する方途に進むを要す」と叫び、強気の姿勢を示した（伊藤隆ほか「沢本頼雄海軍次官日記 東条内閣崩壊の序曲」）。他の閣僚は「所信の$\frac{1}{10}$をも開陳せず」「事勿《ことなか》れ主義」に終始した。東條としては、こうした言動をとることで閣議の分裂を阻止しようとしたのだろう。

しかしサイパンの敗北は日本の政界を震撼させ、反東條の動きがにわかに活発化した。

翼賛政治会は七月六日、代議士会を開催した。「発言者続出、南雲正朔《なぐもせいさく》〔もと民政党〕「東条の下にては戦い得ざる」旨《むね》熱弁を振う、拍手満堂《はくしゅまんどう》」という有様だった（中谷武世『戦時議会史』）。

衆院書記官長の大木操《おおきみさお》は、代議士会の空気は「東條内閣引退一点張《いってんばり》」のようで、加藤知正《かとうちせい》代議士が東條だけ残してあとは全部改造すべしと述べると「猛然《もうぜん》たる弥次《やじ》を受け、引っこめ、馬鹿まで発展」した、と同日の日記に書いている（『大木日記』）。

大木の七月七日の日記には、東條とサイパン島在留邦人についての記事がある。東條は、参謀総長として民間人を「皇軍と同一運命に立たしめ、以て士気昂揚の今後の方策とすることとして決裁」したが、閣議で異論が出るや「現地に処置一任」と「首相としての資格で決裁」したのだと聞いた。大木は「真疑判明せぬもありそうなことなり」、「涙出る。同時に憤激《ふんげき》もする」と書いている（同）。噂とはいえ、東條が形式主義的なやり方で同胞を見捨てたことは、軍事指導者としての権威を決定的に損ねたのである。

東條に全責任を負わせよ

サイパン戦さなかの六月二二日、東久邇宮は近衛文麿に「東條も今度は弱ったようだ。〔中略〕東條は「私も今日まで全力を挙げて来ましたが、とてももうやって行けません」と言って来た」ので、「そこで俺は、今は絶対にやめてはいかん。内閣を大改造してでもこの際は続けて行くがよい、と言ってやった」と語った（以下は共同通信社「近衛日記」編集委員会編『近衛日記』による）。東久邇宮は、内閣が替わると敗戦責任が不明瞭になり、皇室に累《るい》が及ぶ可能性があるので「悪くなったら皆東條が悪いのだ。すべての責任を東條にしょっかぶせるがよいと思うのだ」というのであった。

六月二四日、近衛は木戸内大臣と「最悪の場合及び東條辞職の場合」について意見を交わした。木戸は戦争「中止」の場合は「宮様内閣」以外にない、そのさいは「陸海官民の責任の塗り合を防止するため　陛下が全部御自身の御責任なることを明らかになさせらるる必要」がある、そうすれば「東條も黙過し得ず、適当の処置をとるべき事」を語った。東條が権力にしがみついて内閣を投げ出すはずはないとみていた。

近衛は七月二日、岡田啓介と会談した。岡田は「海軍の損害がどれ位か自分にも判らぬが、いろいろ総合して考えると、最後の決戦はもういっぺんやれるんじゃないかと思う。たとえば、飛行機の教官とか練習機などを総動員すれば、一通りの戦力になると思う。それをやれば国民も諦める。今直ぐ和平をやることはどうか」と述べた。

同じ日、近衛は松平康昌《まつだいらやすまさ》内大臣秘書官長に岡田の考えを伝え、木戸の参考にといって次のような趣旨の文書を手渡した。

一　敵側は東條を「ヒットラー」と並ぶ戦争の元凶であるとし、攻撃を彼一身に集中している。他の責任者が出て戦争を継続すると、責任の帰趨《きすう》が不明となり、その結果、累が皇室に及ぶだろう。

二　東條は昨今、倒閣陰謀を口にしつつある。中間的内閣が出れば、この陰謀説は必ず喧《けん》伝《でん》され、一層混乱を起すだろう。

三　戦争を継続すれば、戦局はますます不利となるのは明白であるから、国民は東條が去ったため敗戦になったとし、新内閣に信望をつなぐのはきわめて困難だろう。

近衛はこの文書で、東條内閣の退陣にあたっては東條への責任追及を行い、そのためには天皇が陸海軍統帥首脳に敗戦の事実を確認させることが必要とも書いている。東條があとで言い逃れができないよう、証拠を残せというのである。心底から東條を憎んでいたとみえる。

近衛は東條退陣時に天皇が慰労の勅語を下すと次の内閣がやりにくくなる、「東條万一不慮《まんいちふりよ》の災禍《さいか》に仆《たお》れたる時も、その辺の手心慎重を要す（たとえば、国葬、誄詞《るいし》等の問題）」、つまり東條が急に死んでも手厚い待遇はとるべきではないとまで述べている。これは当時一部で進められていた東條暗殺計画を念頭に置いているとみられる。

近衛が文書に記したシナリオは、東條退陣後は皇族（高松宮が最適任）に組閣させ、時を移さず停戦の詔勅を下す、停戦は速やかに行う必要がある、というものだった。「停戦即無条件降伏」と覚悟せねばならない。まだ余力があるからといって条件の緩和は期待できない。英米の意図は、日独の戦争力を余すところなく破壊して、第一次大戦の轍を踏まないという点にあるからである。

近衛は七月八日、木戸と会談して前記の七月二日の文書にふれ、その後岡田（啓介）、末次《すえつぐ》（信正《のぶまさ》）、小林《こばやし》（躋造《せいぞう》）各大将の意見を聴いて「艦隊決戦には万々一の僥倖《ぎようこう》なしといえず、国内関係よりいうも今日直ちに和平をなすことは至難《しなん》なり。即《すなわ》ち、最後の落着点《らくちやくてん》は大体見透し得るも、国民に万やむことを得ずという諦めを懐《いだ》かしむる必要上、艦隊決戦ぐらい実行する中間内閣の出現も致《いた》し方なきやも知れず」と述べた。木戸は「大体俺もそう考える」と応じた。ただちに降伏は国民が納得しないので、もう一度艦隊決戦をやって勝てばそれでよし、負けても国民の「諦め」が得られて和平に持ち込めるからよし、というのである。興味深いことに、彼らは敵米英よりもむしろ自国民のほうを恐れていた。

こうして重臣たちの間に、東條退陣→艦隊決戦を行う中間内閣の樹立という当面の筋書きが作られたのであった。

昭和天皇の退位構想

東久邇宮は七月七日、賀陽宮恒憲王《かやのみやつねのり》（陸軍中将）と「戦況より観察すれば、大東亜戦争は近き将来に最悪の場合が来らんとす。この際我国は玉砕すべきや、あるいは講和すべきや、歴史は永遠にして一国の興亡は繰り返えす。故《ゆえ》に玉砕は避けざるべからず。講和をなすとすれば、その時機は大に研究を要す。また方法はソ連を介《かい》してなすかあるいは他の国を仲介者としてなすか。天皇の御位は極力確保せざるべからず。最悪の場合、我々皇族は今より覚悟し、その対策を研究しおかざるべからず」と話した（『戦史叢書 大本営陸軍部〈8〉』）。天皇の「御位」というのは、降伏後の昭和天皇の退位を見越し、別の皇族が即位することを想定している。敗戦を見すえ、さまざまな人々の思惑が交錯していた。

東久邇宮は七月八日、近衛と会談した。近衛は木戸と話し合った結果として、陸海軍に戦争継続の意思があれば今すぐの講和はできない、東條内閣は徐々に総辞職の方向へ向かわせ、そのあとに「短命の内閣」を作る、その首班には寺内寿一元帥が適任であると述べた。そして、寺内の後に東久邇宮が講和問題を担う、講和は英国に申しこみ、その際に天皇は退位して皇太子に天皇の位を譲り、高松宮が摂政になるのがよい、とした。

議会は倒閣大会に

一九四四（昭和一九）年七月六日の翼政会代議士会は「倒閣大会」の観を呈《てい》し、これまで東條に協力してきた大麻唯男も「諸君の意のあるところはよくわかった」と発言したという。その四日後、七月一〇日の『東條内閣総理大臣機密記録』には、「翼政の動向は混沌《こんとん》として機微《きび》なるものあり。総理としては、翼政は東條内閣に対し、戦争遂行上、不安の念を抱懐《ほうかい》しあるものと観取《かんしゅ》しあり」とある。東條も議員たちの動向に神経を尖《とが》らせていた。

七月一四日『東條内閣総理大臣機密記録』には「前田米蔵《まえだよねぞう》氏を取巻く一部においては、翼政の一般とは別個に、竊《ひそか》に和平問題を検討し、和平実現のためには東條内閣の倒閣を必要とし、倒閣のためには難題を持込み、即ち重臣の一部を閣内に迎えざる限り、翼政は政府に協力し得ずと脅喝的言葉を弄《ろう》しつつあり」とある。前田は翼政会総務会長である。議会の一部から和平促進のため重臣と結んで倒閣を目指す動きが出ていた。民意を背負った彼らを憲兵で弾圧するのは不可能に近い。なによりも戦争に勝てていない東條に、これらの流れを止める力はなかった。

　また、翼政会反主流派である岸信介代議士のグループも倒閣運動を進めていた。ただし、彼らの目的は別の内閣による徹底抗戦であり、同じ倒閣運動でも翼政会主流のそれとは最終的な目的が正反対であった（古川隆久『戦時議会』）。

岸信介の策動

　七月一〇日、重臣であり翼賛政治会総裁でもある阿部信行は、東條に対して大臣と参謀総長の兼任制の廃止と重臣の入閣を進言した。一方、翼政会反幹部派の中谷武世《なかたにたけよ》らは岸信介に接近し、東條内閣打倒を説いた。岸は七月一一日、「東條から辞職を求められた場合、これを拒否して内閣不統一で東條内閣を引き倒す」と打ち明けた。その前日、岸は木戸内大臣と接触していた。

　一三日、その木戸は東條に①専任総長の設置、②嶋田海相の更迭、③重臣の「包擁把握」の三点を要求した。木戸は東條への批判が天皇や自己に向かうのを恐れたのである。

　ただし昭和天皇自身は③の重臣入閣をさほど重要視していなかった。東條は参謀総長を辞職するとともに、嶋田大臣を辞職させ、あわせて重臣の入閣に乗り出した。海軍の長老・米内光政を国務大臣として入閣させようとしたが、そのためにはかねて関係の悪化していた国務大臣・岸信介に辞表を出してもらわねばならなかった。岸が辞表を出さないのであれば閣内不統一で内閣総辞職しかない。

しかし岸は辞職を拒否した。すでに木戸幸一との間で倒閣の話がついていたからである。四方《し》諒二《かたりょうじ》東京憲兵隊長が軍刀を立てて、「東條総理大臣が右向け右、左向け左と言えば、閣僚はそれに従うべきではないか、それを総理の意見に反対するとは何事か」と恫喝《どうかつ》した。「黙れ兵隊！　お前のようなことを言う者がいるから、東條さんはこの頃評判が悪いのだ。日本においで右向け右、左向け左という力をもっているのは天皇陛下だけではないか。それを東條さん本人が言うのならともかく、お前たちのようなわけのわからない兵隊が言うとは何事だ、下がれ！」と言うと、四方は「覚えておれ」といって出ていった（岸信介ほか『岸信介の回想』）。

この回想の真否はともかく（実際には、岸はこのとき高熱で寝込んでいたという）、東條の政治が憲兵の恫喝によっていたのは事実である。憲兵の監視は近衛の身辺にも及んでいた。常に細川を尾行し、近衛の運転手に電話で出頭せよと命じる「いつものいやがらせ」（『細川日記』七月一〇日条）をしていた。さらに「荻外荘の門前には、人家を強制借用して憲兵が電話を盗聴し」ていた（同七月一四日条）。

東條に入閣を要請された米内光政もまた、陸海軍軍務局長らの説得にもかかわらず拒否の姿勢を貫いた。七月一七日、近衛が木戸の要請に応じて開いた重臣会議で、若槻礼次郎、岡田啓介、広田弘毅《ひろたこうき》、近衛、平沼騏一郎、阿部信行、米内の七名中、阿部を除く六名が内閣改造に反対した。さらに同日午後九時半、岡田啓介が重臣を代表して「この重大なる時局を乗り切るには、人心を新にすることが必要であります。国民、皆相和《あいわ》し、相協力し、一路邁進《いちろまいしん》する強力なる政府でなければならぬと思います。一部改造の如きは何もならぬと存じます」という上奏文を作成した。彼らは倒閣の方向で意思統一していたのである（『近衛日記』）。

内閣総辞職

七月一八日午前零時五分、万策尽きた東條は内閣総辞職を決断し、ここに二年九カ月にわたる東條内閣は崩壊した。東條は、重臣の支持という「世論」形成に失敗した以上、天皇の信任を維持することはできないと見切りをつけたのである。

岡田たち重臣と結んで東條倒閣運動をしていた高木惣吉海軍少将は、一八日の日記に「東條は参内、辞表も捧呈せずして総辞職の決意を述べ、後継内閣の組閣に協力すべき事、奏上《そうじょう》。暗に御引留《おひきと》め下さる最後の機会を狙える心情陋劣唾棄《しんじょうろうれつだき》するに堪えたり」と書いた（伊藤隆編『高木惣吉　日記と情報　下』）。これは東條憎しの邪推《じゃすい》だろうが、天皇が東條を「引留め」ようとしなかったのは事実である。

同じく一八日、東條内閣の延命に奔走した星野直樹内閣書記官長は、衆院書記官長・大木操のところへ来て内閣総辞職を告げた。「大分岸などが種々策謀したらしいな」という大木に、星野は「改造には重臣を入れろという主張をして置きながら、一方手を廻して絶対入らぬよう詰めかけるなどとは怪しからぬ」、「一時は強く圧《おさ》えつけて強行することを考えたが、どうも無理があるのでやめた」と「多くをいわず、怪しからぬという面持」で愚痴をこぼした（『大木日記』）。東條の心境もこれと同じものだったろう。

陸相留任ならず

参謀総長を退任した東條は後任に梅津美治郎を推し、陸相の方は続投を希望した。好意的にみれば、最後まで戦争指導をやり通したいという〝闘志〟のあらわれである。

東條、梅津、杉山教育総監の三長官会議で後任の陸相を話し合い、梅津が東條続投に反対したため東條の辞任、杉山の陸相横すべりが決まったとされるが、この間の経緯にはよくわからないところがある。東條が小磯に対し、現役続行と陸相への留任を望んだが断られたという話もある。近衛が小磯から聞いたところでは「大命《たいめい》奉持者としてでなく、一個の小磯として一個の東条に忠告するが、留任するというようなことは、貴様のためにならんぞ」との発言があったという（『細川日記（上）』七月二四日条）。

戦後防衛庁で戦史研究にあたった今岡豊によると、陸相に阿南惟幾、山下奉文を推《お》す梅津に、東條が今阿南を前線から戻すことはできない、山下は二・二六事件に関係があったといって反対した。東條留任が決まりかけたところで、組閣の大命が小磯と米内光政に下ったとの報が入った。すると東條は「米内大将が総理か副総理なら、私は陸軍大臣を断ります」、「私は彼の下で大臣を務めることはできない」と言い出して後任に杉山を推し、結局承諾させてしまった。話としては面白いが、真否は不明である。ただ、東條の性格からして梅津の辞任要求に唯々諾々と従うとも思えないので、ありそうなことではある（上法快男編『最後の参謀総長 梅津美治郎』）。

陸相続投を逃した東條は、予備役編入を願い出て認められた。近衛文麿はその意図を「一つはヤケッパチ、二は現地へ派遣せらるるを恐れてなり」とみていた（『細川日記（上）』七月二四日条）。ヤケになったか、現役に残ってどこかの前線へ軍司令官として飛ばされるのを恐れたかのどちらかだ、というのであるが、これは東條憎しの邪推だろう。本人は「今後お召あらば、仮令《たとい》予備役となりあるも、進んで戦地第一戦において軍務に鞅掌《おうしょう》すべき決意なり」と述べていたからである（『東條内閣総理大臣機密記録』）。予備役入りの正式な理由は、東條は首相になった時点で本来なら予備役入りすべきところ、陸相の資格で特旨により現役に残った、首相・陸相を辞任した今、現役に残る理由はなくなったというものだった（『機密戦争日誌』七月二一日条）。

かつて東條を陸相に推し、その下で次官を務めた阿南惟幾（大将、第二方面軍司令官）は七月二二日の日記で、東條内閣が「悲惨なる結果を以て終幕」したのは「驕慢《きょうまん》にして人事私を事とせるは、世人特に陸軍の不満を来し」、「至誠《しせい》の不足と国難に対する言論界の謹慎《きんしん》とは東條その人を驕慢不遜《ふそん》に陥れ」たからだと指摘している（沖修二『阿南惟幾伝』）。

陸軍部内でも東條の人事政策に対する不満が鬱積《うっせき》していた。また、東條を「総帥」たらしめんとしてとられたメディア戦略が、かえって「驕慢」という印象を生んでいたとはいえるだろう。

こうして東條は陸軍内における影響力を完全に失った。腹心の佐藤賢了軍務局長、冨永恭次陸軍次官、赤松貞雄《あかまつさだお》秘書官、四方諒二東京憲兵隊長、西浦進軍事課長らはあいついで戦地へ左遷された。

〝お家〟への籠城

陸軍は小磯新首相の現役復帰、陸相兼任を拒否するため、七月二〇日に「予備役将官たる内閣総理大臣を現役に列せしむる件」と題する上奏案を準備した。軍事課長・西浦進大佐によれば、「（三長官会議を経て準備し）大臣まで決裁を得大臣保管」していたもの、すなわち陸相退任直前の東條が決裁したものである。この文書には「〇〇《ママ》大将に就《つい》ては今特に現役に列し軍務に服《ふく》せしむるの必要は軍としてこれを認められませずまた現下戦争遂行間の内閣総理大臣と致しましてもこれを現役に列すると否とに拘らず政戦両略の一致につきましては何等《なんら》の差異を生ぜずと存ぜられます」とある。要するに小磯が現役だろうが予備役だろうが「政戦両略の一致」には何も変わりがないので現役復帰は拒否するというのだ（稲葉正夫編『現代史資料37 大本営』）。

筋からいえば、陸軍は「政戦両略の一致」による戦争完遂のため、小磯を現役復帰させて、東條と同様に陸相を兼任させるべきだったろう。しかし陸軍はそれを完全に拒否した。

東條が小磯を重臣勢力、特に米内の息のかかった人間とみて、これを嫌ったのはまだわかる。前掲の上奏案が「在郷者にありましては既に社会的政治的に各種の関係を生じたる者もあり」云々と述べているのは、小磯に対する嫌味である。

問題は、杉山陸相と梅津参謀総長が、東條のやり方に同調したことだ。彼らは、重臣たちが自分たちに敗戦責任を全部押しつけようとしていることを看破した。東條が首相として陸海軍の船舶や資源配分を調整する際、いつも身内の陸軍が割を食わされているという不満も部内にくすぶっていた。そこで彼らは、陸軍という〝お家〟への籠城ともいうべき挙に出て、再び陸軍の利益のみを主張しようとした。別の言い方をすれば、敗戦まであと一年を残したこの時点で、彼らはすでに戦争を投げていたのである。

昭和天皇の東條観

もっとも、天皇には東條内閣更迭の積極的な意志はなかった。戦後になって天皇は「東条内閣がかく評判が悪くなったに不拘《かかわらず》、私が進んで内閣を更迭しなかった」理由として、田中内閣更迭を命じて軍の反発を招いた「苦い経験」、東條に代わる力量のある者がなかったこと、「従来大東亜の各地の人々と接触して」きた東條を更迭すれば「大東亜の人心収拾ができなくなる」と考えたこと、の三つを挙げている（寺崎英成ほか『昭和天皇独白録』）。

天皇は『独白録』で「東条は平沼からいわれて辞表を提出した。袞龍《こんりょう》の袖に隠れる〔君主の権威にすがって地位を維持すること〕のはいけないといって立派に提出したのである」と述べていた。天皇から見ると、東條はこれ以上首相の地位に固執して「世論」の反感が天皇に向かってしまうのを避けるため、辞表を出したことになっている。つまりは自分をかばうために一身を犠牲にした忠臣である。だから「立派」なのである。

天皇が少なくとも一九四四（昭和一九）年七月まで東條を信任した理由の一つが、東條が常に丁寧な上奏を心がけ、下問にも真摯《しんし》に応えようと努力していた点にあったのはよく知られている。

昭和天皇は東條について「東条は一生懸命仕事をやるし、平素いっていることも思慮周密《しりょしゅうみつ》で中々良い処があった」、「彼は万事、事務的には良いが、民意を知り、特に「インテリ」の意向を察する事ができなかった」とも述べている。後段は東條が民意、特にインテリの心をつかむことができなかったという批判である。だが、逆に言うと非インテリの「民意」はある程度はつかめていた、ともいえる。

東條が枢密院、天皇の面前でしばしば逆上していたことは前述した。想像をたくましくすれば、枢密院が元外交官などインテリの牙城《がじょう》だったことが、東條の敵意に火をつけたのかもしれない。「平民派」東條には帝大卒外交官や政治家のような高い教養があるわけではなく（赤松秘書官によれば探偵物が好きだった）、非インテリの大衆にしか支持基盤を求められなかった。

戦前の日本では、軍人と官僚の教育、気質の違いが両者の不仲をもたらしていたのは有名な話である。そんななかで武藤章は陸大時代にさまざまな読書をして教養を身につけたことがのちに各省の官僚との意思疎通を可能にしたと述べ、「言外に自分は軍人として例外だとし、それを誇りにしてい」た（竹内洋『日本の近代12 学歴貴族の栄光と挫折』）。この教養を鼻にかけるような態度も、東條による外地左遷の一因になったのでは……とは臆測が過ぎるか。

四五年一月一六日の細川護貞の日記に、近衛が内田信也《うちだのぶや》（東條内閣の農商相）から聞いた話として、「前に東条が満洲を旅行したるとき、帰途名古屋にて知事に向い、県吏《けんり》及び震災罹災《りさい》者《しゃ》を集合せしむべきことを命じ置き、自ら訓示をし、後者には金一封を与えたりと。知事は、

「東条さんとは変な人なり」と思いいたるも、罹災者は、「さすがに東条さんは偉い」といいおれりと。日本人の頭の程度は、東条のこの種行動と丁度合致するものか？　東条がインテリは眼中になし、大衆は自分の味方なりという所以か」とある（『細川日記（下）』）。「震災」は四四年一二月七日の昭和東南海地震を指すとみられるが、東條が満洲視察から帰国、米子飛行場に着いたのは一〇月九日なので（『読売報知』一〇月一〇日朝刊）、何らかの混同があるのかもしれない。

罹災者にすれば、金などよりも立場のある有名人が自分たちを気に掛けてくれたことに感動したのである。東條は総力戦指導者として、しょせんは口舌の徒に過ぎぬインテリよりも、大衆の心をつかむことが大事だと考えていたのではないだろうか。

東條の「附け届け」工作

天皇個人の厚い信任とは別の問題として、東條が皇族をはじめとする宮中関係者の抱き込み工作をしていたことは述べておく必要がある。一九四四（昭和一九）年一〇月一五日の細川日記には、宮内省の奥向きに東條の礼賛者がいるのは「附け届けが極めて巧妙」であるためで、秩父、高松両殿下に自動車を秘かに献上し、枢密顧問官には会ごとに食物、衣服などのお土産があり、中に各顧問官それぞれのイニシャル入りの万年筆なども交っていた、鳩山（一郎か）

は東條は一六億円の金を持っているといっているが、近衛はそれを中国の阿片《あへん》密売で得た金といい、共謀者の名前まで挙げた、といった噂が書かれている(『細川日記(下)』)。

東條は陸軍機密費のみならず、阿片で得た資金を宮中への政治工作に使っていたというのである。このうち、自動車の献上については四二年一二月三〇日の東久邇宮日記に「このたび、陸軍大臣より各皇族に自動車をさし上げる事となれり」とある。また予算班長の加登川幸太郎は、戦後に陸軍の経理関係者が編んだ『陸軍経理部よもやま物語』で「何に使ったかわからんけど、東條さんが総理大臣になった時、ぼくは覚えてるんだけど、三百万円という機密費三口を内閣書記官長に渡せ、と来るんだね」、「あの頃二百万円あったら飛行機の工場が一つ建ったんだから」と語っている(吉田裕『シリーズ日本近現代史⑥ アジア・太平洋戦争』)。政治経験の乏しさを軍人らしく〝実弾〟で補っていたのか。

「説明しようとしても説明つかんですよ」と加登川がいうほどの巨額の金を、東條が政治資金として各所へばらまいたのは事実とみられる。かつて愛児のためにささやかな積み立て貯金をしていた男がここまでになったのだ。もっとも阿片うんぬんになってくると、信憑性のほどはわからない。鳩山は「かくの如き有様なれば東条復活の危険多し」と言ったというので、東條の報復に対する恐怖心が生んだ幻影かもしれない。

四四年九月四日の細川日記には、伊沢多喜男《いざわたきお》(枢密顧問官)からの情報として、岸信介は在任中、「数千万円少し誇大にいえば億を以て数える金」を受けとった、その参謀は鮎川《あゆかわ》（義《よし》介《すけ》）で星野（直樹）も参画していた、この二人の利益分配がうまく行かなかったことが内閣瓦壊の一つの原因だったと、藤原銀次郎が驚いて話していた、とある（『細川日記（下）』）。事実であれば、この「億」単位の金の出所は、東條以外になかろう。

これらの奇怪ともいうべき噂にどの程度の信憑性があるのかは何ともいえない。ただ、東條個人はきわめて金にきれいで、終戦まで闇物資を買うこともなく配給で生活していたという。退陣後の東條は自宅の裏庭で野菜を作るのを日課としていた。

戦後になって噂の真偽を質された岸は「どういう根拠で言っているのか、訳がわからないですね。東條さんとの関係においても、金銭的に東條さんを援助したこともぜんぜんありませんし、また東條さんから、金をもらったこともありませんしね」とそっけなく否定している（岸信介ほか『岸信介の回想』）。

国民と東條の関係

細川護貞は「嗚呼《ああ》、遂に東条内閣は倒れたり。我国はじまって以来の愚劣《ぐれつ》なる内閣は、我国始って以来の難局に直面せるこの時、遂にのたれ死にたり。恐らく国民が、是程《これほど》一致して内閣を倒したることなかるべし」と七月一八日の日記にその喜びを綴っていた。では、その「国民」の東條観とはどのようなものだったろうか。

評論家の清沢洌は、一九四四（昭和一九）年七月二二日の日記に「〔指導者層とは異なり〕一般民衆は東條の評判がいいとのこと。例の街に出て水戸黄門式のことをやるのがいいのだろう」と記している（清沢『暗黒日記 2』）。

東條は政権最末期まで、国民大衆に対し、清沢言うところの「水戸黄門」的自己演出を続けていた。『寫眞週報』三一八号（一九四四年四月二六日）の「大臣必勝生活を視察」と題する報道記事は、神奈川県下の池貝鉄工所工場を国民服姿で訪問し「新応徴士」に「「諸君とともに戦い抜こう」と力強い激励の言葉をおくった」東條とともに、築地の第一雑炊食堂で「お客と膝を交えて温い雑炊丼をかかえ」て「「これはうまい」と満足そうに舌鼓《したつづみ》を打つ腹心の安《あ》藤紀三郎《どうきさぶろう》内相、「四月一日から始まった学童給食はどうだろう」と白金《しろかね》国民学校を訪れて「嬉しそう」な岡部長景文相らの姿をすべて写真付きで報じている。これは国民の「給養」に気を配る「水戸黄門」的「総帥」を閣僚たちで分担したと言える。

東條は四三年九月七日のメモに「最後の勝利を得るものは、国民精神と食糧確保が最後の決を与うるに至るべし。これが〔ため〕国内の団結、大東亜の団結と共に、国内は元より各地域における急速なる自活態勢の確立を急務とす」と書き、第一次大戦時の独国の例に則して戦争を考えていた（『東條内閣総理大臣機密記録』）。しかし食糧を運ぶ船舶の量にも、国内自活にも限りがあった。よって閣僚たちが大衆の好む水戸黄門のように振る舞って国民の不満をそらし、「団結」を維持するしかなかったのである。

確かに内閣総辞職した東條には批判が殺到した。「米喰糞太郎」を名乗る人物は「こら英機の馬鹿野郎五十万人の兵隊さんを殺しておきながらその結末をつけずに大臣をやめておめおめ生きているのか、何故軍人らしく腹を切らぬか」という「反戦不穏投書」をした（『特高月報』昭和一九年八月分）。

しかし、東條退陣には別の見方もあった。川島高峰は八王子市で郵便局長を務めていた村野良一の「東條内閣総辞職。一般に再降下期待す。政治知識の欠乏を知る」という七月二〇日の日記（八王子市郷土資料館編『八王子の空襲と戦災の記録 市民の記録編』）を引用し、戦後の「悪役」東條のイメージとは異なった受けとめ方が、銃後の民衆にはあったとする（川島『流言・投書の太平洋戦争』）。

戦後に時代小説家となる山田風太郎は、医学生だった一九四四年七月二〇日の日記に、東條内閣総辞職に対する周囲の反応を「「無責任な奴だなあ！」とみな東条さんを罵る。東条さんの苦しみはしかし一個人の責任無責任ではあるまい。ともあれ、緒戦《しょせん》当時議会で獅子吼《ししく》したあの力強い声はもうきかれない」と記している。その前日、山田の知人は酩酊《めいてい》して「だれがやったって同じだ。東条がいまやめるなんて、そんな無責任なことをさせてたまるか」と「絶叫」

した（山田『戦中派虫けら日記』）。これらの反応は、東條が「責任」ある国民の指導者と認識されていたこととの裏返しである。そしてその認識はラジオなどのメディアを通じて形成されている。

東條と天皇はどちらが偉い？

一九四三（昭和一八）年から四四年にかけて、警察などに東條を批判する投書が増えていった。しかしその一方で同時期に警察が全国各地で摘発した国民の言動には「天皇陛下と東條さんとが病気したら皆平癒祈願《へいゆきがん》をするだろうが、恐らく東條さんの方が多いだろう（検挙）（製材商 奈良）」と、天皇よりも東條を尊敬する発言すらみられた（警保局保安課「最近に於ける不敬、反戦、反軍其の他不穏言動の概要」南博編『近代庶民生活誌④ 流言』所収）。こうした国民の東條人気はどこからきたのだろうか。それを考えるうえで、東條内閣退陣直後の七月二〇日、作家の伊藤整《いとうせい》が記した次の日記は興味深い手がかりとなる。

ぎょっとする。この戦争は、東條内閣において始められたのだから、この内閣がやりとげなければならぬように、私たち国民は思っていた。また事毎《ことごと》に、戦争貫遂《ママ》の強靱《きょうじん》な意見を述べていた東條首相が、いまこの戦況不利の時に辞任するというのは、何となく敵に後を見せた形であり、敵は「トウジョウ、ディスミスト〔dismissed　退陣〕」などと大見出しの新聞記事で歓呼しているのではないかと思うと、何とも言えず残念なことでありかつ心細いことである。（伊藤整『太平洋戦争日記（三）』）

東條に対する「国民」の人気が唯一の軍事指導者としてのそれであったこと、そのようなイメージは、東條が己の軍事的「強靱」さを各種のメディアで硬軟織り交ぜて強調した、いわば自己演出の積み重ねによって醸し出されたものであったことがわかる。

確かに東條は、清沢いうところの「水戸黄門」を意図的に演じていた感がある。戦時中『電撃宰相　東條英機』などと題する評伝が複数刊行されていたことは前述した。その一つである小田俊與編著『聖戦画帖　戦ふ東條首相』（一九四三年）は子ども向けの東條半生記というべき絵本だが、そこには背広姿の「おしのびで」突然東京市内の米屋に現れ、米俵を粗末に扱う店員を「私達国民はたとえ一粒のお米でも、粗末にしては申訳がありません」といって「懇々《こんこん》とさとす」（ただし絵面は諭《さと》すというより握り拳を振り上げて叱責している）東條の姿が描かれている。食糧不足や配給担当者の横柄さに対する人々の不満が蓄積していく中で、それを叱責する東條は、まさに「水戸黄門」である。

東條は、首相在任時、自己を「電撃宰相」とキャラクター化する自己宣伝を続けていた。そうした演出の多くが「少国民」や女性を念頭に置き、「国民の給養」に配慮する「総帥」像をつくりあげることを意図していたのは重要である。それは東條なりの総力戦認識の反映とみなしうるからだ。

その他の国民大衆の東條観として、一九四四年初頭に警察が摘発した以下の「不平不満の言動」は興味深い。

（甲）一体政府は米の割当基準を何に依って決めたのか、配給量丈《だ》けでは仕事にならん

（乙）東條さんが群馬地方に行かれた時土地の者が玄米食を出した所それには見向もしないで供の者が出した御馳走の弁当を食べられたそうだ

（丙）吾々《われわれ》下積の者は押さえられているが、こんなことを聞くと全く厭《いや》になるね（警保局保安課『思想旬報　第一号（四・一〇）』収録の食糧をめぐる「不平不満の言動」南編前掲書所収）

この東條と弁当をめぐるやりとりは、「国民の給養」に気を遣う水戸黄門としての東條のイメージが地方まで行き渡っていた証左《しょうさ》といえる。ただ戦局と国民生活の悪化によって、そうした期待は裏切られた。その結果、東條への好悪の情を表す針が、マイナス方向へ一気に振れた

のである。

「社会改革」者?

東條が内閣総辞職して政治から姿を消した翌年の一九四五（昭和二〇）年になっても、彼への反感は流言として語られていく。北海道在住、農業の男性（四八歳）は「東條は住宅を建築したそうだが兵隊に殺された　東條は利敵行為をしたため家族や妾《めかけ》に至るまで殺された」との流言を「自己の憶測を加え」て「部落民数名に流布」したかどで「警察事件送致」された。千葉県の土木請負業男性（年齢不記入）は「東條大将は財閥と結託して莫大な金を儲けて立派な別荘暮しをしているから毎日のように別荘に石を投げ込まれているそうだ」との「流言」を「東京方面より来たる半島人より聞知」し「近隣に流布」したとして「警察厳諭」となった（憲兵司令部「五月中における造言飛語」南博編『近代庶民生活誌④　流言』所収）。これらは先ほどの弁当の噂と同様、メディアを通じて拡散された公平無私な「総帥」「社会改革」者としての東條像が、国民生活悪化のなかで一気に逆転したものと考えられる。

戦前、衆議院議員を二期務めた竹下文隆《たけしたふみたか》は、戦時中の著書で東條内閣の推進した戦時改革について「冗漫《じょうまん》無駄のものが総て淘汰され、何事も集約的にまた効果的に案配される傾向あるはまた一かどの社会改革である」、なかでも「一律平等の配給制」は「戦争の齎《もたら》し来った最大なる改革であって、改革論者さえ夢想だにせざる右翼社会主義者のユートピアに近い観がある。
亓《そ》は兎も角一定量の配給しか何物をも購《あが》い得ざる今日は、まさに最少所得生活者の勝利の時」と述べている（竹下『われらの闘魂』）。

竹下の著作は、それが前出の反東條の言論人・野依秀市経営の出版社からの刊行であることを思えば、東條に対する批判ないし揶揄の文脈で理解すべき発言かもしれない。だが「一かどの社会改革」の箇所は、同時代大衆の東條観を考えるうえで無視できないのではないか。前出の弁当をめぐる流言は、人々のあいだに「改革」者としての東條幻想が存在し、かつ戦局悪化によりそれが崩れる過程で出てきたと思うからだ。

むろん東條は左翼ではないし、「社会改革」などまったく考えていなかった。一九四三（昭和一八）年一二月二六日の衆議院予算委員会で、東條に対し、世界各国で航空機生産の四〜六割は女子であるから、日本も理屈を抜きにして女子を動員ではなく（強制的に）徴用すべきではとの質問が出た。すると東條は、あなた方が議会で大いに活動されているのは、細君なり子供がしっかり家庭を守っているからだ、そこに日本の強い所がある、「それを個人主義に立った毛唐式に皆引張り上げた時に日本の国家はどうなるか」、徴用は「日本の国体を深く考えた所に立脚しておらぬ考え」だと強く否定した。

東條は、米英のように女子を男子と同様に働かせれば、権利意識を持って国家にあれこれと要求しはじめ、最終的には第一次大戦時のドイツのように敗戦を招くと考えていたのではないだろうか。東條は伝統（「国体」）の固守を、喫緊《きっきん》の課題であるはずの航空機増産よりも重視していたのである。

東條は四二年八月ごろ、女子の動員について、陸軍省のある課長が作った「徴用に準ずるような奉仕作業を特に「中流以上の家庭の女子」を目標」に課すとする案に再考を命じた。理由は「何も特に中流以上と限定する要はな」く「階級的なあぶない思想にしらずしらず踊らされては大変だ」からであった（『東條内閣総理大臣機密記録』）。東條にとって、中上流階級の女子を強制的に労働させることは社会主義の考え方そのもので、絶対にうけいれられないものだった。このように、東條は個人主義の強化、男女や階級の平等化といった「社会改革」には完全に否定的であった。

特攻に期待する

ここからは首相退任後の東條をみていく。東條は、首相経験者として重臣の地位を与えられた。しかし指導層からの総スカンを食らって辞めただけに、表舞台に立つことはなかった。

一九四四（昭和一九）年の晩秋、高宮太平が用賀《ようが》（東京都世田谷区）の東條宅を訪れると、「首相時代の東条から、すっかり少将ごろの「東条さん」になっていた」という。二人は焼夷《しょうい》弾《だん》くらいではびくともしない立派な防空壕のある庭で、落ち葉をたきながら満洲時代のよき思い出を語り合い、大いに笑った。その後も数回訪れたが、東條からは開戦に対する反省はほとんど聞かれず、「あのとき開戦したのは当然だという考え方」であった。高宮は「それでなければ生きていられなかったであろう」とみていた（高宮『昭和の将帥』）。

そんな東條に、ひさしぶりに天皇の面前で戦争指導について語る機会が巡ってきた。

一九四五年二月七日から二六日にかけて、昭和天皇は七人の重臣たちに今後の戦争指導に関する意向を聴取した。近衛文麿が有名な「近衛上奏文」を作成し、共産革命防止のため即時和平を主張したのはこの時である。東條の参内は最後の二六日であった。

このときすでにフィリピンの戦いは陸海軍特攻機の相次ぐ出撃にもかかわらず、事実上、日本側の敗北に終わっていた。二月一九日、米軍は小笠原諸島の硫黄島に上陸、日本軍守備隊との間に激戦が繰り広げられていた。

しかし東條は天皇と侍立した藤田《ふじた》尚徳《ひさのり》侍従長に向かい「敵が戦艦一隻を、また空母一隻を増したりと知りて、我またこれに倣《なら》わんとするも及ばず。我は特攻隊によらば一、二機の飛行機と爆薬または快速艇をもってこれに対抗するの策を講ずべし」、「かく考え来れば我国は作戦的にも余裕あることを知るべし」と特攻継続の強硬論を述べていた。さらに和平工作について「敗戦思想」と批判、「我本土空襲も、近代戦の観点よりすれば序の口」と強気の意見を展開した（藤田『侍従長の回想』）。

そして東條は最後に国民の「生活問題に対する懸念、配給の現状、生活困難」についての考えを述べ、「とかくの論議はあれど、最近フィンランドより帰朝せる者の談を聞くに、日本の現状はフィンランドやドイツに比して苦しからず」、「配給に対する苦情も、従前の飲食に対する考えより起る。陛下の赤子《せきし》なお一人の餓死者ありたるを聞かず」と言い切った。最後まで国民は軍に付いてくるはずだ、との考え方を捨てなかったのだ。先の高宮の見方にしたがえば、東條は敗北徹底抗戦をそう考えねば「生きていられなかった」のかもしれない。

藤田侍従長によれば、これを聞いた「陛下の御表情にも、ありありと御不満の模様がみられた」という。しかし天皇は近衛の主張する即時講和を「もう一度、戦果をあげてからでないとなかなか話は難しいと思う」と述べて、なお決戦による一撃講和に望みをつないだ。その最後の機会が沖縄で、四月にはじまる沖縄戦では陸海軍とも大量の特攻機を南九州、台湾から出撃させた。その特攻について、天皇は東條上奏の三日前、陸軍に「振武集団〔ルソン島中南部配備の陸軍部隊〕と硫黄島は誠によくやる」、「硫黄島に対する特攻を何とかやれ」と命じている（中尾裕次編『昭和天皇発言記録集成 下巻』）。

前出の鈴木貞一は、航空特攻作戦が失敗した理由を次のように説明していた。鈴木の構想では、特攻作戦は「ぼくが初めに飛び込むから、それで来る人にも供養になるから、とにかく後の者は決心してやってもらう」というものだった。指揮官が自ら先頭に立ち、大挙突入することにより、「これだけの人間が死んでも、アメリカの艦隊は全滅するという意味において、死にがいがあるわけだ」った。ところが、実際の特攻作戦は「一つ一つずつに、ポツンポツン飛んで行ってはやられておる」という結果に終わった。鈴木は「そういうものを構想をした人が、本当にやらないと〔特攻は〕できないですね」と述べている（『鈴木貞一氏談話速記録（下）』）。

東條も鈴木に影響されてか「自分も爆弾を懐いて飛び込む時が来れば……これが日本の強味である。これを生かして勝ち抜かねばならない」とはいっていた（『東條内閣総理大臣機密記録』四四年六月二〇日）が、みずから特攻作戦の先頭に立つことはなかった。

東條の行った航空特攻作戦に対する国民の反応についてもふれておきたい。「堕落論」で著名な作家・坂口安吾《さかぐちあんご》は敗戦後の一九四七年のエッセイ「特攻隊に捧ぐ」のなかで、特攻について「戦法としても、日本としては上乗のものだった。〔中略〕戦争の始めから、航空工業を特攻専門にきりかえ、重爆などは作らぬやり方で片道飛行機専門に組織を立てて立案すれば、工業力の劣勢を相当おぎなうことができたと思う」と述べている（坂口『堕落論・特攻隊に捧ぐ無頼派作家の夜』所収）。

これは東條と同様に戦争は「工業力」で決まる、その「劣勢」を補うためには精神力を発揮しての体当たりしかなかった、という認識である。こうした、今日の視点からは冷酷ともみえる認識は、東條や陸海軍だけのものではなく、同時代国民の少なくとも一部には共有されていたのではなかったか。

＊

敗勢のなかで批判にさらされた東條は、米軍に対抗する手段を航空戦一本に絞っていく。航空への過剰ともいえる期待こそが、のちの航空特攻につながった。しかし首相として陸海軍の航空機配分論争に悩まされる日々が続いた。東條と陸軍は愚かにも「竹槍」で戦をしようとしているという海軍の意向に沿ったメディアからの批判は、航空戦の指導者を自任する東條には到底容認できなかったはずだ。東條は航空戦の基盤となる国民大衆の支持協力をつなぎ止めようと、力強く人情味あふれる「総帥」としての演技を続けた。しかし、サイパン陥落の衝撃は、東條のそのような努力を無意味なものにした。開戦責任を全部東條に押しつけるという重臣たちの策謀と議会の反発があわさり、東條内閣は崩壊した。

第六章　敗戦から東京裁判へ

鈴木貫太郎内閣の成立

一九四五（昭和二〇）年四月五日、戦争指導に行き詰まった小磯首相が辞表を提出した。同日、宮中で後継首相を選ぶ重臣会議が開かれた。出席した東條は議論の口火を切り、国内には「最後まで戦い抜いて国の将来を開くべしとする説」と「無条件降服をも甘受して早急に和平を作り出すべしとの論」がある、まずどちらにするか決める必要がある、と述べた（以下、『木戸幸一日記 下巻』による）。東條はもちろん徹底抗戦論で、まず徹底抗戦と決めてから、それにふさわしい首相を選ぼうではないかという提案である。しかし岡田啓介が和戦のような問題は「もう少し先に行かざれば判らぬ」、つまり今ここでは決められないと東條の短兵急な要求を受け流した。

会議では鈴木《すずき》貫太郎《かんたろう》枢密院議長（海軍大将）を推す声が平沼騏一郎からあがった。近衛文麿や若槻礼次郎が同意したが、東條は、国内防衛が（今後の政治の）重点となるため、首相は

「国務と統帥の一体」となった姿でなくてはならない、これは陸軍を主体として考えねばならない、その意味でできれば現役者でなくてはならないと主張し、畑俊六元帥を推した。自分の首相在任時と同様、陸軍軍人が総理となることで戦争指導の円滑化をはかるべきだというのである。

木戸は、国内が戦場になりそうであるがゆえに、一層政治の強化が必要であり、「国民の信頼あるどっしりとしたる内閣」が必要という理由で、やはり鈴木が適任だろうと述べた。これに東條は国内が戦場になろうとする現在、よほど注意されないと、「陸軍がそっぽを向く虞《おそ》れあり。陸軍がそっぽを向けば内閣は崩壊すべし」と反論した。陸軍のいうことを聞かないなら、陸軍大臣を推薦せずに和平内閣を吹っ飛ばすぞ、という恫喝である。

この発言に木戸が「今日は反軍的の空気も相当強し。国民がそっぽを向くということもあり得べし」と反論した。木戸は東條と陸軍が「国民」を自らの足場としていたことを知っていて、そこを突いたのである。続いて岡田が「この重大時局大国難に当り、いやしくも大命《たいめい》を拝《はい》したるものに対しそっぽを向くとは何事か。国土防衛は誰れの責任か、陸海軍にあらずや」と述べ、このような事態になっているのは陸軍が負けているからではないか、と東條の一番痛いところを突いた。二人の反撃に東條は「その懸念あるが故《ゆえ》に御注意ありたしといえるなり」、自分はその心配があると言っただけだ、と弁明、退却を余儀なくされた。かくして後継首相に鈴木が選ばれ、四月七日に組閣した。

東條排除

東條は本土決戦に賛成しないなら陸軍は協力しない、と述べたが、当の陸軍はどうだったのだろうか。

鈴木多聞は、陸軍が鈴木内閣の組閣にあたり、陸軍の掲げる「「大東亜戦争」の完遂、陸海軍の一体化、陸軍の政策を躊躇《ちゅうちょ》なく実行すること」の三条件中、一つでも拒否された場合、陸軍大臣は「私より申上げましたる件は陸軍の総意、陸軍の信念でありますので是非とも再考を御願申上げなければなりません」」、つまり鈴木が陸軍の条件を呑まないなら、鈴木内閣への協力＝陸相推薦はできかねます、と奉答するなどの案を作っていたことから、東條の警告どおり「陸軍が協力せず、内閣が崩壊する兆《きざ》しがなかったわけではない」と指摘する（鈴木「鈴木貫太郎と日本の「終戦」」）。

もっとも陸軍は鈴木内閣への陸相推薦を拒否することなく、阿南惟幾大将を入閣させた。鈴木が戦争完遂という陸軍の要求をあっさり呑んだからである。

ひとまず陸軍を抱き込んだ形の鈴木首相は、最高戦争指導の場から東條の排除をはかった。六月六日の最高戦争指導会議で、平沼枢密院議長からの相談として、「こんどの御前会議には重臣を入れてはどうか、牧野《まきの》〔伸顕《のぶあき》、元〕内府を入れて東条を欠席させてはどうか」（『機密戦争日誌』）と提案したが、阿南陸相と米内海相の反対で実現しなかった。鈴木は天皇の補弼《ほひつ》機能が木戸一人に偏在していることに不満を持ち、昭和初期から宮中の天皇側近グループの中心だった牧野を重臣にすることでその分散をはかり、あわせて邪魔な東條の追い出しも企てたのである（茶谷誠一『昭和天皇側近たちの戦争』）。

阿南はともかく、早期和平派の米内が反対したのはある意味当然である。御前会議に重臣を入れたとして、そこから東條だけを排除する理由が立たないからだ。仮に重臣を御前会議に入れたら東條も来て、また強硬論を唱えて場を混乱させるに決まっている、そのように考えたのであろう。

鈴木が御前会議からの東條排除をあらかじめ陸軍に根回しし、同意を得ようとしていたことが、第一部長宮崎周一の六月三日の日記からわかる（同）。これに陸軍がどう答えたかは定かでないが、宮崎は続けて「重臣、海軍部内に相当和平思想滲潤しありとの模様なり、陸軍部内といえども口にいわず、また口には敢て和平をいわずも、内心前途に光明を失いあるものあるべきは推測に難《かた》からず」と書いている（『大本営陸軍部作戦部長 宮崎周一中将日誌』）。

宮崎は鈴木の東條排除が「和平思想」の表れに他ならないことを看破し、あわせて陸軍内にもそのような気運が高まりつつあると観測している。東條の強気一辺倒の決戦論は、出身母体の陸軍内ですら、必ずしも歓迎されなくなりつつあった。

降伏直前の東條

政府と軍は六月八日の御前会議で、本土決戦方針を決定した。続く六月二二日、天皇は御前会議でソ連を仲介とした和平交渉の開始を命じた。その五日後の二七日、近衛は高木惣吉に「東條が辞める前に訓示した中に、国体論には、狭義と広義がある。狭義の国体論では、陛下の御命令なれば何事でも絶対服従しなければならぬが、広義の解釈では国家のためにならぬ場合は、上命に背いてもよいというようなことを訓示して、若い無思慮の者には相当共鳴者があると思うから、問題が起こるとこれらがまた蒸し返される」と語った（『高木惣吉 日記と情報 下』）。天皇の命令であっても国家のためにならぬと思うなら聞く必要はないと東條が訓示したというのだが、さすがに事実ではないだろう。近衛と高木は陸軍のクーデターを恐れていたのである。

続けて近衛は先の重臣会議の様子を語った。「御前会議案」（おそらく六月八日のもの）を説明する鈴木貫太郎首相に若槻礼次郎が「国内の現状と飽くまで戦うという結論は結びつかぬ」と質問すると、鈴木は答えられずに「死力を尽してやるまでであって、いかなかったら死ぬまでだ」と言い一同は二の句が継げず黙っていた、東條一人が大いにうなずいていた、と。つまり鈴木は会議で徹底抗戦論を唱えていたのである。近衛は「もしあれで〔抗戦から和平へ〕転換するのだったら、大した芝居だ」と述べ、鈴木への不信感をあらわにしていた。鈴木の強硬論が、確固たる和平への決意にもとづき、東條と陸軍抗戦派を抑えるための「芝居」であったかは微妙である。

結局、降伏は紆余曲折《うよきょくせつ》をへて、八月六日の広島と九日の長崎への原爆投下、ソ連参戦という未曾有の事態を迎え、天皇の「聖断」という形で決定される。

天皇に意見する

東條が敗戦直前の八月一〇日から一四日にかけて自分の心情や行動を記した手書きのメモが残っている。メモは東京裁判の弁護人となった清瀬一郎に託され、現在は国立公文書館に所蔵されているが、『歴史読本』二〇〇八年一二月号に現物の写真と翻刻が掲載されている（「特別資料 法務省移管公文書「東条元首相手記」全公開！」）。以下、同誌記事に依拠して東條の心情と行動をみていきたい。

東條は八月一〇日、総理官邸で開かれた重臣懇談会に小磯国昭とともに出席した。東郷茂徳外相は彼らに「(皇位) 国体《こくたい》の維持を条件として敵側の条件を応諾するの方針」を決定、天皇の裁可を経て連合国側に通知したと説明した。ついで東條ら重臣一同は宮中へ参内、天皇より政府の方針についての意見を求められた。

東條は、「ご裁断」を経て外交上の手続きをとった以上、自分にも「所見」はあるが、今それを申し上げて聖明《せいめい》を乱すのは畏れ多い限りであるから差し控えたい、と述べた。

東條メモにはその「所見」が書き連ねてある。敵側の示した条件をみると、あたかも「手足をまずもぎしかも命を敵側の料理に委する」結果になり、国体護持と称しても空名に過ぎなくなる可能性がある、これを保証する具体的な条件が必要だ、皇位確保、国体護持は当然であり、敵が否定する態度に出るなら一億一人となっても敢然戦うのが当然だ、統帥大権を含む統治大権はいささかも敵に渡してはならない、第一線の将兵は戦勝を信じて死につつある、多くの犠牲者は喜んで大義に殉じつつある、内地の戦災犠牲者もみな国家発展の礎石として苦労を忍んでいる、これらの犠牲を犬死に終わらせないよう切望する、「東亜の安定を確保し世界平和に寄与する」ことは自存自衛の確保とともにこの戦争の目的であると開戦の詔勅に明示されたところで、大東亜宣言の主旨もこれに発する、と述べた。

東條が意見を控えるといいながらも、実際には武装解除反対論を天皇に主張したらしいことは、細川護貞の同日の日記に「東条は自分には意見もあるが、聖断ありたる以上、止むを得ずとのことを述べたりと。しかして我陸軍をサザエの殻にたとえ、殻を失いたるサザエは、遂にその中味も死に到ることを述べて、武装解除が結局我国体の護持を、不可能ならしむる由を述ぶ」とあることからわかる（『細川日記（下）』）。細川は「嗚呼《ああ》然《しか》れども殻は既に大破せられ居らずや!!」と書いた。

東條はこの道義の種は百年、千年後に必ず芽を出すこともあろう、戦局の劣勢にとらわれて大東亜諸民族の幸福安寧を顧《かえり》みる処置に欠けるところがあれば、大東亜諸民族は永劫に帝国を侮蔑するだろう、要するに外交上の問題はいろいろ駆け引きもあるだろうが、「東亜安定の確保と帝国今後の自存自衛に曲りなりにもその基礎を確保し以《もっ》て帝国の光栄を期せられんこと」を熱望して止まない、と述べた。天皇がどう答えたかは定かでない。

東條は宮中からの帰路、小磯とともに阿南惟幾陸相の官邸を訪れた。阿南は九日の戦争指導会議で米内海相が「戦争の継続は不可能なり」「戦には敗れたるなり」と明言した、大部の閣僚は東郷外相の意見に賛同した、同日天皇出御のうえ行われた戦争指導会議で天皇の裁断により外相案が決定された、などと今までの経緯を説明し、国体護持の名実を挙げるよう努めたい、と語った。東條のメモはこれについての見解を記していない。

以上の東條の発言からわかるのは、彼が武装解除の問題を最重要視していた点である（加藤陽子「日本軍の武装解除についての一考察」）。武装解除すれば彼らが若いころから献身してきた〝お家〟の陸軍は完全消滅してしまうことになるので、自然な反応ともいえる。

もう一つ、東條がこの戦争の大義名分に最後までこだわっていたのも注目される。東條は東郷外相に向かって「東亜の安定を確保し世界平和に寄与する」という開戦の詔勅を引用し、それは「自存自衛」とともに何らかの形で実現すべきだ、と主張していた。

東條は、大東亜共栄圏の確立というみずからの理想を最後まで捨てなかったのである。しかし、天皇や東郷、米内らはそんなものはとうに切り捨て、皇位の存続の一点に絞った和平交渉に切り替えていた。頼りの阿南陸相も、会議で押し切られてしまったと語るのみであった。

徹底抗戦をあきらめる

しかしながら、東條自身もすでに徹底抗戦をあきらめていた。そのことは、東條が八月一三日付のメモで「既に廟議決し御裁断の後既に敵側にその意志を通達せる今日最早何をか謂わん」と書いていることからわかる。彼はすでに重臣という肩書き以外、何の政治的な権力ももっていなかったし、何よりも自ら重視してきた「廟議」の結果、天皇が国体護持の一点に絞った降伏を決断していたからである。その意向に逆らうことはできない。

東條がこのメモで「戦いは常に最后の一瞬において決定するの常則は不変なるに不拘、その最后の一瞬においてなお帝国として持てる力を十二分に発揮することをなさず、敵の宣伝政略の前に屈し」たのは日本の歴史に一大汚点を記した、否光栄ある帝国の歴史に終止符が打たれたので泣くにも涙も出ない、「大河の勢を以て屈辱和平否屈辱降服の途《と》に滔々《とうとう》として進みつつ在る今日」この勢いを制するのは至難であると書いているのも、あきらめの表れである。敵に対する日本政府の態度をみるに、「結局は国体護持と謂《い》う空名のみを得てその実右は総て敵側の隷属化《れいぞくか》に立つに至る」かもしれないが、自分にはどうすることもできない。

そして東條は、国民への恨み節を述べはじめる。そもそも開戦時、自分はあらゆる外交努力を尽くしたが、戦は「自存自衛の途を開き兼て東亜の安定を保持するの必要より止むを得ず起」った、その際「三千年間培《つちか》われたる忠誠心の発動とは必ずや局面を打開するの力を発すべきを固く信」じていた、「もろくも敵の脅威に脅え簡単に手を挙ぐるに至るが如き国政指導者及国民の無気魂なりとは夢想だ〔に〕もせざりし処《ところ》」で、「これに基礎を置きて戦争指導に当たりたる不明は開戦当時の責任者として深くその責を感ずる処」である、と書いている。

つまり自分は国家に対する国民の忠誠心に期待して戦争を始めたのだが、こんなにも指導者と国民が無気力だとは思わなかった、それを読み切れなかった自分が愚かであった、というのだ。東條はこの一点に限り、指導者としての責任を認め、「申訳なき限り」と天皇と国民に謝罪している。開き直り、国民への敗戦責任転嫁といえばそれまでである。ただ、東條は第一次大戦後からずっと、国民を総力戦遂行の同志とみてきたところがあったと思う。ゴミ箱視察も主観的には国民のためを思っての行為だった。東條は敗戦を国民による掌返し、裏切りと感じたのではなかろうか。東條の国民観は愛憎半ばしていた。

自決の決意を語る

降伏、武装解除止むなしとなった以上、東條は身の処し方を考えねばならない。次の元秘書官・赤松貞雄大佐に宛てた八月一四日午前一〇時のメモには、事ここに至った道徳上の責任は死をもってお詫び申し上げる、この一点だけが今日余に残っている、そしてその機は今の瞬間においてもその必要を見るやもしれず、決して不覚の動作はしない決心である、犯罪責任者として政府がいずれ捕えに来るだろう、その際は日本的な方法によって応じるだろう、陛下が重臣を敵側に売ったとのそしりを受けないよう、また敵の法廷に立つようなことは日本人として採らないところである、その主旨で行動する、などとあった。

東條は、自分がポツダム宣言の条文通り戦犯として逮捕され、裁判にかけられることを予見し、その際は「日本的な方法」、すなわち自決で応じるとの決意を示していた。なぜ自決が降伏と同時でないのかはわかりづらいが、東條としては逮捕と同時に自決することで、自分が天皇の身代わりであると連合国側により強く印象づけたいと考えたのかもしれない。

その八月一四日深夜から一五日にかけて、陸軍省と近衛第一師団の将校らが降伏に反対してクーデターを起こした。その中に東條の次女・満喜枝《まきえ》の夫である古賀秀正《こがひでまさ》少佐がいた。古賀は一五日、決起の失敗とともに拳銃で自殺する。阿南惟幾陸相も正午の玉音放送を待つことなく割腹自殺を遂げた。

東條は八月二二日、自宅で片倉衷少将に「俺は裁判にでも何でも行って堂々と所信を述べるつもりである。天皇陛下には絶対御迷惑をかけたくない。戦争に対する全責任は自分が執《と》るためにも敢《あ》えてこの道を選んだ。しかし、連合軍がなすべき道を履《ふ》まず、不当な処置（例えば捕虜の取扱いをするが如き）をとる時は俺は自ら処《しょ》するの覚悟がある」と語ったという（東條英機刊行会ほか編『東條英機』）。この回想に従えば、天皇の身代わりとして日本の立場を連合国に堂々と主張するつもりはあるが、犯罪者として逮捕される＝捕虜となるなら戦陣訓にしたがって自決する、と考えていたかもしれない。

しかし東條が、八月二七日に用賀の私邸を訪れた陸軍省高級副官・美山要蔵《みやまようぞう》に自決の覚悟を語り、「戦犯の発表があったら、すぐ知らせてくれ」と頼んだという話もある。これを聞いた最後の陸相・下村定《しもむらさだむ》が東條を招いて皇統護持と日本の名誉のために戦争裁判に臨んでほしいと説得したが、その決意は固かったという（伊藤智永『奇をてらわず』）。東條には一貫した方針はなく、自決するか法廷闘争に臨むかをめぐって懊悩《おうのう》していたのではないか。

東條逮捕命令

マッカーサーは、進駐当日の一九四五（昭和二〇）年八月三〇日の晩、東條の逮捕とA級戦犯容疑者リストの作成を命じた。その後ワシントンが日本側の捕虜虐待の事実を公表したため、米国の世論が沸騰した。それを受けて米国統合参謀本部は対日戦犯裁判の早期開始を命じた。かくして九月一一日、日本政府への連絡なしに東條の逮捕が行われ、他の戦犯の第一次逮捕令が発せられた（日暮吉延『東京裁判の国際関係』）。

もっともマッカーサー連合国軍最高司令官は、時間のかかる国際裁判に批判的だった。米国単独で「東條を殺人罪（一般の）として取扱」い、迅速に裁くよう本国に要請したが、認められなかった（同）。

東久邇宮内閣の外相となった吉田茂《よしだしげる》は戦時中、近衛上奏文の作成に関与した廉《かど》で憲兵隊に逮捕されるという経験をしていた。吉田は敗戦直後の手紙で「この敗戦必らずしも悪からず」、「これより日米善解に努力するが吾等の御奉公」と述べ、「嘗《かつ》て小生《しようせい》共を苦しめたるケンペイ君、ポツダム宣言に所謂《いわゆる》戦争責任の糾弾《きゆうだん》に恐れをなし、米俘《べいふ》虐待の脛疵《すねきず》連、昨今脱営逃避の陋態《ろうたい》、その頭目東条は青梅《おうめ》の古寺に潜伏中のよし、釈放せられし当時、実は今に見ろと小生も内々含むところなきに非《あらざ》りしも、今はザマを見ろと些《いささ》か溜飲《りゆういん》を下げおり候《そうろう》」と東條への憎しみを露わにしていた（もっとも吉田の逮捕は東條退陣後の四五年四月）。青梅への潜伏云々は当時そのような噂が流れたようだ。日暮吉延は吉田をはじめとする「戦後日本外交の担い手たちは、東京裁判をいわば禊《みそぎ》の道具とすることで日米英関係の緊密化が可能だと考えた」と指摘する（同）。

九月一一日、米軍のMP（憲兵）が東條逮捕のため用賀の家を訪れた。東條は敗戦時のクーデターに参加、失敗して自決した女婿・古賀秀正少佐の遺品の拳銃で胸を撃ち自殺を図ったが、弾丸がわずかに心臓をそれて失敗した。東條内閣の閣僚からは、小泉親彦《こいずみちかひこ》元厚生大臣、橋田邦《はしだくに》彦《ひこ》元文部大臣の二人が逮捕を拒否して自殺している。

「街の声」

自殺に失敗した東條に国民からの批判が集中した。真崎甚三郎は翌一二日、「東條の自殺狂言」について「悪党も今わ〔際〕の際に覚るらん　早く唱えよ南無阿弥陀仏」との和歌を日記に記した（『真崎甚三郎日記　昭和十八年五月～昭和二十年十二月』）。もっとも真崎自身も一一月にA級戦犯容疑者として逮捕される（のち不起訴）。

愛知県に疎開していた文学者の杉浦明平《すぎうらみんぺい》は九月一一日の日記に次のように書いた。長文だが、当時の国民の東條観を考えるうえで興味深いので引用する。

東條英機が逮捕に先立って自決した、とラジオは伝えている、寺内も重態という。戦争犯罪人数千名の名簿がすでに作成されているそうだ。東條などはいかにしても逃れられぬところだ、総辞職のときか、終戦詔勅発布の日にでも自決すれば死花《しにばな》を咲かせたといえただろう。最後の重臣会議においてさえ、俺にやらしておけばこんなことにはならなかったろう、とうそぶいていたという噂であり、まだ一旗挙げるつもりだったらしいから、往生際《おうじょうぎわ》の悪いこと。よし連合国が見逃したとしても日本国民が承知しないであろう。軍部の傀儡《かいらい》にすぎず、演じそこないの日本的名君であった。ドンキホーテであった。首相となって以来、漬物屋をのぞいたり、ごみ箱の蓋を開いて見てまだ菜っぱのくずが残っていると訓戒して見たり、芝居が好きであって、いつか自己をヒットラー、ムッソリーニと並べてしまったようだ。尤《もっと》も清掃桶だけは臭いから東京市長にゆずって自分でのぞくのをやめた。

（若杉美智子ほか編『杉浦明平暗夜日記』）

「演じそこないの日本的名君」という東條評は、自決失敗の揶揄であるとともに、その「総力戦」指導者としての特徴をよくつかんでいる。

東條への批判は激しかった。志賀直哉《しがなおや》は一九四五（昭和二〇）年一一月二七日のエッセイ「銅像」で、戦前の我々は豊臣秀吉《とよとみひでよし》の朝鮮出兵を漫然と「壮図《そうと》」と考えたのだから、百年、二百年と経てば今度の戦争を、その結果を忘れ自慢の種にする時が来るかもしれない、第二の東條英機が出るようなことは絶対に防がねばならない、と述べた（志賀『翌年』所収）。

志賀はその予防策として「東條英機の大きな銅像、それも英雄東條英機ではなく、今、吾々《われわれ》が彼に感じている卑小なる東條英機を如実に表現した銅像」を建てようと提案した。銅像の「台座の浮彫には空襲、焼跡、餓死者、追剝《おいはぎ》、強盗、それに進駐軍、その他いろいろ現わすべきものがあろう。そして柵には竹槍。かくして日本国民は永久に東條英機の真実の姿を記憶すべきである」。敗戦後の生活苦を通じて、東條は国民に無謀な竹槍の戦を強いた愚かな指導者として〝記憶〟されていった。

もっとも、一方的な罵倒とはニュアンスの異なる感想もあった。「国民はこの際東條さんに堂々と裁判の席上で日本は断じて侵略国ではないことを申立てた上、犠牲になって貰うことを要望しておったろう」という意見もあった（「戦争犯罪人に関する各方面の意嚮に関する件（一九四五年九月一七日）」粟屋憲太郎編『資料日本現代史2 敗戦直後の政治と社会①』所収）。

警視庁情報課が九月二五日に拾った「街の声」にも「今まで生きていたのだから潔《いさぎよ》く引張《ひっぱ》らして行って堂々と所信を開陳すべきであったと思うね。そうして後死刑にされた処で日本人は東條さんを軽蔑などするものもあるまい。東條さんがいなければ後の取調べで解らない事が色々あるだろう。そのために皇室まで累《るい》を及ぼすような事になったら大変だね」（同）とある。人々には戦時中の議会で「堂々と所信を開陳」していた「総帥」東條の記憶が残っていたのであり、これらの批判は、「東條さん」（まださんづけである）なら日本は「侵略国ではない」と敵国に向かって「堂々と」いえたのではないか、という期待の裏返しではないだろうか。国民の東條観にも愛憎半ばするものがあった。

警視庁「街の声」には「東條さん一人で戦争した訳じゃないし全く気の毒ですなー」とかばうような声と、「総理の頃俺の工場へ来て講演をしたときは何んでも東條さんでなければ夜も日も明けんという具合だったが」、「この重大時局に私腹を肥《こや》したそうだが、そんなことをしたから碌《ろく》な死に様もできないんだね」と批判的な声の両方があった。「私腹」云々の発言については、かつての「社会改革者」、庶民の味方というイメージが敗戦と自決失敗によって完全に裏切られ、一気に逆ぶれした結果とみるのは、うがち過ぎだろうか。

東條逮捕の報を聞いた旧指導者たちの自決があいついだ。九月一二日に杉山元が、一二月一六日に近衛文麿がそれぞれ命を絶った。

巣鴨プリズン

米軍の手厚い治療を受けて快復した東條は、一九四五（昭和二〇）年一二月七日、東條内閣の元閣僚や軍の将官四七名とともに大森捕虜収容所から巣鴨プリズン（拘置所）に移送された。この日は米国側の開戦記念日である。東條といっしょに巣鴨へ移送されたある海軍軍医大尉によれば、東條は「うつ向き加減に暗いかげを漂わせながらコツコツ歩いていた。いつもひとりぽっちだ」ったという（朝日新聞法廷記者団編『東京裁判 上』）。ほかの戦犯たちはみな東條を避けていたのである。

四六年四月二九日に東條以下A級戦争犯罪人（戦犯）二八名の起訴状が提出され、五月三日に極東国際軍事裁判が開廷した。A級とは戦犯のうち「平和に対する罪」で訴追された者を指す。このうち松岡洋右、永野修身が裁判中に病死、大川周明《おおかわしゅうめい》が病気により免訴となった。自決の機会を逸した東條は、以後、東京裁判における天皇および国家の弁護を、自分に与えられた最後の役割とする。

東條におけるその国家弁護の論理とはどのようなものだったろうか。東條内閣の文相としてA級戦犯容疑者となった岡部長景の四六年四月三〇日の日記には、隣室の東條が「起訴は日本を侵略国と前提しているゆえ全面的に否定せざるを得ず」、「日本が搾取《さくしゅ》をするなどといっているのは滑稽《こっけい》にて彼らこそ搾取国である」と「意気壮《さかん》」に語ったとある。東條は五月四日にも「日本を搾取主義だと誹謗《ひぼう》するのは自縄自縛に陥るであろうと笑って語られた」という（尚友倶楽部史料調査室編『岡部長景巣鴨日記』）。「自縄自縛」の言葉には、日本が侵略（搾取）国というなら米英も同じで、日本だけ責任を問われるのは不当という本音がにじむようだ。

巣鴨プリズン内の東條の様子を間近で見ていたのが、東條・小磯内閣の外務大臣として同じくA級で訴追された重光葵である。

以下、重光の獄中日記『巣鴨日記』から裁判中の東條の様子を見ていきたい。

四六年一〇月二〇日の重光日記によれば、獄中の東條は「巻煙草《まきたばこ》のホルダーを手から離した事がな」く、「素足に支給の巣鴨製の下駄を穿《は》いて、ポケットに片手を突込んでコロコロ歩いている所はいたずら青年であ」った。「寺小僧という仇名《あだな》を取っている彼は、この頃秋風と共に、立派な陣羽織《じんばおり》を差入れて貰って着用に及んでい」たが、散歩にはめったに出てこなかった。東條は裁判準備のため、戦争に至る経緯や日本国の立場を記した口供書《こうきょうしょ》を書いていたのである。東條は自分の自殺について「自分の陸相時代に出した戦陣訓には捕虜となるよりは自殺すべしということが書いてあるから、自分も当然自殺を計ったのである」、「自殺失敗は不覚であった」とも語っていたという。

重光は、東條が「裁判に依って自分の所信を堂々陳述する機会のあることを喜んでいる。彼は日本が是《ぜ》と信じた既往《きおう》の行き道を、彼の信念に依って立派に説明するものと思われる」と見ていた。日本の既往についての信念は東條と重光で違うのかもしれないが、東條が自分の信念に従って突き進むのを支持しているようだ。東條は「覚悟はしている。時としては、「早くやって貰いたいのだ」と頸筋《くびすじ》をさすったこともある」といい、裁判の初期段階から死刑を覚悟していた。

とはいえ、重光はこの日、東條について批判的なことも書いていた。いわく、「彼は勉強家である。頭も鋭い。要点を摘《つま》んで行く理解力と決断とは、他の軍閥者流の遠く及ばざる所である。惜しい哉《かな》、彼に宏量《こうりょう》と世界的知識とが欠如しておった」。

「宏量と世界的知識」とは何を指すのだろうか。前者は他人の進言を聞き入れる度量を、後者は英米の国力の強大さ、独伊の信用の低さを指すのだろうか。しかし後者については東條もよく理解していたはずである。後世の史家は、それにもかかわらず東條はなぜ開戦を決断したかを問わねばならない。

獄中の東條

一九四七（昭和二二）年一月九日、東條は法廷の控室で重光に「昨日法廷で読み上げた自分の口供書は、陛下に累を及ぼさぬものと思うが如何《いか》に考えらるるや」と尋ねた（重光葵『巣鴨日記』）。捕虜虐待は天皇の意志ではなかったと強調したのである。重光が「貴下の口供書は立派だと思う。陛下の御思召《おんおぼしめし》は大凡《おおよそ》俘虜《ふりよ》の虐待等とは反対であったのは私の能《よ》く承知していた所である」と答えると、東條は「その通りである」と満足していた。

東條と重光は、巣鴨で再会した時からしばしば「陛下に御迷惑のかからぬようにまた陛下の御徳《みとく》を損ぜぬように」と相談していたという。重光は東條の心境を「今その口供書において素志を実現しようと計ったのである。しかして、それを記者〔重光〕に了解して貰いたかったものと見える」と推し量った（同）。

重光によれば、巣鴨での米軍側の待遇は決してよいものとはいえなかった。重光たちは孫のような若い看守たちから無礼な言葉で怒鳴られていた。多くは機械のように冷厳で、「彼らが愛橋を振り撒く時は、本国帰還前に、A級戦犯特に東條のサインを日本の百円札か何かの上に記して貰う場合だけ」であった。夜は自殺防止のため煌々《こうこう》と電気がつけられ、法廷への行き帰りには丸裸にされて「肛門から、陰茎《いんけい》、足の裏、口腔《こうくう》等容赦なく検査」されていた（同、四七年二月一七日条）。

このやり方は裁判が終りに近づくにつれて激しくなった。重光はその理由を「考えて見れば無理もない事である。A級戦犯人は平和の罪、人道の罪、殺人の罪等凡《あら》ゆる罪悪に問われている極悪非道の罪人で、彼等はこの我々を今無事に絞首台に上《のぼ》さんとしつつあるのである。この戦勝者の権利を行使するのに違算があってはならぬのである」とみていた（同年二月一七日条）。

裁判中、東條は自分の運命について達観していたようである。食事当番や風呂の支度をする東條をみた重光は、「東條や大島《おおしま》〔浩《ひろし》、元駐独大使〕が大騒ぎで熱い風呂水をかき混ぜている光景は、見ていて却《かえ》って気持の好い事である。腕白小僧《わんぱくこぞう》のような格好をして、赤裸々の人間に帰って生死を超越している有様は、誠にすっきりした仙境《せんきょう》である」（同年五月二九日条）と評した。

しかし、やはり人間であるから苦悩はまぬがれなかった。「東條もメッキリ年を取った。彼の持ち物、数珠《じゅず》やパイプ等からハンケチに至るまでなくなる。米兵が記念品として持ち帰るべく盗むのである。東條は充分覚悟している」（同年九月一九日条）。東條は米兵の不当行為に耐えながら、きたるべき個人弁護で天皇と国家の正当性を訴える機会を待っていたのである。ただ、米軍のケンワージー憲兵隊長は東條に親切で家族との面会や食事に便宜をはかっていた。重光は「ケンワージーは東條の食が少ないとて非常に心配し、私を通じて、何んでも東條の好きな食事を用意すると申出《もうしで》た。ケンワージーは真《まこと》の男である」という（同年一〇月二三日条）。

とはいえ「東條の室の附近には監視の眼が特に多」かった。「自殺を恐れている」のだが、「東條にはそんな気配も見え」なかった（同年一一月二四日条）。

東條は、主敵であるキーナン首席検事とも心の通い合う部分があったようだ。四七年一〇月二三日、東條は木戸に対する反対尋問を終えたキーナンと法廷で「互にニコニコ笑った」という。すでに死刑という結果は見えている以上、あとは「裁判もスポーツ気分になって」知力を尽くし、正々堂々と議論の勝敗を決するのみであった。「裁判が終りに近づくにつれ、東條は巣鴨でも笑声を出すことが多くなった。私はこれを非常に喜んでいる」と重光は書いた（同年一〇月二三日条）。

そのころの東條は「肥えて、イタズラッ子のような格好で陣羽織を着込み、モン平ズボンに下駄を穿《は》いて歩」いていた。漢詩の韻本を持っていたので重光が「詩作は結構」というと、

「いや、もう間に合わぬから、始めようと思ったけれどもよした。さきがもう短い」と答えた。重光は「之を聞いて何か心を傷《いた》めるものがあった」（同年一二月一三日条）。二人の間には死の運命という決定的な壁があった。

キーナンの意図は、本国の占領政策に従い、天皇の戦争責任を否定することだった。その際、四七年一二月六日の木戸幸一の訊問過程で天皇が「開戦決定の御前会議開催の前、海軍大臣及軍司令総長を召され意見を徴され、万事準備成れりとの奉答を得た上、東條首相に対し会議の召集を許された」という木戸日記の記述は重大な意味を持った（同日条）。最終的に開戦を決定したのは東條や嶋田ではなく天皇その人となりかねないからである。ウェッブ裁判長は、天皇を証人として法廷に引き出すよう言っていると重光たちにも伝わった。

重光日記は、キーナンが「田中隆吉氏〔元陸軍省兵務局長、検察側証人〕」を使って、東條に対し訊問の際には、陛下の責任を洗い去るようにと通じ」、「東條も証人台に立つ前にこれを聞いて、木戸と協議したようである」と書いている（同日条）。東條は天皇を責任追及からかばうという最後の重大な使命を与えられた形である。東條とキーナンの心が通い合ったというのも、両者がそれぞれの母国の掲げた天皇擁護という政治目標で一致していたからである。

重光は「東條の陛下に対する忠誠は已《すで》に疑問の余地はない。彼は東條部門は文書もなく証人もなく唯自分が証人台に立つ計《ばか》りであるといっている。彼れは、陛下の大御心のままを明瞭にして、最後の忠誠を表示すべき時機が来たと思っているに相違ない」（同日条）とみていた。

東條の戦争目的

法廷での東條の態度はおだやかであった。読売新聞の法廷記者たちはその様子を「東條被告はほがらかだ。口はほころびている。眼は和《なご》やかだ、隣の岡〔敬純〕被告と何かささやいて微笑んでいる」、「過去一年有半にわたる公判中、東條被告は審理に最も熱心な一人だった。「カミソリ東條」といわれたカミシモをぬぎすてた今、裁判そのものに溶けこんでいる」と評している（読売法廷記者『25被告の表情』）。

一九四七（昭和二二）年一二月二六日午後二時半、いよいよ裁判は東條部門に入った。清瀬弁護人は東條の口供書の要点は以下の七つに要約できる、と述べた。これはそのまま裁判で東條が展開した国家弁護の論理を表す。

一、日本は予《あらかじ》め米英蘭に対する戦争を計画し準備したものではありません。

二、対米英蘭の戦争はこれ等の国々の挑発に原因し、わが国としては自存自衛のために止むを得ず開始せられました。

三、日本政府は合法的開戦通告を攻撃開始前に米国に交付するため、周到なる手順を整えました。

四、大東亜政策の真意は第一に東亜の解放であり、次に東亜の建設に協力することでありました。

五、日本の対内対外政策は「犯罪的軍閥」に支配されたと起訴状にありますが、「軍閥」なるものは存在しません。

六、統帥権の独立と連絡会議及び御前会議の運用。

七、東條の行った軍政の特徴は統制と規律にあり、彼は未だ嘗《か》って非人道的行為を命令、許容、黙認したことはありません。(同)

東條は、日本の戦争は「自存自衛」、ついで「東亜の解放」のためだったと法廷で主張したのである。読売新聞の記者は証言台に上る東條の様子を「カッと照らし出された電光のもとに、法廷憲兵隊長ケンワージー中佐に導かれて、ゆったりとした足どりで証人台に歩む東條被告、一足ごとに動く世界の眼、カメラが廻る、見送る各被告、万〔満〕廷を埋めた人達は身を硬くして生唾をのみこんだ。じっと見迎えるウェッブ裁判長の身体はグッと乗り出す。睨《にら》みつけるキーナン首席検事の鋭い一瞥《いちべつ》、二年間世を離れた東條英機が再び全世界の真只中に身をさらしたのだ。いつもの古ぼけた国民服をサッパリした肩章なしの軍服に着代えているが腰のあたりが何か物足りない」と描写している（同）。記者の脳裏には、かつての軍刀を帯びた「総帥」東條のイメージが残っていたのか。

「大東亜共栄圏」を正当化

一九四七（昭和二二）年一二月三〇日、東條は重光に「その口供書に対する米国方面の輿論《よろん》反響」を問うた（重光は英字新聞を読んでいたようだ）。そして「自衛権の主張を〔米国は〕攻撃すべきもそれは意とするに足らず。只天皇の責任を蒸し返す様のことがなければよい」といい、日本の新聞が口供書を全面的に取り上げたことに「満足な現象」であると喜んだ（重光葵『巣鴨日記』）。

この日、法廷では口供書の朗読が続けられた。重光は「大東亜政策の説明は最も力を尽したようであるが、矢張り、共栄圏設定の考え方で、軍部の見方を脱せぬ」と批判的に書いている。

東條口供書における大東亜政策は、「抑々《そもそも》世界の各国が各々その所を得、相寄《あいよ》り相扶《あいたす》けて万邦共楽の楽を偕《とも》にすること」、「特に大東亜に関係深き諸国が互《たがい》に相扶け各自の国礎に培《つちか》い共存共栄の紐帯《ちゅうたい》を結成すると共に他の地域の諸国家との間に協和偕楽《かいらく》の関係を設立すること」（東京裁判研究会編『東條英機宣誓供述書』）と説明されていた。

東條は四八年一月二日の法廷でキーナンに「「大東亜」とはいかなる国家、民族か」と聞かれ、「それは隷属関係《れいぞくかんけい》ではなく生存圏という意味だ。誤解しないでほしい。圏とはカコイです」と「左手で大きく丸を描きながら」説明していた（読売法廷記者『25被告の表情』）。重光のいう「軍部の見方」とは、東條が依然として「大東亜」という排他的な経済空間を設定し続けているあたりを指すとみられる。

東條の口供書は占領地行政について「徒《いたず》らに理念に堕《だ》せず独善に陥《おちい》らずかつ各民族の希望及び実情に即したる施策」と称して「大東亜省を設立し、大東亜政策に関する事務を管掌《かんしょう》せしめた」（『東條英機宣誓供述書』）と述べ、大東亜省の設置を正当化し続けていた。重光はこの点も「軍部の見方を脱せぬ」と受け取っただろう。

東條はこの口供書で、国際連盟規約への人種平等主義挿入が列強により却下されたこと、米国の排日移民法（一九二四年）などの黄色人種差別政策に「時代に覚醒しつつある東亜民族は焦慮《しょうりょ》の気分をもってその成行を憂慮《ゆうりょ》致しました。その立場上東亜の安定に特に重大なる関係を有する日本政府としてはこの傾向を憂慮しました。歴代内閣が大東亜政策を提唱致しましたことはこの憂慮より発したのであって東條内閣はこれを承継して戦争の発生と共にこれを以て戦争目的の一としたのであります」と述べていた（同）。

このように、東京裁判での東條は、対米英戦争の大義名分を第一に「自衛戦争」、第二に「解放戦争」に求めていた。開戦前の御前会議で東條はこの戦を黄色人種対白色人種の「人種戦」にしてはならぬと注意され、了承していたはずだが、そこにはふれていない。

このとき、東條はかつて枢密院で発した「駐兵問題などは勝てばどうとでもなる」といった発言を記憶していただろうか。記憶していれば解放戦争論との矛盾に気付いたかもしれないが、それを法廷で口にすることはもちろんなかった。

口供書の朗読は二時半に終了し、弁護側の質問に入った。ケンワージー隊長は休み時間に重光を通じて東條に「法廷では、訊問は被告を怒らせようとするから、その手に乗らぬように」と注意し、東條は「「自分の欠点はそれである」と礼をいって受け入れた」という。重光はこれを「好《よ》き注意であった」というが、一歩引いてみれば、国際裁判という高度な政治的ゲームをつつがなく終わらせるための警告ともとれる（重光前掲書一二月三〇日条）。

失言

一二月三〇日から弁護側の訊問がはじまった。翌三一日、東條はある重大な失言をした。「天皇の平和御希望に反して木戸が行動したり進言したことがあるか」という木戸幸一被告担当のローガン弁護人の質問に、「そういう事例はない。日本国の臣民が、陛下の御意志に反して、あれこれすることはあり得ない。よもや日本の文官においてをや……」と、「天皇主義者東條の信念は断乎《だんこ》として動かぬといった口調」で述べてしまったのである（朝日新聞法廷記者団『東條尋問録』)。これでは対米英開戦が天皇の「御意志」そのものであったことになってしまう。

東條が法廷でこのような失言をしたのは、最後まで政治的な思考や駆け引きを不得手としていたからである。

弁護人の塩原時三郎《しおばらときさぶろう》(木村兵太郎を担当)と東條は、この訊問の前に、天皇をかばうための想定問答を行っていた(以下は佐治暁人「東京裁判における東条尋問の裏面」による)。検事役の塩原が「開戦の決定は、天皇の命令であるか」、「開戦の決定は、お前が勝手にきめたのか」と問うと、東條はそれぞれ「ない」、「そのとおりだ」と答えた。塩原は「一人悪者になって見ても、皆が納得するような答弁でなければだめです」といい、天皇は君主無答責で「任命者たちが決定したことは、御自身、個人として反対でも、お許しになる」、今まで裁可しなかった例はない、と答えるよう助言した。東條は「それでとおるのだったらそれでやる」と答えたという。

直線的な思考法の持ち主である東條には、なぜ全責任は開戦時の首相だった自分にあるといっただけでは連合国側に「納得」してもらえないのか、よく理解できなかったようにみえる。

塩原はこの想定問答を、GHQのホイットニー少将の意を受けた米内光政の勧めにより行ったとしている。法廷における東條最後の演技は、塩原、米内、ホイットニーといった複数の

〝振り付け師〟の存在なしには成り立たなかったのだが、その成功が危うくなったのである。キーナンはその後、水面下で木戸幸一らに働きかけ、この証言を修正させる工作に取り組まねばならなかった。

同じ三一日、検察側の反対訊問が始まった。重光は「キーナンは冒頭に「貴下は已《すで》に将軍にあらざるを以《もっ》て自分は貴下を将軍の肩書を以て呼ばざるべし」と前提し、東條東條と呼びおりたるが、何時《いつ》かミスター東條と呼んだりした。キーナンの反対訊問は無事終了し得るや懸念さる」と書いている（重光『巣鴨日記』一二月三一日条）。キーナンもまた、自らの重大な使命に緊張していたのかもしれない。

反撃

翌一九四八（昭和二三）年一月五日、重光は日記に「法廷、東條部門、キーナン反対訊問続行。蘭印仏印攻撃計画に関し、自衛権を楯として東條の反撃に会い、キーナン主席甚《はなは》だ《ママ》不成績なり。東條は米国にして相互的に妥協の精神に出でたならば交渉は纏《まとま》った筈《はず》だと主張す」（重光『巣鴨日記』）と書いている。法廷は少なくとも日本側の目には、東條優勢で進んでいた。

この日東條は、キーナンの「もし米国が乙案の条件をうけ入れたならば真珠湾攻撃にはじまった開戦はなかったろうか」という問いに「乙案をきいていただけ〔れ〕ば勿論《もちろん》起りません。

その半分でもきいていただけ〔れ〕ば起らなかったでしょう。……もし米国が太平洋の平和ということを真に望んでおりますならば……それだけ附け加えます」と、「はじめから挑戦的口調」で応じた（『東條尋問録』）。

キーナンが「一寸待《ちょっと》ちなさい。乙案のうちのどの条項を受諾したならば……それを指摘されたい」と問うと、東條は「どの項目でもです……あなたのお国が、真に太平洋の平和を欲し、譲歩をもってのぞんでくるなれば――」と応じた。

「それは面白い、乙案のどの項目でも一項目でもアメリカが受諾したなら戦争は起らなかったというのか」。「そういう意味です。米国が互譲《ごじょう》の意思をもってのぞんでくるならば、条件の緩和はできると思っていた」。

キーナンは「ではきく。十一月五日日本政府が甲乙案をきめた意図は、もしアメリカがこれを受諾しなければ西欧諸国と戦争に入る決心を持っていたかどうか、イエスかノーで答えよ」と高圧的に質問した。東條はそんなことはない、「かりにあなたの御国からルーズヴェルト大統領の意図でつくられたという仮取極案《かりとりきめあん》、アレを出されたら事態はよほどかわってきています」と応酬した。

東條のいう「仮取極案」とは、米国が日本側に手交するはずでありながら、突如中止（理由は不明）された「暫定協定案」を指す。この案は代わりに手交されたハル・ノートよりも融和的で、東條は戦後「あれがくれればなあ……」と嘆いていたという（佐藤賢了『東條英機と太平洋戦争』）。東條はキーナンに向かって、戦争責任は日本ではなく米国にこそある、と反撃したのであった。それを聞いて快哉《かいさい》を叫んだ日本人もいただろう。

天皇は「シブシブ」同意した

一月六日、重光は日記に「法廷、東條部門進行。キーナン主席《ママ》反対訊問続行、蘇聯《それん》問題、仏印問題、蘭印問題、日米交渉日本側提出のA案B案を以て最後案とせしや否や等」を「繰返し質問」したと記した。東條は「最後案にあらず総理としては別に考えありし」と答えた。

この日、キーナンと東條の応酬の中で、天皇の戦争責任をめぐる注目すべき発言があった。キーナンが「その戦争を行わなければならない。行えというのは裕仁《ひろひと》天皇の意思であったか」と問い、東條が「意思と反したかも知れませんが、とにかく私の進言、統帥部その他責任者の進言によってシブシブ御同意になったのが事実です。しかして平和御愛好の御精神は最後の一瞬にいたるまで陛下は御希望を持っておられました」と答えた（『東條尋問録』）。木戸幸一らを使った失言の修正工作が功を奏したのである。ここに東京裁判における天皇の戦争責任問題は解決をみた。

東條からこの〝証言〟を引き出したキーナンは、「くるりと体を東條の正面に向い、声を改めてまっ向から」、「首相として戦争を起したことを道徳的にも法律的にも間違ったことをしていなかったと考えるのか、ここに被告としての心境を聞きたい」と質問した。

東條は「左手を机上に突っ張り、胸を張ってキーナン氏に向い」、「間違ったことはない、正しいことをしたと思う」と「声高く言い切」った。キーナンは「それでは無罪放免されたら、同僚とともに同じことを繰り返す用意があるのか」とたたみかけた。ブルウェット弁護人が「これは妥当な反対尋問ではない」と異議を申し立て、ウェッブ裁判長がそれを認めると、憤《ふん》然《ぜん》たる面持のキーナン検事は、反対訊問を以上で終了するむね宣言、検事席にも坐らず、書類を抱えてさっさと退廷してしまった」（『東條尋問録』）。米国側の意図通りの証言をした東條に、最後の花を持たせるための芝居のようにもみえる。一矢報いた形の東條も満足したかもしれない。

翌七日、ウェッブ裁判長が東條に訊問を行った。主要な内容は捕虜の待遇問題だったが、途中で裁判長は「突如、だれが天皇に対し開戦に関する最後の進言をなしたかの問題に質問を移」し、「証人以外の何人が天皇に対し米英と宣戦するようにということを進言したか」と聞いた。

東條は首をかしげながら、「複雑な問題を含んでいるがお答えしましょう。日本が開戦に決定したのは、連絡会議、御前会議ならびに重臣会議、軍事参議官会議で慎重審議した結果、戦争をしなければならん、という結論に達したのである。そこで最後の決定について、陛下にお目にかかって申上げたのは私と両総長（杉山参謀総長と永野軍令部総長）であった。私と両総長は「日本の自存を全うするため、平たくいえば戦争以外には生きる道はありません」と申上げた」と答えた。杉山はすでに自殺し、永野は裁判中の一九四七（昭和二二）年一月五日、病気で死去していた。

『東條尋問録』は「天皇に開戦決定を進言した三人男のうち杉山、永野両氏すでに亡く、いまはこのときの真相を知るただ一人の当事者としてこの法廷に起《た》った東條の口から、いままで秘められていた『進言の内容』がこの日はじめて明らかにされた」と解説を加えている。

ウェッブがなぜこのようなことを突然質問したのかはわからないが、結果的には東條が故人となった杉山と永野にかわり、開戦の全責任を一人で背負った形となった。

かくして一二月二六日以来、八日間にわたった東條部門は終わった。

占領下社会の東條観

重光は一月六日の日記に「東條は少しも責任を避けず部下、同僚を擁護し、天皇陛下の御仁徳を頌《しょう》し、法廷に対しては謙譲《けんじょう》の態度を示し、検事に対しては堂々と主張を明かにす。キーナン敗北とは米人弁護人等の批評なり」と書いた（重光『巣鴨日記』）。

確かに東條の弁論は日本社会に一定の反響を引き起こした。一月八日の『朝日新聞』「天声人語」は「このごろ電車の中などで「東條は人気を取りもどしたね」などと言うのを耳にすることがある。本社への投書などにも東條礼賛のものを時に見受ける」、「一部に東條陳述共鳴の気分が隠見していることは見のがしてはならない」と、東條の自衛戦争論に対する「共感」の高まりを警戒した。

山田風太郎は一九四七（昭和二二）年一二月二七日の日記に「態度、口述書内容天晴《あっぱれ》といわんか堂々といわんか、最大の日本人の讃辞にそむかない。これで東條は永遠に日本人の胸中深く神となった」とまで絶賛している（山田『戦中派闇市日記』）。山田には敗者の日本人として、勝者の外国から責任を追及されることへの理屈を越えた反発があった。

ところで朝日「天声人語」と同じ一月八日の『毎日新聞』「余録」は、東條の弁論について、「明治憲法を条文通りに答えたに過ぎない。戦争ということをバラバラにして、ここまでは外交、ここからは統帥、これは文官、あれは軍部の責任といったことを事実について説明したまでだ」、「これでは戦争は、最高の「政治」ではなくて、官吏の「事務」となる」と評した。これは明治以来の日本の政治体制についての的を射た説明である。東條は明治憲法下ではどうしても「最高の「政治」」家にはなれない仕組みになっていた。本人はそれをなんとか克服しようと苦闘したのであったが。

日本人の間に東條讃美の声が上がったため、占領軍総司令部のCIE（民間情報教育局）は日本人に戦争の罪を自覚させるため行ってきた「ウォー・ギルト・プログラム」を、新たな段階に進めることを考えざるをえなくなった（賀茂道子『ウォー・ギルト・プログラム』）。

占領下日本人の私信を開封、検閲していた占領軍のCIS（民間諜報局）の四八年二月一五日付報告書によれば「東條のためらいのない堂々とした陳述を読んで心が打たれた」、「彼は正に偉大だと思う。彼の態度は他の被告と比べて堂々としていて男らしい。自分も彼のような態度をとれたらと思う」と讃美するのみならず、「東條に敵意を抱くことはできない。彼の言葉は筋が通っていて称賛に値する。私は戦争が開始されたのは東條のせいではなく世界の情勢によるものだと信じる。神様が彼に情けをかけてくださいますよう」と、戦争を自衛戦争と評価する者まで現れた。前月一月の私信の検閲数は六七九七通で、東京裁判に触れた手紙は二八四通、そのうちの三〇パーセント超、つまり約九〇通に東條讃美の傾向がみられたという。

しかし、四月のCIS報告書では、東條を支持する声は二五パーセントに下がる一方で、三〇パーセントの手紙は東條や軍国主義者を非難しており、その大半が彼らに死刑を期待しているとされていた。さらに、六月の報告書になると、東條讃美の声は急速に減少して一六パーセントを切り、その内容も、東條は無実だと述べたり、訴訟手続に対する不満に言及しただけのパターン化されたものがほとんどであったという（賀茂前掲書）。東條讃美の声は一時的なものに過ぎなかった。

ＣＩＥが新たなプログラムを行わなかったのは、すでに早期の講和条約締結が占領政策上の視野に入っていて、いまさら日本国民に再教育を行えば、米国民に「日本人は信用ならず、そのため経済的援助は疑問であり、講和条約が好ましくないことを認めさせる」ことになると占領軍が考えたからであった。

最終弁論

裁判は最終弁論に入っていく。重光は一九四八（昭和二三）年四月一二日、「東條弁論本日終了す。終始強気の男らしき陳述にして、死を前にして戦う勇者の風あり」と高く評価した。東條は、米国が「自己の自衛権は自らこれを決し、他国の自衛権もまた米国において決せんとする」のは矛盾であると批判し、大東亜宣言は大西洋憲章と並ぶ「世界平和の政策」だったとして日本の道義的な正当性を主張した。そして「政府当局者は天皇の御思召によって仁愛の心を以て総てを処理し、俘虜の虐待等の考えは毛頭《もうとう》なかりしことを力説」した（重光『巣鴨日記』）。

その後、裁判は判決文の作成と翻訳のため長い休廷に入った。東條は獄中で重光葵たちとゲームに興じることもあった。六月二三日の重光日記に「東條等とラミー〔カードゲームの一種〕をやる。彼は顔色幾分疲労、気分稍沈欝《ややちんうつ》なるも態度は極めて平静、彼れもまた一英雄なり」とある。

しかし彼らは米国看守の嫌がらせに苦しめられることもあった。東條は七月五日、米軍の少尉にポケットへ余分の煙草を入れていないか検査され、「侮辱に晒《さ》らされるよりは早く首を絞めて貰いたい」と洩らした。

そんな東條は四八年一〇月四日、重光にかつての戦争指導についての思いを語った。自分は対英作戦に力を注ぎ、独と連携するつもりだったが、海軍はいつの間にかミッドウェー攻撃を決めて多数の艦船を使用した、敗戦の状況は自分も久しく承知せず、さほどのこととは思わなかった、もし真相を知っていれば作戦の全局を変える必要があったろう、と。東條は海戦の直後に海軍から参謀本部経由で海戦の「真相」を知らされていた（本書二二三頁参照）から、いつのまにか記憶が書き換えられている。

東條はさらに「首相といえども、作戦には何等関与を許されず、作戦と政治との統一なかりしこと、また陸海軍間においても各々統率〔帥〕権の独立のため不統一があり、これが敗戦の主たる原因である」とも語った。東條は陸相の立場で統帥部の作戦に介入し、最終的には「作戦と政治との統一」のため参謀総長まで兼任したのだったが、敗れた今となっては自分には何も権限がなかった、と愚痴をこぼすしかなかった。おそらく重光は黙って聞いていたのだろう。

重光という聞き手がいたことは、東條にとって幸いだった。

東條は敗戦前の四五年二月ごろ、自宅を訪れた畑俊六元帥に「熟々《つらつら》開戦当時は勿論開戦后といえども、特に参謀総長を兼任したる時すら遂に海軍の実力に関しては遂に一回も説明を聞かされたることなしと述懐」したという（軍事史学会編『元帥畑俊六回顧録』）。自分は海軍について何も知らされなかった、だから戦争はうまく行かなかったのだ、とでも考えねば自分を守れなかったのだろう。

判決

A級戦犯二五名への判決言い渡しは一九四八（昭和二三）年一一月四日から同一二日にかけて行われた。その間、被告たちの間に不安と動揺が広がった。一一月六日、重光のもとに広田、平沼、荒木たちが来室して裁判の事を談じ、「裁判判決は峻厳《しゅんげん》を極め総て免るるものなき形勢」とみていたが、東條は翌七日、ひとり秋の空を仰いで「この青空を見るのはこれが見収《みおさ》めかナー！」といった（重光『巣鴨日記』）。

同月一二日の判決言い渡しは全員有罪、東條ら七人が絞首刑、一六人が終身刑、二人が有期禁固刑となった。当日の重光『巣鴨日記』によると、控え室にいた被告たちのなかから板垣（征四郎）、松井《まつい》（石根《いわね》）、武藤（章）、木村《きむら》（兵太郎《へいたろう》）、そして東條たちが隣室へ引かれていった。

重光は「吾々はその意味を皆直感した」と書いている。

重光にとって衝撃だったのは、外交官出身で死刑はないと思われていた広田の死刑であった。広田は衛兵に外套《がいとう》を着せられ、「一番入口に近い席にいた私とは強いて眼を合はさぬようにして隣室に引いて行かれた」。ただし、武藤章の日記では、死刑判決を受けた者が別室に入れられたのは判決の言い渡し後とされている（武藤『比島から巣鴨へ』）。

重光の判決は被告中もっとも軽い禁固七年であった。被告たちの間で「噂された如く、殆《ほと》んど全部絞首刑をいい渡す形勢であった」にもかかわらず、その半分が終身刑に緩和された。死刑を免れた被告たちは「安心したという心理状態」を示し、終身禁固の平沼騏一郎は「これでサッパリした」といった（重光前掲書）。

東條は判決言い渡しの直後、同じく死刑の武藤章に「君を巻添に会わして気の毒だ。まさか君を死刑にするとは思わなかった」と言った。武藤はそのとき隣室から「島田《ママ》〔繁太郎〕さんの嬉しそうな高笑が耳につ」いたと悔しさをもらしている（武藤前掲書）。

死刑は捕虜虐待などの残虐行為で有罪とされた者に限られた。海軍の嶋田や岡敬純が終身禁固となり死刑を免れたのは、残虐行為の証拠不十分、そして捕虜処遇の管轄権が陸軍にあったのが大きかった。逆に文官の広田弘毅の死刑は、近衛内閣外相時の南京事件への不作為の責任が問われたとみられる（日暮吉延『東京裁判の国際関係』）。

東條は訴因五五「戦争法規遵守の義務の無視」では無罪だったが、訴因五四「戦争法規違反の命令・授権・許可」で有罪となった。捕虜処遇の最高責任者である陸軍大臣として、どのみち死刑は免れなかったろう。

占領軍が検閲を通じてみた東京裁判判決への反応は、裁判にふれた私信のうち、判決内容を評価するもの三四パーセント、批判的なものが三九パーセント、判決に関してふれていないものが二七パーセントだったという。判決への評価は大きく分かれた形だが、賀茂道子はこのころ「占領政策の関心が軍国主義から経済復興へと移っていたのと同様に、国民の関心もすでに東京裁判から離れていた」と指摘する（賀茂『ウォー・ギルト・プログラム』）。そのため、先にBC級戦犯としてフィリピンで処刑された山下奉文とは異なり、東條たちへの助命嘆願運動も行われなかった。

死刑執行

東條は獄中で仏教に帰依していった。判決言い渡しの翌日、武藤章と仏教の話をしている。「私は私の死の瞬間に母の懐に入る気がします」という武藤の話を「真剣な顔をして、フンフンいって聞いてくれた」という（武藤『比島から巣鴨へ』）。

一一月一八日、東條は教誨師《きょうかいし》の花山信勝《はなやましんしょう》に遺書代わりのメモを読み上げた。そのうち公的なものには「陛下に、裁判を通じては累を及ぼさなかったのはせめてものこと」、「戦禍《せんか》を受けた同胞のことを思う時、私の死刑によっても責任は果されない」、「俘虜虐待等の人道問題は、何とも遺憾至極である」、「戦死、戦病死者、戦災者、及びそれらの遺家族については、政府はもちろん、連合国側においても、更に同情を願う。これらの人々は、赤誠《せきせい》国に殉じ、国に尽したものであって、戦争に対して罪ありというならば、われら指導者の罪である。私の処断によって、罪は決しておる」とあった（花山『平和の発見』）。

東條はこの年一月二日の法廷で「殺された人をふくめて、中国民衆はこの戦争に関係なかったのではないか」、「戦争は民衆に対して一つの罪悪であるということに関してあなたは私と同意しませんか」というキーナン検察官の問いに、「彼我ともに民衆そのものとしては無辜《むこ》の民であり、直接どういうことはなかったが、一国指導の政治家が排日、侮日《ぶにち》、排貨というような誤った政治指導をしたことは戦争の大きな原因である」、「犯罪ということを私は肯定致しません。民衆に対しては不幸な結果をもって来たという点については同意します。ただしそれが勝者であろうと敗者であろうと同様であります」と答えていた（朝日新聞法廷記者団『東條尋問録』）。

しかし、処刑直前の遺書には「同胞」への謝罪はあっても、中国や「大東亜」諸国民衆への言葉はなかった。それを言ってしまうと、対中戦争を含めた先の戦争は民族解放戦争だったという東條の建前が崩れてしまうからである。別の見方をすれば、戦争に対する東條の大義名分は二転三転のすえ、最後に自衛戦争に戻ったことになる。戦争が自衛の戦いだったにもかかわらず「同胞」を敵の手から守り抜けなかった、だからその点についてのみ詫びたのである。

一二月二三日午前零時一分、東條、土肥原、松井、武藤の死刑が執行された。四人が刑場へ向かう間、「念仏の声が絶えなかった。とくに東條さんの声が……」と日本人で唯一立ち会った花山は書いている（花山前掲書）。続いて零時二〇分、板垣、広田、木村の刑が執行された。

＊

首相退任後に重臣となった東條は航空特攻による徹底抗戦を唱えたが、相手にされなかった。天皇と政府統帥部が会議で決めたものであり、会議による意志決定を重視してきた東條がこれに逆らうのは自己矛盾であった。東條は国民への恨み節を口にしたが、それは第一次大戦以降、国民に期待するところがきわめて大だったからではなかろうか。自決に失敗した東條は、国際裁判で日本の正当性を主張するという最後の演技に臨んだ。本人が法廷で唱えたのは、日本を盟主とした排他的経済圏という大東亜共栄圏の夢であった。その思想史的古さは、同時代人である重光葵にも明白であったが、東條にとってそれはもはやどうでもよいことだったのかもしれない。演技を終えた東條は急速に仏道に帰依し、念仏を唱えながら処刑されたのだった。

おわりに

東條英機はその人生を通じて何がしたかったのだろう。その目標は陸軍という〝お家〟を献身的に支え、偉大たらしめんという一点にあったようにみえる。彼は陸軍軍人として終始戦に勝つことを考えていた。東條にとってその手段は三つあった。

一つめは、永田鉄山とともに第一次大戦後の欧州でふれた総力戦体制の実現であった。東條はその実現のため、満洲、中国本土、ついには「大東亜」地域への進出、資源獲得をもくろんでいく。それは必然的に「大東亜共栄圏」思想の形成、米英との戦争につながった。

組織人としての東條のやり方は常に直線的で、人事をめぐって周囲としばしば対立した。もともとの暮らしは「平民派」で、地位もなかった。その東條が陸軍内で威信を増し、最後に総理大臣にまでなったのは、陸軍の利益を強引につらぬく姿勢を崩さなかったからである。

二つめは、戦争を支える国民の支持獲得である。東條は陸軍省の課長時代から国民の意向を注視し、人々を説得する姿勢を身につけていた。より正確にいえば、東條は常に国民を恐れていた。

三つめは、航空軍備の充実である。東條が陸相・参謀総長として推進した航空特攻は、飛行機の量の不足を精神力で補うための作戦であり、その意味では逆説的に量が重視されていたといえる。仮に量が重視されていないなら、何らかの手段でそれを補わねばならぬという認識も出ては来ないからである。確かに東條は国民の精神力を開戦前から重視していたが、それだけではなぜ陸海軍が航空特攻という非道な作戦を選択するに至ったのかをうまく理解できない。

東條が各所で「水戸黄門」的視察を行ったのは、自己を「国民の給養」につき「真剣に検討する」総力戦の「総帥」に任じていたからではなかったか。もっとも、東條の国民に対するアプローチや航空軍備に関する啓蒙の積極性は、彼の個人的な創意や芝居っ気の発露というよりは、第一次世界大戦後の陸軍が行ってきた国民啓蒙政策の結果とみなすべきである。「総帥」東條の生き方、考え方は、日露戦後から一九三〇年代にかけてのデモクラシー思想や、第一次大戦時の総力戦思想の影響を色濃く受けていた。

東條の下で行われた総力戦は、少なくともその主観上は、強力な指導者を求める国民とそれを演じようとした指導者との結束によって戦われる、飛行機中心の戦争であった。この点に関する東條の印象的な発言を挙げておく。

一九四三（昭和一八）年七月二三日に開かれた重臣懇談会で元首相・海軍大将の岡田啓介は、東條の戦争指導について「一、国民の戦局に関する認識千差万別なり。二、飛行機生産に超重点を置く要あり」と意見した。東條は「一億国民の精神力が物を言う」、「国民の大部は戦争に指向しあり」、「制空第一主義には全く同感なり」と応じている（『東條内閣総理大臣機密記録』）。

東條をはじめとする戦争指導者層の「総力戦」認識において最重要視されていたのは、航空戦力と国民の「精神力」の両方であった。後者の象徴たる竹槍のみでは対米戦争は不可能である。航空戦の「総帥」たらんとして結果的に失敗し、敵の空襲で国を焦土と化させた東條を批判するのは簡単だが、彼のやり方を戦時下の国民はどうみていたのか、という視点もあってよいはずである。その国民の少なくとも一部の間には、唯一の軍事指導者とみなす意識があった。東條への批判も、よく読めば航空戦・総力戦の指導者として適格か否かをめぐって繰り広げられていたのである。だが完膚なきまでの敗戦、国民生活の崩壊とともに「総帥」としての東條は忘れ去られた。東條自身は、古い——それこそ同時代人の重光葵からみても古い、大東亜共栄圏の思想に殉じて死んだ。後に残ったのは、国民に竹槍での無謀な戦を強いた愚かな指導者としての東條の記憶だった。

参考文献一覧　※編著者名五十音順

赤松貞雄『東條秘書官機密日誌』文藝春秋、一九八五年
朝日新聞社編『失はれし政治 近衛文麿公の手記』朝日新聞社、一九四六年
朝日新聞東京本社編『勝たずして何の我等ぞ』朝日新聞社、一九四四年
朝日新聞法廷記者団『東條尋問録』ニュース社、一九四八年
朝日新聞法廷記者団編『東京裁判 上』東京裁判刊行会、一九六二年
浅見雅男『学習院』文春新書、二〇一五年
芦澤紀之『ある作戦参謀の悲劇 堀場一雄反骨の記録』芙蓉書房、一九七四年
尼子止『平民宰相 若槻礼次郎』モナス、一九二六年
有馬学『日本の歴史23 帝国の昭和』講談社学術文庫、二〇一〇年
粟屋憲太郎編『資料日本現代史2 敗戦直後の政治と社会①』大月書店、一九八〇年
粟屋憲太郎・小田部雄次編『資料日本現代史9 二・二六事件前後の国民動員』大月書店、一九八四年
生田惇「航空総監の椅子」『戦史叢書 陸軍航空の軍備と運用〈2〉』付録「月報」、一九七四年
生田惇『陸軍航空特別攻撃隊史』ビジネス社、一九七七年
井口省吾著、「井口省吾日記」刊行会編『井口省吾日記』【第Ⅰ巻】～【第Ⅴ巻】、講談社エディトリアル、二〇一八年
池田純久「青年将校と革新思想」『別冊知性5 秘められた昭和史』一九五六年一二月
石原豪「日本陸軍の世論対策 第一次世界大戦の影響としての「軍民一致」にむけた宣伝活動」軍事史学会編『第一次世界大戦とその影響〈『軍事史学』五〇―三・四合併号〉』錦正社、二〇一五年
一ノ瀬俊也「「総力戦」指導者としての東條英機」『軍事史学』五五―一、二〇一九年六月
伊藤金次郎『六原道場』協同公社出版部、一九四三年

伊藤金次郎『陸海軍人国記 軍人わしが国さ』芙蓉書房、一九八〇年
伊東峻一郎『至誠・鉄の人 東條英機伝』天佑書房、一九四二年
伊藤整『太平洋戦争日記（三）』新潮社、一九八三年
伊藤隆編『高木惣吉 日記と情報』上下、みすず書房、二〇〇〇年
伊藤隆・佐々木隆復刻「史料紹介 鈴木貞一日記 昭和九年」『史学雑誌』八七―四、一九七八年四月
伊藤隆・佐々木隆・季武嘉也・照沼康孝編『真崎甚三郎日記 昭和七・八・九年一月～昭和十年二月』、『真崎甚三郎日記 昭和十六年一月～昭和十八年四月』、『真崎甚三郎日記 昭和十八年五月～昭和二十年十二月』山川出版社、一九八一～八七年
伊藤隆・沢本倫生・野村実（共同研究・解説）「沢本頼雄海軍次官日記 日米開戦前夜 開戦か避戦か」『中央公論』一〇三―一、一九八八年一月
伊藤隆・沢本倫生・野村実「沢本頼雄海軍次官日記 東条内閣崩壊の序曲」『軍事史学』二五―二、一九八九年九月
伊藤隆・照沼康孝編『続・現代史資料4 陸軍 畑俊六日誌』みすず書房、一九八三年
伊藤隆・廣橋眞光・片島紀男編『東條内閣総理大臣機密記録 東條英機大将言行録』東京大学出版会、一九九〇年
伊藤智永『奇をてらわず 陸軍省高級副官 美山要蔵の昭和』講談社、二〇〇九年
伊藤秀美『沖縄・慶良間の「集団自決」命令の形式を以てせざる命令』紫峰出版、二〇二〇年
稲葉正夫編『現代史資料37 大本営』みすず書房、一九六七年
稲葉正夫・小林龍夫・島田俊彦編『現代史資料11 続・満洲事変』みすず書房、一九六五年
井上陽介「陸軍による海戦情報入手とその後の意志決定 ミッドウェー・レイテ沖両海戦」『東京大学日本史学研究室紀要』一四、二〇一〇年三月
今村均『今村均回顧録』芙蓉書房出版、一九九三年〈新装版〉
移民衛生調査委員会『第三回関東局移民衛生調査委員会会議録』一九三六年三月

岩井秀一郎『多田駿伝「日中和平」を模索し続けた陸軍大将の無念』小学館、二〇一七年
岩畔豪雄『昭和陸軍謀略秘史』日本経済新聞出版、二〇一五年
鵜崎熊吉『薩の海軍・長の陸軍』政教社、一九一三年〈増補三版〉
臼井勝美・稲葉正夫編『現代史資料9 日中戦争(二)』みすず書房、一九六四年
宇田川勝『新興財閥 日本財閥経営史』日本経済新聞社、一九八四年
内海愛子『日本軍の捕虜政策』青木書店、二〇〇五年
江上照彦『西尾末広伝』「西尾末広伝記」刊行委員会、一九八四年
NHK取材班『バックミラーの証言 20人の宰相を運んだ男』日本放送出版協会、一九八二年
遠藤三郎『日中十五年戦争と私 国賊・赤の将軍と人はいう』日中書林、一九七四年
大木毅『第二次大戦の〈分岐点〉』作品社、二〇一六年
大木操『大木日記 終戦時の帝国議会』朝日新聞社、一九六九年
大谷敬二郎『落日の序章』八雲書店、一九五九年
沖修二『阿南惟幾伝』講談社、一九九五年
荻野富士夫『昭和天皇と治安体制』新日本出版社、一九九三年
荻野富士夫『日本憲兵史 思想憲兵と野戦憲兵』日本経済評論社、二〇一八年
小田俊與『電撃宰相 東條英機』世界公論社、一九四二年
小田俊與『聖戦画帖 戦ふ東條首相』博文館、一九四三年
飼手眞吾編『逞しき前進 産業戦士への道』郁文社、一九四三年
加瀬和俊「兵役と失業(一) 昭和恐慌期における対応策の性格」『社会科学研究』四四—三、一九九二年一二月
加藤陽子『模索する一九三〇年代 日米関係と陸軍中堅層』山川出版社、一九九三年

加藤陽子『NHKさかのぼり日本史②昭和 とめられなかった戦争』NHK出版、二〇一一年
加藤陽子「日本軍の武装解除についての一考察」同『天皇と軍隊の近代史(けいそうブックス)』勁草書房、二〇一九年
加登川幸太郎『陸軍の反省』上下巻、文京出版、一九九六年
金子鷹之助『南方資源と日本経済』東京講演会出版部、一九四二年
賀茂道子『ウォー・ギルト・プログラム GHQ情報教育政策の実像』法政大学出版局、二〇一八年
川島高峰『流言・投書の太平洋戦争』講談社学術文庫、二〇〇四年
川田稔『昭和陸軍全史1、3』講談社現代新書、二〇一四、一五年
川田稔編『永田鉄山軍事戦略論集』講談社選書メチエ、二〇一七年
岸信介・矢次一夫・伊藤隆『岸信介の回想』文春学藝ライブラリー、二〇一四年
木戸幸一『木戸幸一日記 下巻』東京大学出版会、一九六六年
木戸日記研究会・日本近代史料研究会編『鈴木貞一氏談話速記録』上下巻、日本近代史料研究会、一九七一・七四年
木下道雄著、高橋紘編『側近日誌 侍従次長が見た終戦直後の天皇』中公文庫、二〇一七年
共同通信社「近衛日記」編集委員会編『近衛日記』共同通信社開発局、一九六八年
清沢洌著、橋川文三編『暗黒日記 1、2』ちくま学芸文庫、二〇〇二年
金原節三著、波多野澄雄・茶谷誠一編『金原節三 陸軍省業務日誌摘録 前編』現代史料出版、二〇一六年
葛原和三「帝国陸軍の第一次世界大戦史研究 戦史研究の用兵思想への反映について」『戦史研究年報』四、二〇〇一年三月
黒沢文貴「大正・昭和期における陸軍官僚の「革新」化」小林道彦・黒沢文貴編著『日本政治史のなかの陸海軍 軍政優位体制の形成と崩壊 1868~1945(MINERVA日本史ライブラリー㉔)』ミネルヴァ書房、二〇一三年
軍事史学会編『大本営陸軍部戦争指導班 機密戦争日誌』上下巻、錦正社、一九九八年
軍事史学会編『大本営陸軍部作戦部長 宮崎周一中将日誌』錦正社、二〇〇三年

軍事史学会編『元帥畑俊六回顧録』錦正社、二〇〇九年
小磯国昭・武者金吉『航空の現状と将来』文明協会、一九二八年
小数賀良二『砲・工兵の日露戦争 戦訓と制度改革にみる白兵主義と火力主義の相克』錦正社、二〇一六年
後藤乾一「東条英機と「南方共栄圏」」ピーター・ドウス、小林英夫編『帝国という幻想「大東亜共栄圏」の思想と現実』青木書店、一九九八年
小林龍夫・島田俊彦編『現代史資料7 満洲事変』みすず書房、一九六四年
小林道彦『政党内閣の崩壊と満州事変 1918〜1932』ミネルヴァ書房、二〇一〇年
坂口安吾『堕落論・特攻隊に捧ぐ 無頼派作家の夜』実業之日本社文庫、二〇一三年
佐治暁人「東京裁判における東条尋問の裏面『極東国際軍事裁判弁護人塩原時三郎氏からの聴取書』より」『戦争責任研究』五六、二〇〇七年
佐藤賢了『東條英機と太平洋戦争』文藝春秋、一九六〇年
佐藤賢了『大東亜戦争回顧録』徳間書店、一九六六年
佐藤賢了『軍務局長の賭け 佐藤賢了の証言』芙蓉書房、一九八五年
佐藤卓己『天下無敵のメディア人間 喧嘩ジャーナリスト・野依秀市』新潮選書、二〇一二年
沢田茂著、森松俊夫編『参謀次長 沢田茂回想録』芙蓉書房、一九八二年
参謀本部編『欧洲戦争叢書 特第九号 大局ヨリ見タル世界戦史（千九百十八年）』偕行社本部、一九二〇年
参謀本部編『杉山メモ』上下巻、原書房、一九六七年
シヴェルブシュ、ヴォルフガング〈小野清美・原田一美訳〉『三つの新体制 ファシズム、ナチズム、ニューディール』名古屋大学出版会、二〇一五年
志賀直哉『翌年』小山書店、一九四八年

重光葵『巣鴨日記』文藝春秋新社、一九五三年
上法快男編『最後の参謀総長 梅津美治郎』芙蓉書房、一九七六年
尚友倶楽部史料調査室編『岡部長景巣鴨日記（尚友ブックレット30）』芙蓉書房出版、二〇一五年
新名丈夫「台湾、比島沖海空戦の実相」『時局情報』一九四五年一月一〇日号
新名丈夫『政治 この事実を黙って見のがせるか（カッパ・ブックス）』光文社、一九五六年
菅原節雄『杉山元と小磯国昭』今日の問題社、一九三七年
鈴木淳「陸軍軍縮と兵器生産」横井勝彦編著『軍縮と武器移転の世界史「軍縮下の軍拡」はなぜ起きたのか』日本経済評論社、二〇一四年
鈴木多聞『「終戦」の政治史 1943-1945』東京大学出版会、二〇一一年
鈴木多聞「鈴木貫太郎と日本の「終戦」」黄自進・劉建輝・戸部良一編著『〈日中戦争〉とは何だったのか 複眼的視点』ミネルヴァ書房、二〇一七年
須山幸雄『作戦の鬼 小畑敏四郎』芙蓉書房、一九八三年
大日本国防婦人会総本部編『大日本国防婦人会十年史』大日本国防婦人会十年史編纂事務所、一九四三年
大本営陸軍報道部廣石少佐『翼賛壮年叢書35 大東亜戦争の本義と世界戦局』大日本翼賛壮年団本部、一九四三年
高野龍雄『智慧の部隊 一広報宣伝部員の記録』三笠書房、一九七九年
高橋久志「日華事変をめぐる軍事・外交戦略の分裂と錯誤 昭和十二～十三年」近代外交史研究会編『変動期の日本外交と軍事 史料と検討』原書房、一九八七年
高橋文彦『岩手の宰相 〝秘話〟』岩手日報社、一九九七年
高橋正衛『昭和の軍閥』講談社学術文庫、二〇〇三年
高宮太平『昭和の将帥 回想の軍人宰相たち』図書出版社、一九七三年

篁東陽『世界の英傑 東條英機』アジア青年社、一九四二年
竹内洋『日本の近代12 学歴貴族の栄光と挫折』中央公論新社、一九九九年
竹下文隆『われらの闘魂』帝都出版〈秀文閣書房〉、一九四四年
立川京一「第二次世界大戦までの日本陸海軍の航空運用思想」石津朋之・立川京一・道下徳成・塚本勝也編『エア・パワー その理論と実践』芙蓉書房出版、二〇〇五年
田中耕二・河内山譲・生田惇編『日本陸軍航空秘話』原書房、一九八一年
玉井清「東条内閣の一考察 大麻唯男を中心に」『神奈川工科大学研究報告A人文社会科学編』一三、一九八九年三月
玉木寛輝『昭和期政軍関係の模索と総力戦構想 戦前・戦中の陸海軍・知識人の葛藤』慶應義塾大学出版会、二〇二〇年
茶谷誠一『昭和天皇側近たちの戦争（歴史文化ライブラリー）』吉川弘文館、二〇一〇年
長南政義『新史料による日露戦争陸戦史 覆される通説』並木書房、二〇一五年
辻政信『ガダルカナル』毎日ワンズ、二〇〇八年
土田宏成『近代日本の「国民防空」体制』神田外語大学出版局、二〇一〇年
土橋勇逸『軍服生活四十年の想出』勁草出版サービスセンター、一九八五年
筒井清忠『昭和十年代の陸軍と政治 軍部大臣現役武官制の虚像と実像』岩波書店、二〇〇七年
角田順校訂『宇垣一成日記3』みすず書房、一九七一年
寺崎英成、マリコ・テラサキ・ミラー『昭和天皇独白録』文春文庫、一九九五年
東京裁判研究会編『東條英機宣誓供述書 天皇に責任なし、責任は我に在り』洋洋社、一九四八年
東條英機「自動車業組合組織に対する国防上よりの観察」『日本自動車業組合聯合会会報』一―一、一九二八年六月
東條英機「青年訓練と国家総動員に就て」『補習教育』第八五・八六・八八号、一九三〇年三・四・六月に分載
東條英機「都市の防空」大阪毎日新聞社編『日本都市大観 附 満洲国都市大観』大阪毎日新聞社、一九三三年

東條英機「極東の新情報に就て」『外交時報』六九七、一九三三年二月
東條英機「極東の情勢に就て」『旬刊講演集』一一―三二、一九三三年一一月
東條英機「勝敗の分岐点は思想戦」『非常時国民全集 陸軍篇』中央公論社、一九三四年
東條英機「広義国防と婦人」『日本婦人』八一、一九四〇年一〇月
東條英機刊行会・上法快男編『東條英機』芙蓉書房、一九七四年
東條英教「根拠無き軍政改革論」『新公論』二七―七、一九一二年七月
東條由布子『家族愛 東條英機とかつ子の育児日記・手紙より』春日出版、二〇〇九年
ドウス、ピーター「植民地なき帝国主義」『思想』八一四、一九九二年四月
ドウス、ピーター「想像の帝国」ドウス・小林英夫編『帝国という幻想「大東亜共栄圏」の思想と現実』青木書店、一九九八年
戸部良一「戦争指導者としての東條英機 戦略と権力の不在」同『自壊の病理 日本陸軍の組織分析』日本経済新聞出版、二〇一七年
永井和『近代日本の軍部と政治』思文閣出版、一九九三年
永井荷風『新版 断腸亭日乗 第五巻』岩波書店、二〇〇二年
中尾裕次編『昭和天皇発言記録集成 下巻』芙蓉書房出版、二〇〇三年
永田鉄山「国家総動員準備施設と青少年訓練」平和協会編『国家総動員と青年訓練』平和協会出版部、一九二六年
永田鉄山刊行会編『秘録永田鉄山』芙蓉書房、一九七二年
中谷武世『戦時議会史』民族と政治社、一九七五年
中野聡『東南アジア占領と日本人 帝国・日本の解体（シリーズ 戦争の経験を問う）』岩波書店、二〇一二年
中村菊男『昭和陸軍秘史』番町書房、一九六八年

中原茂敏『国力なき戦争指導 夜郎自大の帝国陸海軍』原書房、一九八九年
西浦進『昭和戦争史の証言 日本陸軍終焉の真実』日経ビジネス人文庫、二〇一三年
西浦進『昭和陸軍秘録 軍務局軍事課長の幻の証言』日本経済新聞出版、二〇一四年
西本国之輔「軍政改革論」『新公論』二七―六、一九一二年六月
西本国之輔「軍政改革論は毫も破られず」『新公論』二七―八、一九一二年八月
額田坦『陸軍省人事局長の回想』芙蓉書房、一九七七年
野口昂編『少年航空兵の手記』中央公論社、一九三九年
野依秀市「真の重点主義を政府は断乎実現せしめよ」『帝都日日新聞』一九四二年一一月七日掲載、野依秀市『日米決戦の鍵を開く』秀文閣書房、一九四三年、所収
畑野勇「日本海軍の戦争指導と社会科学者・技術官僚の役割」小林道彦・黒沢文貴編著『日本政治史のなかの陸海軍 軍政優位体制の形成と崩壊 1868～1945（MINERVA日本史ライブラリー㉔）』ミネルヴァ書房、二〇一三年
波多野澄雄『太平洋戦争とアジア外交』東京大学出版会、一九九六年
服部卓四郎『大東亜戦争全史』原書房、一九六五年
服部敏良『事典 有名人の死亡診断 近代編』吉川弘文館、二〇一〇年
花山信勝『平和の発見 巣鴨の生と死の記録』朝日新聞社、一九四九年
林癸未夫『国家社会主義論策』章華社、一九三三年
原朗「経済総動員」大石嘉一郎編『日本帝国主義史３ 第二次大戦期』東京大学出版会、一九九四年
原朗『満州経済統制研究』東京大学出版会、二〇一三年
日暮吉延『東京裁判の国際関係 国際政治における権力と規範』木鐸社、二〇〇二年
平櫛孝・冨永謙吾・武藤貞一『少国民の大東亜一年史』東雲堂、一九四三年

広田照幸『陸軍将校の教育社会史 立身出世と天皇制』世織書房、一九九七年
深井英五『枢密院重要議事覚書』岩波書店、一九五三年
吹浦忠正『聞き書 日本人捕虜』図書出版社、一九八七年
藤田尚徳『侍従長の回想』中公文庫、一九八七年
藤原辰史『カブラの冬 第一次世界大戦期ドイツの飢饉と民衆（レクチャー 第一次世界大戦を考える）』人文書院、二〇一一年
舩木繁『支那派遣軍総司令官 岡村寧次大将』河出書房新社、一九八四年
古川隆久『昭和戦中期の総合国策機関』吉川弘文館、一九九二年
古川隆久『戦時議会（日本歴史叢書）』吉川弘文館、二〇〇一年〈新装版〉
古川隆久『昭和戦中期の議会と行政』吉川弘文館、二〇〇五年
防衛庁防衛研修所戦史室『戦史叢書 東部ニューギニア方面陸軍航空作戦』朝雲新聞社、一九六七年
防衛庁防衛研修所戦史部『戦史叢書 南太平洋陸軍作戦〈2〉ガダルカナル・ブナ作戦』朝雲新聞社、一九六九年
防衛庁防衛研修所戦史室『戦史叢書 大本営陸軍部』〈3〉～〈8〉、朝雲新聞社、一九七〇・七二～七四年
防衛庁防衛研修所戦史室『戦史叢書 海上護衛戦』朝雲新聞社、一九七一年
防衛庁防衛研修所戦史室『戦史叢書 大本営陸軍部 大東亜戦争開戦経緯』〈1〉～〈5〉、朝雲新聞社、一九七三・七四年
防衛庁防衛研修所戦史室『戦史叢書 陸軍航空の軍備と運用』〈2〉、〈3〉朝雲新聞社、一九七四年
防衛庁防衛研修所戦史室『戦史叢書 支那事変陸軍作戦〈1〉昭和十三年一月まで』朝雲新聞社、一九七五年
星野直樹「憲兵司令官東條英機」『文藝春秋臨時増刊』三三―一二、一九五五年六月
星野直樹『見果てぬ夢 満州国外史』ダイヤモンド社、一九六三年
細川護貞『細川日記』上下巻、中公文庫、一九七九年

堀田慎一郎「一九三〇年代における日本陸軍の政治的台頭」伊藤之雄・川田稔編著『環太平洋の国際秩序の模索と日本 第一次世界大戦後から五五年体制成立』山川出版社、一九九九年
堀場一雄『支那事変戦争指導史』時事通信社、一九六二年
前田雄二『剣よりも強し 菊竹六鼓の生涯』時事通信社、一九六四年
前原透「検証 ガ島戦、敗惨の本質」『別冊歴史読本特別増刊 戦記シリーズNo.22 地獄の戦場 飢餓戦』新人物往来社、一九九三年
前原透『日本陸軍用兵思想史 日本陸軍における「攻防」の理論と教義』天狼書店、一九九四年
松下芳男『日本国防の悲劇』芙蓉書房、一九七六年
三谷太一郎『近代日本の戦争と政治（岩波人文書セレクション）』岩波書店、二〇一〇年
南博編『近代庶民生活誌④ 流言』三一書房、一九八五年
武藤章『比島から巣鴨へ 日本軍部の歩んだ道と一軍人の運命』中公文庫、二〇〇八年
モーア、アーロン・S〈塚原東吾監訳〉『「大東亜」を建設する 帝国日本の技術とイデオロギー』人文書院、二〇一九年
森靖夫「国家総力戦への道程 日中全面戦争と陸軍省軍政官僚たちの葛藤」小林道彦・黒沢文貴編著『日本政治史のなかの陸海軍 軍政優位体制の形成と崩壊1868〜1945（MINERVA日本史ライブラリー㉔）』ミネルヴァ書房、二〇一三年
森靖夫『「国家総動員」の時代 比較の視座から』名古屋大学出版会、二〇一九年
森松俊夫『総力戦研究所』白帝社、一九八三年
森山優『日米開戦の政治過程』吉川弘文館、一九九八年
保田與重郎『保田與重郎文庫16 現代畸人伝』新学社、一九九九年
山田朗『昭和天皇の軍事思想と戦略』校倉書房、二〇〇二年
山田朗・松野誠也編『大本営陸軍部 上奏関係資料』現代史料出版、二〇〇五年

山田風太郎『戦中派虫けら日記 滅失への青春 昭和17年~昭和19年』ちくま文庫、一九九八年
山田風太郎『戦中派闇市日記』小学館文庫、二〇一二年
山中峯太郎『落陽』那須書店、一九五八年
吉田裕『シリーズ日本近現代史⑥ アジア・太平洋戦争』岩波新書、二〇〇七年
吉見義明『草の根のファシズム 日本民衆の戦争体験(新しい世界史7)』東京大学出版会、一九八七年
読売新聞社編『昭和史の天皇〈ゴールド版〉①陛下と特攻隊』読売新聞社、一九八〇年
読売法廷記者『25被告の表情』労働文化社、一九四八年
陸軍航空士官学校史刊行会編『陸軍航空士官学校』陸軍航空士官学校史刊行会、一九九六年
陸軍省軍事調査部『空の国防』一九三四年三月三〇日
陸軍省軍事調査部『近代国防の本質と経済戦略其他』一九三四年五月一〇日
陸軍省新聞班『国防の本義と其強化の提唱』一九三四年一〇月一〇日
ルーデンドルフ〈間野俊夫訳〉『国家総力戦』三笠書房、一九三八年
ルーデンドルフ、エーリヒ〈伊藤智央訳・解説〉『ルーデンドルフ 総力戦』原書房、二〇一五年
若杉美智子・鳥羽耕史編『杉浦明平暗夜日記 1941-45 戦時下の東京と渥美半島の日常』一葉社、二〇一五年
『遼河治水計画審議会議事録』康徳五(一九三八)年
「『無敵空軍完成』東條新総監決意を語る!」『読売ニュース』二六二一一、一九三八年一二月一四日
「航空に関する陸軍大臣意図の要旨」『偕行社記事特号』八二八、一九四三年九月
「海軍大将 沢本頼雄手記 大東亜戦争所見」『増刊 歴史と人物 太平洋戦争—開戦秘話』一九八三年一月
「特別資料 法務省移管公文書「東条元首相手記」全公開!」『歴史読本』二〇〇八年一二月号

一ノ瀬俊也（いちのせ　としや）

1971年、福岡県生まれ。九州大学大学院博士後期課程中途退学。博士（比較社会文化）。専門は日本近現代史。国立歴史民俗博物館助教などを経て、現在、埼玉大学教養学部教授。著書に『皇軍兵士の日常生活』（講談社現代新書）、『故郷はなぜ兵士を殺したか』（角川選書）、『米軍が恐れた「卑怯な日本軍」』（文春文庫）、『特攻隊員の現実』（講談社現代新書）、『戦艦大和講義』（人文書院）、『戦艦武蔵』（中公新書）など。

文春新書

1273

東條英機《とうじょうひでき》　「独裁者《どくさいしゃ》」を演《えん》じた男《おとこ》

2020年 7 月20日　第 1 刷発行
2020年10月25日　第 4 刷発行

著　者　一ノ瀬　俊　也
発行者　大　松　芳　男
発行所　株式会社　文　藝　春　秋

〒102-8008　東京都千代田区紀尾井町3-23
電話（03）3265-1211（代表）

印刷所　大　日　本　印　刷
製本所　大　口　製　本

定価はカバーに表示してあります。
万一、落丁・乱丁の場合は小社製作部宛お送り下さい。
送料小社負担でお取替え致します。

ISBN978-4-16-661273-4